Guía práctica de la PYME

Guía legal para emprender y gestionar el día a día de tu empresa

Incluye más de 100 consejos de expertos y casos prácticos basados en la experiencia de más de 45 años de la asesoría DAEM

CARLES CORNEJO

Guía práctica de la PYME. Copyright © 2022 por Carles Cornejo cuyos derechos de explotación pertenecen a "DAEM Dirección y Administración de Empresas S.A." Todos los derechos reservados.

Sin limitación de los derechos de autor reservados arriba, ninguna parte de este libro puede ser reproducida en cualquier forma o por cualquier medio electrónico o mecánico, incluyendo sistemas de almacenamiento y recuperación de la información, ni sin el permiso por escrito del autor. La única excepción es la mención de un comentarista, que puede citar pasajes breves en una recensión.

Advertencia

Este libro está diseñado para proporcionar información y motivación para nuestros lectores. Se vende con el bien entendido de que el autor no se dedica a prestar ningún tipo de consejo psicológico, legal o ningún otro tipo de asesoramiento profesional. Las instrucciones y consejos en este libro no pretenden ser un sustituto para el asesoramiento. El contenido de cada capítulo es la sola expresión y opinión de su autor, preparado con base en cierta información pública y observaciones de carácter general, en el momento de la redacción de este libro, cuya veracidad no se puede garantizar. No hay ninguna garantía expresa o implícita por elección del editor o del autor incluida en ninguno de los contenidos en este volumen.

Ni el editor ni el autor individual serán responsables de los daños y perjuicios físicos, psicológicos, emocionales, financieros o comerciales, incluyendo, sin exclusión de otros, el especial, el incidental, el consecuente u otros daños. Nuestros puntos de vista y derechos son los mismos:

Eres responsable de tus propias decisiones, elecciones, acciones y resultados.

Carles Cornejo

Visita la web: www.daem.es

ISBN: 9798849567082

A los 45 años de historia de la asesoría DAEM y a todos los clientes, empleados y amigos que durante todo este tiempo nos habéis acompañado en esta aventura.

Contenido

INTRODUCCIÓN 9

SOBRE EL AUTOR 14

SOBRE DAEM 15

PARTE I: TODO LO QUE DEBES SABER ANTES DE INICIAR TU AVENTURA 16

1   CARACTERÍSTICAS GENERALES DEL EMPRENDEDOR DE ÉXITO .. 17

2   IDEA DE NEGOCIO 19

3   ANÁLISIS DE VIABILIDAD 20

4   PLAN DE EMPRESA 24

5   FINANCIACIÓN 26

PARTE II: CONOCE LAS ALTERNATIVAS JURÍDICAS PARA TU NEGOCIO ... 36

6   FACTORES IMPORTANTES A CONSIDERAR 37

7   FORMAS JURÍDICAS MÁS COMUNES 40

8   ASUNCIÓN DE RESPONSABILIDAD 42

9   OBLIGACIONES FISCALES 45

10   OBLIGACIONES FORMALES 50

PARTE III: BIENVENIDO AL MUNDO DE LA PYME 54

11   CARACTERÍSTICAS GENERALES 55

12   SOCIEDADES PERSONALISTAS 58

13   SOCIEDADES CAPITALISTAS 59

14   INTRODUCCIÓN A LA SOCIEDAD LIMITADA (SL) 60

15   VENTAJAS Y DESVENTAJAS FRENTE A LA ALTERNATIVA COMO "AUTÓNOMO" 62

16   CUANDO MIGRAR LA OPERATIVA DE AUTÓNOMO A SOCIEDAD 65

17   RESPONSABILIDAD FRENTE A TERCEROS 68

18	LA SOCIEDAD UNIPERSONAL	71
19	LA SOCIEDAD PROFESIONAL	74

PARTE IV: PONTE EN MARCHA 77

20	EL PROCESO DE CONSTITUCIÓN	78
21	ALTA EN HACIENDA	91
22	ALTA DE SOCIOS Y ADMINISTRADORES EN LA SEGURIDAD SOCIAL	100
23	LICENCIAS OTORGADAS POR AYUNTAMIENTOS	105
24	INSCRIPCIÓN EN REGISTROS OFICIALES	110
25	TRÁMITE ELECTRÓNICO O CIRCE	111
26	TRÁMITE HABITUAL A TRAVÉS DE GESTORÍAS Y ASESORÍAS	116

PARTE V: EL PAPEL DE HACIENDA EN TU AVENTURA EMPRESARIAL 118

27	IMPUESTO SOBRE SOCIEDADES (IS)	119
28	IMPUESTO SOBRE EL VALOR AÑADIDO (IVA)	130
29	IMPUESTO SOBRE LA RENTA DE PERSONAS FÍSICAS (IRPF)	145
30	EL IMPUESTO SOBRE ACTIVIDADES ECONÓMICAS (IAE)	155
31	GASTOS FISCALMENTE DEDUCIBLES	156

PARTE VI: LAS OBLIGACIONES CONTABLES Y MERCANTILES 169

32	CONTABILIDAD DIARIA	170
33	LIBROS CONTABLES Y CUENTAS ANUALES	181
34	LIBROS MERCANTILES	186
35	LIBROS FISCALES	188
36	LEGALIZACIÓN DE LIBROS Y CUENTAS ANUALES	189
37	DERECHOS DE LOS SOCIOS	192
38	OBLIGACIONES DE LOS SOCIOS	198

39	TRANSMISIÓN DE LA CONDICIÓN DE SOCIO	200
40	JUNTA GENERAL DE ACCIONISTAS	201
41	ÓRGANO DE ADMINISTRACIÓN	205
42	RESPONSABILIDADES DE LOS ADMINISTRADORES	209
43	OBLIGACIONES ADICIONALES EN CASO DE UNIPERSONALIDAD	214

PARTE VII: LA SEGURIDAD SOCIAL DEL AUTÓNOMO SOCIETARIO 216

44	INTRODUCCIÓN A LA SEGURIDAD SOCIAL	217
45	RÉGIMEN ESPECIAL DE TRABAJADORES AUTÓNOMOS (RETA)	219
46	BONIFICACIONES Y REDUCCIONES DE CUOTA	227
47	PRESTACIONES	231
48	CESE DE ACTIVIDAD	255

PARTE VIII: LAS CLAVES SI QUIERES CONTRATAR TRABAJADORES 262

49	CÓDIGO DE CUENTA DE COTIZACIÓN PRINCIPAL (C.C.C.)	263
50	PREVENCIÓN DE RIESGOS LABORALES (PRL)	264
51	APERTURA CENTRO DE TRABAJO	266
52	AFILIACIÓN Y ALTA DE LOS TRABAJADORES EN LA SEGURIDAD SOCIAL	267
53	FORMALIZACIÓN DE CONTRATOS DE TRABAJO	269
54	PROTECCIÓN DE DATOS DE LOS TRABAJADORES	272
55	HOJA DE SALARIO	273
56	COTIZACIÓN A LA SEGURIDAD SOCIAL EN EL RÉGIMEN GENERAL	274
57	RETRIBUCIONES EN ESPECIE	279
58	DIETAS Y GASTOS DE VIAJE	283

59	JORNADA LABORAL	288
60	CONTROL HORARIO Y REGISTRO DE JORNADA	290
61	CALENDARIO Y HORARIO LABORAL	292
62	REVISIONES MÉDICAS	293
63	PLAN DE IGUALDAD	294

PARTE IX: EL COSTE DE NO CUMPLIR CON TUS OBLIGACIONES 297

64	RÉGIMEN SANCIONADOR DE LA AGENCIA TRIBUTARIA	298
65	RÉGIMEN SANCIONADOR DE LA SEGURIDAD SOCIAL	320
66	RECARGOS POR INGRESO FUERA DE PLAZO DE LA AGENCIA TRIBUTARIA	333
67	RECARGOS POR INGRESO FUERA DE PLAZO DE LA SEGURIDAD SOCIAL	336

PARTE X: DIGITALIZA LOS TRÁMITES ADMINISTRATIVOS 338

68	MEDIOS DE IDENTIFICACIÓN DIGITALES	339
69	NOTIFICACIONES ELECTRÓNICAS DE LA AGENCIA TRIBUTARIA	345
70	NOTIFICACIONES ELECTRÓNICAS DE LA SEGURIDAD SOCIAL	348

PARTE XI: MÁS ALLÁ DE LA SOCIEDAD LIMITADA... 350

71	LA SOCIEDAD LIMITADA DE NUEVA EMPRESA (SLNE)	351
72	LA SOCIEDAD ANÓNIMA (SA)	353
73	LA COMUNIDAD DE BIENES (CB)	355
74	LA SOCIEDAD CIVIL	357
75	EL PROCESO DE TRANSFORMACIÓN SOCIETARIA	360

ANEXOS Y TABLAS 362

ANEXO I. CLASIFICACIÓN DE TRIBUTOS 363

ANEXO II. LEY ORGÁNICA DE PROTECCIÓN DE DATOS (LOPD) 367

ANEXO III. RESUMEN DE REGÍMENES ESPECIALES DE IVA 372

ANEXO IV. TABLA DE RETENCIONES Y PAGOS A CUENTA DEL IRPF 374

ANEXO V. CALENDARIO FISCAL 378

ANEXO VI. TABLA DE AMORTIZACIONES 385

ANEXO VII. ESTADOS CONTABLES (PYMES) 386

ANEXO VIII. CUADRO DE CUENTAS 392

ANEXO IX. RATIOS FINANCIEROS 420

ANEXO X. CONTRATOS LABORALES 424

FUENTES Y REGULACIÓN NORMATIVA DE REFERENCIA 428

Introducción

En primer lugar, muchas gracias por haber adquirido este libro. DAEM y yo te llevaremos de la mano en esta lectura para que tu aventura empresarial sea todo un éxito.

La primero que debes de tener presente sobre este libro es que no se trata de un libro motivacional más para emprender sino de una guía práctica que te ayudará a conocer rigurosamente el proceso de validación de una idea de negocio, así como comprender las diferentes obligaciones en materias laborales, fiscales, contables y mercantiles que afectan a tu negocio en España, siempre desde el punto de vista de una sociedad mercantil de responsabilidad limitada (la denominada "SL").

Aunque en este libro encontrarás una introducción a las diferentes alternativas jurídicas a la empresa, incluida la del empresario individual o "autónomo", así como las diferencias entre ellas, el libro se centrará en la forma societaria más común: La Sociedad Limitada. Si deseas profundizar sobre el punto de vista del empresario individual o autónomo, te recomiendo la lectura de otro libro de esta misma serie: "Guía práctica del autónomo".

Tanto si tienes una idea de negocio y estás pensando en constituir una sociedad limitada como si eres empresario con un negocio en funcionamiento, este libro te será de gran utilidad. Te servirá tanto para validar y poner en funcionamiento tu idea como de guía práctica para la gestión del día a día de tu empresa.

Todo empresario está sujeto a una regulación especial que es importante conocer para evitar sanciones. También es relevante tener muy presente qué tipo de gastos se pueden deducir de la empresa, qué deberes y obligaciones tiene tanto la empresa como el propio empresario con la seguridad social, qué tipo de documentación se debe de conservar, y por cuánto tiempo, entre otras cuestiones que veremos en esta guía.

Para ayudar a su comprensión, este libro va mucho más allá de la mera teoría, pues recoge consejos de expertos con más de 45 años de experiencia en asesoramiento empresarial y casos prácticos para facilitar su comprensión y ayudarte en esta apasionante aventura como empresario.

Por último, merece la pena mencionar que este libro no pretende sustituir al asesoramiento o a las gestiones que hacen gestoría y asesorías, es un complemento que te ayudará a comprender todas aquellas gestiones y obligaciones como empresario que se hacen muy engorrosas y que seguramente tu gestor no encuentra el tiempo para explicarte en detalle. En todo caso, mi recomendación es que siempre cuentes con una gestoría o una asesoría como DAEM (www.daem.es) a tu lado para que te acompañen en esta apasionante aventura.

¿A quién va dirigido este libro?

Este libro va dirigido a todas aquellas personas que tienen ilusión por crear su propio futuro ya sea por necesidad o porque han detectado alguna oportunidad, así como a todos aquellos empresarios que, aún con una empresa en funcionamiento, se les hace muy pesada toda la regulación que envuelve a su negocio y quieren entenderla, de una manera práctica, para sacarle el mejor partido.

Si esta época del coronavirus te ha dejado sin trabajo y están pensando en asociarte con antiguos compañeros para reinventaros y liderar vuestro futuro empresarial, éste es el libro que necesitas.

Si eres autónomo con un negocio en funcionamiento y deseas crecer, abrir nuevos mercados y que, por motivos fiscales y estratégicos, deseas crear una sociedad, éste es el libro que necesitas.

Si ya tienes tu empresa en funcionamiento, pero cada vez que tu gestor te presenta una liquidación de impuestos te sigues preguntando porqué pagas tanto o se te hace muy engorrosa toda la legislación y regulación que envuelve el día a día de tu negocio, este es el libro que necesitas.

Introducción

Si eres inversor o socio de una empresa en funcionamiento y deseas conocer mejor tus derechos y obligaciones, así como el marco jurídico que hay detrás de tu negocio, éste es el libro que necesitas.

¿Cómo se estructura este libro?

En este libro nos centraremos en la sociedad de responsabilidad limitada (o conocido coloquialmente como "SL") aunque repasaremos el resto de alternativas jurídicas a nuestro alcance para desarrollar nuestro negocio y las principales ventajas y desventajas la forma societaria frente al empresario individual o "autónomo".

El libro está estructurado en once partes:

1) Todo lo que debes saber antes de iniciar tu aventura
2) Conoce las alternativas jurídicas para tu negocio
3) Bienvenido al mundo de la PYME
4) Ponte en marcha
5) El papel de Hacienda en tu aventura empresarial
6) Las obligaciones contables y mercantiles
7) La Seguridad Social del autónomo societario
8) Las claves si quieres contratar trabajadores
9) El coste de no cumplir con tus obligaciones
10) Digitaliza los trámites administrativos
11) Más allá de la sociedad limitada…

Te recomiendo que leas este libro de una sola pasada para comprender a nivel general todo el contenido pues es muy probable que encuentres aspectos de gran utilidad o aspectos que desconoces y que te puedan ayudar mucho. Una vez tengas una visión general, puedes profundizar en aquello que crees que más te puede interesar en estos momentos.

Por ello, cada una de las partes del libro se estructura en sub capítulos independientes para que puedas profundizar en aquellos aspectos que más te puedan interesar, consulta el índice con frecuencia pues accederás rápidamente a aquello que más te interese.

Si tienes una idea de negocio, pero no sabes cómo empezar, te recomiendo que te leas detenidamente las primeras dos partes pues te llevarán de viaje por las diferentes etapas que debes de pasar desde que tienes una idea de negocio hasta que la materializas montando tu propio negocio revisando las diferentes alternativas jurídicas a tu alcance.

Si ya tienes claro que tu alternativa jurídica es una sociedad, te recomiendo que revises la tercera parte pues podrás repasar las principales características de esta alternativa jurídica, centrándonos en la más común de ellas: la sociedad limitada.

Si ya tienes claro lo que significa y quieres ponerte en marcha, te recomiendo la cuarta parte pues te dará las claves para iniciar o continuar tu aventura empresarial a través de una sociedad limitada.

Si ya eres empresario con una sociedad en funcionamiento, te recomiendo que leas detenidamente la quinta, sexta y la séptima parte de este libro pues revisarás todo lo que necesitas saber para el día a día de tu negocio en material fiscal, contable-mercantil y de seguridad social.

Si deseas contratar empleados que trabajen para ti, te recomiendo que leas la octava parte pues incluye todas las claves al respecto y las obligaciones adicionales que deberás cumplir.

Si te preocupan los riesgos que asume la sociedad y los costes de no cumplir con sus obligaciones, te recomiendo que leas la novena parte de este libro donde podrás conocer los riesgos que se asumen incumplimiento cada una de las obligaciones a las que estás sometida la sociedad.

Introducción

Si quieres conocer las alternativas de identificación digital que simplifican los trámites con las diferentes administraciones, así como la regulación al respecto de las notificaciones electrónicas tanto con Hacienda como con la Seguridad Social, te recomiendo la lectura de la décima parte de este libro.

Por último, si quieres saber qué hay más allá de la figura de la sociedad limitada, te recomiendo la lectura de la undécima, y última parte de este libro, dónde encontraras otras alternativas societarias comunes y podrás conocer cómo funciona el proceso de transformación de una tipología de sociedad en otra.

Adicionalmente, este libro incluye una serie de anexos y tablas de referencia que puedes consultar si precisas de más detalle en relación a la clasificación general de los tributos, la regulación sobre protección de datos, los regímenes especiales del IVA, las retenciones de IRPF, el calendario fiscal, las amortizaciones y las diferentes tipologías de contratos laborales.

SOBRE EL AUTOR

Carles Cornejo es un emprendedor y experto en gestión empresarial, actualmente cuenta con diversos proyectos emprendedores en marcha destacando su labor de gerencia en la asesoría DAEM (www.daem.es).

Carles es Ingeniero superior industrial, licenciado en Administración y Dirección de Empresas (ADE) y cuenta con un máster en Investigación en Ingeniería Industrial realizado en la Penn State University de Estados Unidos.

Además, en el sector del asesoramiento, posee la certificación de Analista Financiero Certificado (CFA, por sus siglas en inglés), otorgado por la asociación global de profesionales de inversión CFA Institute, y el título de "Certified Advisor" (CAd) habilitado por la Comisión Nacional del Mercado de Valores (CNMV) para desempeñar labores de asesoramiento y de prestación de información financiera en España según normativa MiFID II.

Empezó su trayectoria profesional trabajando por cuenta ajena y fue pasando por diferentes sectores: banca de inversión, capital riesgo y consultoría en gran empresa. Durante este viaje por el mundo de las finanzas y la consultoría, en 2013, encontró su verdadera vocación: el emprendimiento y el asesoramiento a autónomos y pymes.

La misión de Carles es la de ayudar a emprendedores y empresarios para que la gestión del día a día de sus negocios no se convierta en una pesadilla y puedan crear valor en la sociedad con sus proyectos empresariales.

Si quieres trabajar con Carles contáctale a través de alguna de las siguientes maneras:

LinkedIn: https://www.linkedin.com/in/carlescornejo/

e-mail: carles@daem.es

web: www.daem.es

SOBRE DAEM

DAEM es una empresa multidisciplinar, fundada en 1977 y pionera en servicios de gestoría y asesoría empresarial en España. Actualmente presta servicios de asesoramiento, gestoría administrativa y empresarial con una oferta integral de servicios para acompañar al empresario en todo el ciclo de vida de su negocio apoyándole con su experiencia en los principales sectores de actividad.

Su mensaje es claro: creen firmemente que un empresario debe dedicarse prioritariamente a su negocio y sacarle el mejor rendimiento, por lo que DAEM se suma a esos esfuerzos apoyándole en todo tipo de tareas administrativas para las que se requieren, cada vez más, de especialistas, además de asesorarle a lo largo de todo el ciclo de vida del negocio.

Sus valores son: ofrecer un servicio de alta calidad, manteniendo en todo momento un trato cercano y una relación de confianza. Tienen una permanente disposición para asesorar, más allá de la pura gestión administrativa. Además de una apuesta firme por la tecnología con soluciones para la completa digitalización de la gestión del negocio.

Sus áreas de especialidad son:

Áreas	Sub-áreas		
Asesoría y gestoría	Fiscal y tributaria	Contable	Laboral
	Mercantil y societaria	Económica y financiera	Seguros y otros
Consultoría	Estrategia	Operaciones	Recursos Humanos
Otras	Transacciones	Asesoramiento patrimonial	

Si quieres trabajar con DAEM contáctales a través de alguna de las siguientes maneras:

e-mail: info@daem.es

web: www.daem.es

Tel: +34 93 280 21 66

PARTE I: Todo lo que debes saber antes de iniciar tu aventura

¡No te quedes con una idea, conviértela en un negocio de éxito!

Si estás leyendo este libro es que, en cierta medida, tienes algo de emprendedor en ti.

Si te encuentras en ese momento en el que no sabes ni cómo empezar o necesitas reinventar tu negocio y se te hace todo muy cuesta arriba, no te preocupes, hemos dedicado este primer capítulo a repasar las habilidades que debes de reforzar, a contarte cómo puedes transformar tu idea en una oportunidad de negocio, cómo puedes validar esa oportunidad para que sea un éxito o qué alternativas de financiación tienes a tu alcance.

En este capítulo encontraras las claves para que tu idea se convierta en un negocio de éxito.

1 Características generales del emprendedor de éxito

El emprendedor se define como toda aquella persona que identifica una oportunidad y organiza los recursos necesarios para llevarla a término.

El objetivo del emprendedor es desarrollar su idea de negocio. Para ello, debe utilizar sus recursos y capacidades personales.

El emprendedor debe valorar si, además, necesita recibir formación específica en alguna de las áreas siguientes:

Conocimientos técnicos:

El emprendedor debe saber si tiene o puede conseguir la capacidad técnica para producir un producto o prestar un servicio concreto. Además, debe conocer a fondo las características técnicas de los productos o servicios que quiere producir y/o vender.

Conocimientos empresariales:

El emprendedor debe conocer el sector económico de actividad en que va a desarrollar su proyecto. Además, debe tener o adquirir conocimientos básicos en gestión empresarial, este libro es la guía para lograrlos.

Habilidades

El emprendedor debe tener las siguientes capacidades: intuición y visión de futuro, iniciativa, afán de superación y aprendizaje, autoconfianza, resistencia al fracaso, control de las emociones, tomar decisiones, solucionar problemas, comunicación y persuasión, poder crear una buena red de contactos, negociación, planificación y liderazgo.

Por último, pero no menos importante, el apoyo del entorno personal del emprendedor (familia y amigos) es clave para poder afrontar un reto empresarial.

> **CONSEJO DEL EXPERTO**
>
> *"Por mucho que delegues funciones en terceros como pueden ser gestorías o asesorías es importante que conozcas cuales son las bases jurídicas de tu proyecto empresarial, así como tus obligaciones como empresario pues serás último responsable de las acciones que lleves a cabo como tal."*
>
> **Manel Cornejo – Socio fundador de la asesoría DAEM (1977)**

CASO REAL: El caso de María

María se dedica a ofrecer servicios de coaching empresarial. Todos los trimestres, enviaba a un amigo un resumen de ventas y compras (incluyendo base imponible, retención e IVA) para que le presentara sus impuestos, no conservaba copia alguna de facturas.

En marzo de 2019, recibió una comprobación de IVA por parte de la Agencia Tributaria en relación al ejercicio 2015 en la que le solicitaban, en un primer requerimiento, libros registro de facturas emitidas y recibidas. Para sorpresa de María, no contaba con tales libros y su amigo tampoco pues simplemente se limitaba a presentar los modelos tributarios.

María, abrumada, buscó asesoramiento especializo y contactó con nosotros para solucionar este problema. Tuvimos que preparar todos los libros registro en base a la información que disponía María para contestar al requerimiento. No obstante, la Agencia Tributaria fue más allá y solicitó una serie de facturas de compra que María no pudo aportar por lo que tuvo que devolver el IVA deducido relacionado a esas partidas con la correspondiente sanción.

PARTE I: Todo lo que debes saber antes de iniciar tu aventura

2 Idea de negocio

El emprendedor nace con una idea de negocio con la intención de producir y/o vender un producto o un servicio.

Todos en algún momento hemos tenido esa idea brillante que nos hace soñar momentáneamente en convertirnos en el nuevo Steve Jobs. Después de ese momento de euforia, viene la decepción con frases como "hoy en día todo está inventado" o "no sé ni cómo empezar" con lo que se diluye poco a poco esa euforia inicial.

Lo cierto es que, no todas las ideas de negocio pueden llegar a ser la base de una empresa rentable. Diversos estudios a nivel universitario, constatan que más del 50% de las ideas de negocio surgidas en un entorno docente como es la universidad se quedan tan sólo en eso, una idea. Más allá de eso, de las ideas que pasan a la siguiente etapa estimamos que menos del 5% llegan a iniciar la aventura empresarial, lo cual no significa que llegue a ser de éxito.

Estas cifras no deben desalentar la emprendeduría, todo lo contrario, deben de retarnos y esta guía te ayudará a conocer los pasos necesarios en esta aventura.

Para que una idea pueda ser el origen de un negocio es preciso que el producto o el servicio satisfagan una necesidad de mercado, es decir, que cubra una carencia de potenciales clientes o que mejore la oferta disponible en la actualidad.

Para determinar si una idea puede ser una oportunidad de negocio es preciso valorarla, hacer lo que se denomina un análisis de viabilidad.

3 Análisis de viabilidad

Para valorar la idea de negocio y ver si es una auténtica oportunidad de negocio es preciso realizar:

1) **Análisis previo del mercado:** recoger y analizar la información disponible sobre los diversos aspectos del mercado en el que la idea de negocio va a operar (clientes potenciales, capacidad de compra y de pago, verificación de la existencia de una necesidad por parte del cliente, análisis de productos similares o sustitutivos, examen de los competidores, barreras de entrada al mercado, etc.).

2) **Análisis de los recursos disponibles:** estimar los recursos humanos, materiales y financieros con los que contamos y valorar si estos son suficientes para poner en marcha y desarrollar la idea de negocio.

Este es un paso fundamental antes de empezar el desarrollo de cualquier proyecto. Muchas veces la propia ilusión por el proyecto hace que se pierda cierta perspectiva. Aunque es bueno tener ilusión y fe en un nuevo proyecto, es también importante saber controlar las emociones y analizar bien su viabilidad para evitar dedicar tiempo y recursos a un proyecto que pueda no ser viable desde un inicio.

Resumimos a continuación las preguntas clave en este análisis de viabilidad:

Clientes Potenciales

1) ¿Quién pagará por mi producto o servicio?
2) ¿Por qué van a comprarlo? ¿Qué necesidad quieren satisfacer?
3) ¿Dónde están estas personas?
4) ¿Qué estilo de vida tienen estas personas?
5) ¿Cuál es su nivel adquisitivo?
6) ¿Cuánto están dispuestos a pagar?
7) ¿Cuál será su frecuencia de compra?

PARTE I: Todo lo que debes saber antes de iniciar tu aventura

8) ¿Cómo afectarán las preferencias de los clientes (medioambientales, demográficas, etc.) y las regulaciones a la demanda del cliente?

Industria y mercado

1) ¿Cuál es el tamaño actual del mercado?
2) ¿Está creciendo el mercado?
3) ¿Por qué está creciendo (o por qué no)?
4) ¿Cómo llega el producto o servicio a los clientes potenciales (canales de distribución)?
5) ¿Tengo acceso al mercado? ¿Cómo? ¿A qué coste?
6) ¿Cuáles son las barreras de entrada al mercado?

Competencia

1) ¿Existe este producto o servicio en el mercado?
2) ¿Cuál es el posicionamiento competitivo objetivo dentro del mercado (por categoría de producto / servicio)?
3) ¿Cuáles son los principales desafíos competitivos y cuál es su impacto probable en el crecimiento?
4) ¿Cuáles son las fortalezas y debilidades clave?
5) ¿Existe un líder del mercado claramente identificado? ¿Qué impulsa, en última instancia, su ventaja?
6) ¿Están diferenciadas las ofertas de varios competidores? Si es así, ¿en qué dimensión?
7) ¿Qué valor añadido tienen mis productos o servicios frente a la competencia?
8) ¿Son nuestras ventajas competitivas sostenibles en el tiempo?
9) ¿Qué otros nuevos productos complementarios podrías ofrecer a este mismo público?
10) ¿Existe un historial de nuevos participantes en la industria?

Estructura interna y costes

1) ¿Cómo llegaré a mi público objetivo?

2) ¿Cómo vamos a vender, producir y entregar nuestros productos / servicios a los clientes (es decir, canales de venta y distribución, fabricación / operaciones)?

3) ¿Qué costes tendrá mi producto o servicio?

4) ¿Es la estructura diseñada (fabricación, operaciones y canales de distribución) escalable en el futuro?

5) ¿Cómo nos posicionaremos en el mercado (por ejemplo, calidad frente a costes, generalista frente a especialista…)?

6) ¿Serán rentables nuestros productos / servicios?

7) ¿Cuáles son los problemas / desafíos clave a los que nos podemos enfrentar? ¿Cómo les haremos frente?

8) ¿Qué recursos humanos, materiales y financieros necesito para arrancar el negocio?

9) ¿Dispongo de los recursos necesarios? ¿Puede acceder a ellos en caso de no disponerlos?

Si el resultado del análisis de viabilidad es positivo, es decir, si parece que hay hueco en el mercado para la idea y el emprendedor tiene o puede acceder a recursos suficientes para llevarla a cabo, entonces existe una Oportunidad de Negocio.

El siguiente paso es ver si el proyecto es viable, para lo que hay que realizar un Plan de Empresa. En el Plan de Empresa se analiza la viabilidad técnica, comercial, económica y financiera de la Oportunidad de Negocio.

PARTE I: Todo lo que debes saber antes de iniciar tu aventura

> ⚠ **CONSEJO DEL EXPERTO**
>
> *"Que los árboles no te impidan ver el bosque. No debemos de tener miedo en descartar un proyecto por no encontrar su viabilidad, por mucha ilusión que tengamos.*
>
> *Descartar un proyecto en esta fase es un éxito en sí mismo pues podremos dedicar tiempo y recursos en otro que sí pueda dar sus frutos a largo plazo."*
>
> **Carles Cornejo, CFA – Asesor en DAEM**

EL CASO DE PEPE

Pepe tuvo una idea que consistía en desarrollar una aplicación para vender al por mayores accesorios para teléfonos móvil. Tenía los contactos de grandes fabricantes en China y el acceso a una amplia red de distribución en España. Una vez desarrollado el análisis de viabilidad, descartó el proyecto pues se dio cuenta que existían en España muchos distribuidores ya establecidos, los márgenes eran muy estrechos y los costes que debía acometer de inicio eran muy elevados.

José, amigo de Pepe, le gustó la idea y desarrolló el negocio. Dos años más tarde, tras invertir más de 50.000 euros, José se ha dado de baja de actividad cerrando el negocio y volviendo a su puesto de trabajo por cuenta ajena previa al inicio de su aventura empresarial. Por el contrario, Pepe tiene un exitoso negocio con su mujer en el que venden prendas de vestir a través de las redes sociales.

4 Plan de empresa

El Plan de empresa – también llamado Plan de Negocio – es el documento que sirve como base de todo proyecto empresarial. Antes de iniciar un negocio, es imprescindible elaborar un Plan de empresa.

El Plan de empresa obliga a analizar en profundidad la oportunidad de negocio para determinar su viabilidad técnica, comercial, económica y financiera. Haber detectado una oportunidad de negocio no significa que sea viable. Por ejemplo, podemos detectar una oportunidad, pero los costes de producción pueden ser demasiado elevados como para que sea rentable.

El Plan de empresa es el documento donde el emprendedor detalla la información relevante acerca de su proyecto: el producto o servicio que va a producir, el racional de la oportunidad de negocio (basado en el análisis de viabilidad previo), los recursos con los que cuenta y las estrategias que piensa desarrollar para lograr los objetivos de la empresa. No existe un modelo estándar de Plan de empresa. No obstante, típicamente cuenta con diez secciones básicas:

1) **Introducción:** descripción del producto y/o servicio.

2) **Racional de la oportunidad:** descripción del problema que se pretende solucionar con nuestros productos y/o servicios y el porqué de la oportunidad de negocio.

3) **Recursos Humanos y Organización:** equipo de trabajo y esquema organizativo, con especial énfasis en los promotores del proyecto.

4) **Análisis de mercado:** debemos definir el mercado objetivo, cómo está evolucionando y cuál es nuestra estrategia de entrada.

5) **Entorno competitivo:** debemos conocer bien a nuestra competencia y explicar coherentemente nuestra principal ventaja o ventajas frente a ella.

6) **Plan de Ejecución:** en esta parte es donde definimos nuestro plan de producción, nuestro plan comercial y de marketing, así como el resto de

elementos logísticos necesarios para llevar el producto y/o servicio al público objetivo.

7) **Plan económico-financiero:** debemos de ser capaces de proyectar ingresos, gastos, inversiones y flujos de tesorería. Es recomendable añadir un análisis de punto muerto, es decir, el nivel de ventas al que debemos de aspirar para compensar nuestra estructura de costes.

8) **Necesidades de financiación:** fruto del plan económico-financiero surgirán necesidades de financiación para lo que debemos de tener un plan de captación de los recursos necesarios.

9) **Forma Jurídica:** una vez desarrollado los puntos anteriores y, tras un análisis pormenorizado de las diferentes alternativas jurídicas, podemos escoger la forma jurídica óptima para nuestro negocio.

10) **Conclusiones y próximos pasos:** resumen de las maneras de participar en el negocio, dependerá mucho de la finalidad del plan de negocio y estará adaptada en función de a quién presentemos en plan de negocio.

Estas secciones ayudarán, además, a que un tercero o potencial inversor pueda echar un vistazo rápido en cada uno de los aspectos de nuestro negocio.

⚠ CONSEJO DEL EXPERTO

"El nivel de detalle al que queramos llegar con nuestro plan de negocio dependerá de la utilidad que le queramos dar. Sino tenemos una inmediata necesidad para presentar el proyecto a un inversor o a una entidad bancaria, entonces necesitaremos un documento interno que nos sirva para validar la oportunidad de negocio.

Es muy recomendable validar la oportunidad de negocio con nuestro entorno más próximo, aceptar las críticas de una manera constructiva y tener presente que cuatro ojos siempre verán mejor que dos."

Carles Cornejo, CFA – *Asesor en DAEM*

5 Financiación

Una vez validada la oportunidad de negocio y desarrollado el Plan de empresa, queda pendiente resolver una cuestión básica para poner en marcha el negocio, contar con los recursos financieros necesarios para iniciarlo.

Además, debemos de ir más allá de la inversión inicial para poder garantizar los recursos necesarios hasta que la futura empresa sea capaz de generar por ella misma los recursos suficientes para subsistir.

Los principales problemas de financiación para un emprendedor son:

1) Insuficiencia de recursos propios para arrancar.
2) Barreras de acceso a financiación bancaria.
3) Insuficiente información sobre las diferentes alternativas de financiación.

Para la gran mayoría de emprendedores, la ausencia de recursos financieros se acaba convirtiendo en la principal pesadilla en esta fase de desarrollo de su proyecto y muchos se acaban echando atrás por la escasez de financiación.

Existen tres grandes categorías de recursos financieros: financiación propia, financiación ajena y ayudas y subvenciones.

Financiación propia

Recursos de los socios promotores. Se dividen en dos grandes grupos en función del origen de los fondos:

1) **Capital:** fondos en dinero o en especie aportados por el emprendedor, sus socios y demás inversores en el proyecto. El capital puede estar integrado por participaciones o por acciones (según la forma jurídica que escojamos).

2) **Reservas:** futuros beneficios del negocio que no sean distribuidos entre los socios y permanezcan invertidos en el negocio.

PARTE I: Todo lo que debes saber antes de iniciar tu aventura

Financiación ajena

Recursos procedentes de otras fuentes. Se dividen en dos grandes grupos en función del plazo de devolución:

1) **A largo plazo:** devolución en un plazo superior al año.
   - **Préstamos de instituciones financieras** (bancos y cajas de ahorros), de familiares, de amigos o de los propios socios.
   - **Préstamos participativos:** préstamos cuya devolución y/o rendimientos dependerán de los resultados del negocio. En algunos casos, pueden ser convertibles en acciones o participaciones de la empresa si se dan una serie de eventos. Al igual que un préstamo tradicional, es un pacto privado que se puede dar con instituciones financieras (bancos especializados), los propios socios o cualquier tercero.
   - **Arrendamiento financiero (leasing):** sistema de financiación para algunos activos del negocio (maquinaria, equipos) que consiste en que la empresa recibe el activo y paga a cambio una cuota (un alquiler) durante un plazo determinado.
   - **Renting:** sistema de financiación muy parecido al leasing, aunque en este caso se suelen incluir todos los gastos asociados al bien y no se exige una compra al final del periodo de arrendamiento (en el caso del leasing suele existir esta obligatoriedad), se trata de un alquiler puro.

2) **A corto plazo:** devolución en un plazo inferior al año.
   - **Préstamos de instituciones financieras** (bancos y cajas de ahorros), de familiares, de amigos o de los propios socios con un plazo inferior al año.
   - **Crédito comercial:** el número de días que conceden los proveedores por la propia operativa habitual del negocio para hacer efectivo el pago de servicios o productos que hayamos adquirido no deja de ser una vía de financiación para la empresa. Estos plazos varían mucho en función del sector y del tamaño

relativo que tengamos frente proveedor (cuánto más grande sea el proveedor peores condiciones tendremos). En este punto, hay que tener presente que el plazo máximo legal es de 60 días.

- o **Créditos** (línea de crédito): una entidad financiera pone una determinada cantidad de dinero a disposición de la empresa, una cuantía máxima que la empresa puede utilizar.

- o **Descuento comercial** (letra, pagaré…): una entidad financiera entrega a la empresa la cantidad que le adeudan sus clientes, reducida por el importe del interés y los gastos. Estas deudas tienen que estar recogidas en un documento justificativo y la entidad financiera es la que, en última instancia, cobra al cliente.

- o **Factoring:** una empresa de factoring (el factor) asume los derechos de cobro sobre los clientes de la empresa. El acuerdo con el factor puede ser que este gestione simplemente el cobro de las facturas y créditos a su favor (a cambio de una comisión), que adelante el pago anticipando, así como el capital (a cambio de un interés) o, incluso, que cubra el riesgo de impago de clientes y deudores de la empresa.

- o **Confirming:** una entidad financiera se hace cargo del abono de las deudas de la empresa a proveedores y acreedores y acuerda con la empresa el plazo en que esta le devolverá el dinero adelantado (a cambio de un interés).

 CONSEJO DEL EXPERTO

"Debes pensar no sólo en la financiación para arrancar el negocio, sino en la financiación que vas a necesitar para poder operar el día a día."

Carles Cornejo, CFA – Asesor en DAEM

PARTE I: Todo lo que debes saber antes de iniciar tu aventura

EL CASO DE ANA

Ana se dedica distribuir un nuevo producto de cosmética en España a salones de belleza. Empezó en enero de 2017, sin prácticamente recursos más allá de un ordenador portátil pues no preveía grandes necesidades de inversión. Ana lo hizo tan bien y el producto era tan innovador que tuvo una fuerte demanda nada más empezar (por encima incluso de sus mejores previsiones).

No obstante, se dio cuenta que necesitaba recursos para financiar los pedidos iniciales de producto pues su proveedor le exigía pago por adelantado, mientras ella tenía pactadas unas condiciones de cobro a 60 días con sus clientes.

Ana, con asesoramiento, encontró este equilibrio a nivel financiero. Al final, cerró una línea de crédito con una entidad bancaria para solucionar la tensión puntual que tenía y diseñó una estrategia a futuro basada en el factoring. No obstante, la falta de previsión le hizo perder alguna venta importante pues la tramitación de estas alternativas de financiación no es inmediata.

 CONSEJO DEL EXPERTO

"En la decisión de escoger una alternativa de financiación debemos de tener en cuenta varios factores más allá del capital y el tipo de interés. Debemos de tener presente el coste total de la financiación incluyendo comisiones, los potenciales avales o garantías que se exijan, así como la capacidad futura del negocio para devolverlo."

Carles Cornejo, CFA – Asesor en DAEM

Ayudas y subvenciones

En la financiación del negocio pueden jugar un papel clave las ayudas y subvenciones para emprender, distinguimos seis tipologías de ayudas:

1) **Pago único por desempleo (capitalización del paro):** se trata de una medida para fomentar y facilitar iniciativas empresariales a personas que

estén percibiendo la prestación por desempleo de nivel contributivo de la Seguridad Social.

La Seguridad Social abona el valor actual del importe de la prestación que reste por percibir a aquellas personas beneficiarias que pretendan:

- Desarrollar una actividad como personas trabajadoras autónomas.

    No se incluirán en este caso quienes se den de alta como trabajadores/as autónomos/as económicamente dependientes (TRADE), firmando un contrato con una empresa con la que hubieran mantenido una relación contractual inmediatamente anterior a la situación legal de desempleo o que pertenezca al mismo grupo empresarial de aquella.

- Destinar el importe a realizar una aportación al capital social de una sociedad mercantil de nueva creación o creada en un plazo máximo de 12 meses anteriores a la aportación, siempre y cuando se vaya a poseer el control efectivo de la sociedad, se vaya a ejercer en la misma una actividad profesional y se produzca un alta en la Seguridad Social en el Régimen Especial de Trabajadores por Cuenta Propia (RETA) o en el Régimen Especial de Trabajadores del Mar.

- Incorporarse de forma estable como socios/as trabajadores/as o de trabajo en cooperativas o en sociedades laborales ya constituidas, o constituirlas, aunque se haya mantenido un contrato previo con las mismas.

Además, para acceder al pago único será necesario cumplir los siguientes requisitos:

- Ser beneficiario de una prestación contributiva por desempleo por cese total y definitivo de una relación laboral, pendiente de recibir a fecha de solicitud del pago único, al menos tres mensualidades. En el caso de beneficiarios por cese de actividad, es necesario que tengan pendiente de percibir como mínimo seis meses.

PARTE I: Todo lo que debes saber antes de iniciar tu aventura

- o No haber cobrado el pago único en los cuatro años inmediatamente anteriores.

- o Iniciar la actividad en el plazo máximo de un mes desde la resolución que conceda el pago único, y siempre en fecha posterior a la solicitud. No obstante, una vez realizada la solicitud, se puede iniciar la actividad y darse de alta en la Seguridad Social antes de la resolución del pago.

- o Si se ha impugnado ante la jurisdicción social el cese de la relación laboral, la solicitud del pago único debe ser posterior a la resolución del procedimiento.

- o Quienes en los 24 meses anteriores a la solicitud del pago único hayan compatibilizado el trabajo por cuenta propia con la prestación por desempleo de nivel contributivo, no tendrán derecho a obtener el pago único para constituirse como trabajadores o trabajadoras por cuenta propia o como personas trabajadoras autónomas socias de una sociedad mercantil.

- o En el caso de cooperativas y, en caso de existir periodo de prueba, la persona solicitante únicamente percibirá el pago único cuando presente ante el Servicio Público de Empleo Estatal (SEPE) el acuerdo del consejo rector de haber superado el periodo de prueba.

2) **Ayudas públicas:** existen multitud de ayudas, subvenciones y programas de financiación para el desarrollo de proyectos empresariales.

Estas ayudas las conceden las distintas Administraciones Públicas: Unión Europea, Administración del Estado, Comunidades Autónomas y Municipios.

El concepto de ayuda engloba aportaciones económicas a fondo perdido, ventajas fiscales, bonificaciones en cuotas de Seguridad Social o financiaciones con condiciones por debajo de mercado que pueda recibir el emprendedor para la puesta en marcha de su proyecto o una vez comenzada su actividad.

Para conocer los programas disponibles deberás de contactar con la Consejería encargada en tu Comunidad Autónoma.

Guía práctica de la PYME

Hay una gran cantidad de ayudas y programas que van apareciendo (y desapareciendo) por lo que se hace prácticamente imposible recogerlos todos, esta es una de las labores más importantes que deberás hacer como emprendedor, te dejamos un listado de páginas web donde puedes acceder para buscar más información y pueden resultarte de ayuda:

Comunidad Autónoma	Página web
Andalucía	https://www.juntadeandalucia.es
Aragón	https://www.aragon.es
Asturias, Principado de	https://www.idepa.es
Balears, Illes	http://www.caib.es
Canarias	https://www.gobiernodecanarias.org/principal
Cantabria	https://www.empleacantabria.es
Castilla y León	http://www.empresas.jcyl.es/
Castilla - La Mancha	http://empleoyformacion.jccm.es
Cataluña	https://web.gencat.cat/ca/inici
Comunidad Valenciana	https://www.gva.es
Extremadura	http://extremaduratrabaja.juntaex.es/
Galicia	https://xunta.gal/portada
Madrid, Comunidad de	http://www.comunidad.madrid/servicios/empleo/autoempleo-emprendimiento
Murcia, Región de	http://www.carm.es
Navarra, Comunidad Foral de	http://www.navarra.es
País Vasco	https://web.bizkaia.eus/eu/hasiera
Rioja, La	http://www.ader.es/inicio
Ceuta	https://www.ceuta.es
Melilla	https://www.melilla.es

A modo orientativo, destacamos las siguientes ayudas:

- Los préstamos participativos concedidos por ENISA (Empresa Nacional de Innovación, SA):

    www.enisa.es

PARTE I: Todo lo que debes saber antes de iniciar tu aventura

- Programa de Apoyo Empresarial a las Mujeres (PAEM) a través del cual se ofrece asesoramiento y acompañamiento especializado a todas las mujeres emprendedoras:

    https://www.camara.es/creacion-de-empresas/apoyo-empresarial-las-mujeres-paem

- Las ayudas a emprendedores del Ayuntamiento de Madrid a través Madrid Emprende:

    https://www.madridemprende.es/es

- Las ayudas a emprendedores de la Generalitat de Catalunya a través del Institut Catala de Finances (ICF) o FISUC (base de ayudas y subvenciones de ACCIO).

    http://www.icf.cat/ca/inici

    http://www.accio.gencat.cat/ca/inici

- Las líneas de avales concedidos por Avalis (Catalunya) o Aval Madrid.

    https://www.avalis.cat/

    https://www.avalmadrid.es/

Adicionalmente, como novedad en 2022, encontramos la ayuda que el Gobierno ha diseñado en el marco de las ayudas europeas "Next Generation" para la transformación digital de pymes y autónomos. El programa, denominado "kit digital" proporciona un bono dirigido a empresas con bajo nivel de digitalización para que inviertan en su mejora a través de soluciones disponibles en el mercado. Las ayudas, en una primera fase, serán de hasta 3.000 euros y permitirán a las empresas invertir este dinero en servicios como: presencia en Internet y gestión de redes sociales, comercio electrónico, analítica de datos o ciberseguridad. Para más información:

https://www.acelerapyme.gob.es/kit-digital

3) **Subvenciones:** consisten en aportaciones económicas a fondo perdido, es decir, sin necesidad de devolverlas.

Pueden financiar inversiones para el inicio de una actividad, para su expansión o para gastos corrientes de la misma. Lo habitual es que no se reciba la subvención por adelantado sino, una vez que se ha producido el gasto o la inversión.

4) **Ventajas fiscales:** pueden ser deducciones en la base imponible de un impuesto (por ejemplo, impuesto de sociedades o impuesto sobre la renta de personas físicas) o bonificaciones en la tarifa.

En estos casos, destacan el apoyo del El Ministerio de Ciencia e Innovación con una reducción fiscal entre el 35% y el 60% para aquellos proyectos orientados a la investigación y el desarrollo tecnológico.

5) **Bonificaciones y reducciones en las cuotas de Seguridad Social:** tienen por finalidad disminuir las cantidades a pagar en concepto de Seguridad Social para el empresario, ya sea para fomentar la actividad empresarial, o bien para favorecer la contratación de determinados grupos de personas.

En este sentido, destaca la **tarifa plana** para autónomos que consiste en el pago mensual de 60,00 euros a la Seguridad Social en lugar de los 293,94 euros que constituyen la cuota mensual mínima (datos de 2022), la cuota queda de la siguiente manera:

- Los primeros 12 meses: cuota mensual de 60,00 euros
- Meses 12 a 18 (6 meses): se aplica el 50% de reducción.
- Meses 18 a 24 (6 meses): se aplica el 30% de reducción / bonificación.

En lo que refiere a los autónomos societarios (aquellos que lo son fruto de haber constituido una sociedad mercantil) no podían beneficiarse de la tarifa plana hasta que en septiembre de 2020 el Tribunal Supremo sienta jurisprudencia para que los autónomos societarios también puedan beneficiarse de la tarifa plana, incluso con efectos retroactivos, algo que se venía demandando desde el colectivo de autónomos durante años.

En el capítulo 43 encontrarás más información referente a esta bonificación.

6) **Asesoramiento y formación:** no todas las ayudas tienen un carácter puramente económico, existen numerosas alternativas de asesoramiento

PARTE I: Todo lo que debes saber antes de iniciar tu aventura

y formación para el emprendedor. A parte de esta guía, existen tanto cursos y sesiones de asesoramiento presencial como páginas en Internet con información sobre trámites, planes de empresa, actualización de ayudas y subvenciones y otros recursos para la gestión empresarial. Eso sí, asegúrate bien de que la información esté actualizada y que la fuente sea fiable.

> ⚠ **CONSEJO DEL EXPERTO**
>
> *"El dinero no nos está esperando, debemos de ir a buscarlo. La clave del éxito en esta fase es la perseverancia."*
>
> **Carles Cornejo, CFA – Asesor en DAEM**

PARTE II: Conoce las alternativas jurídicas para tu negocio

¡Demos forma jurídica a tu sueño!

Una vez tienes lo que hay que tener para ser un emprendedor de éxito, has validado tu idea de negocio y cuentas con los recursos para desarrollarlo, el siguiente paso consiste en escoger la forma jurídica para desarrollar tu actividad, ella marcará el marco legal – normas y regulaciones – que gobernará la actividad de tu futura empresa o negocio.

Las dos formas jurídicas más conocidas son el empresario individual (coloquialmente conocido como "autónomo") y la sociedad limitada, aunque existen muchas más que te recomiendo que, por lo menos, conozcas de su existencia.

Además, la elección entre empezar como autónomo o cómo sociedad no es trivial pues juegan numerosos factores que debes de tener presente, entre los que destacan el régimen fiscal al que estarás sometido (por lo tanto, la carga fiscal que tendrás), la responsabilidad que podrás asumir frente a las deudas que asumas en tu actividad, el acceso a financiación o los costes del día a día del negocio.

Por todo ello, es importante que conozcas cuál es el marco legal de la actividad que vas desarrollar para evitar problemas futuros. En esta segunda parte del libro podrás ver las diferencias entre las alternativas de forma jurídica que tienes a tu alcance para que puedas tomar la mejor decisión.

6 Factores importantes a considerar

Los principales factores a tener en cuenta antes de elegir la forma jurídica del negocio son:

- **Capital y financiación:** algunas formas jurídicas exigen para su constitución la aportación de un capital mínimo. Por otra parte, las entidades financieras suelen tener en cuenta, a la hora de otorgar financiación, cuál es el capital con el que la empresa podrá responder frente a sus deudas.

- **Número de promotores:** si son varias las personas que van a participar debemos de escoger una forma jurídica que lo permita como alternativa al empresario individual (comúnmente conocido como autónomo), la más utilizada es la sociedad mercantil, aunque no es la única. Por otro lado, tenemos que tener presente que la ley permite también la creación de sociedades mercantiles de un solo promotor.

- **Responsabilidad frente a terceros:** uno de los aspectos más relevantes es la asunción de responsabilidad pues algunas formas jurídicas societarias permiten limitar la responsabilidad de los promotores a las aportaciones realizadas a la sociedad. Por el contrario, el empresario individual (o autónomo) responde con todo su patrimonio de las deudas contraídas por la empresa (o negocio).

- **Aspectos fiscales:** las sociedades tributarán por el Impuesto de Sociedades, aplicándose un tipo fijo, mientras que, cuando no se haya adoptado forma societaria, se tributará por el Impuesto sobre la Renta de las Personas Físicas (IRPF) mediante la aplicación de un tipo progresivo reflejando la actividad de la empresa en la declaración anual de IRPF de cada individuo (declaración de la renta).

- **Aspectos socio-laborales:** en función de la forma jurídica que escojamos y, sobre todo, del control que tengamos sobre las decisiones de la actividad estaremos encuadrados en un régimen de la Seguridad Social distinto. Por ejemplo, si decidimos emprender por nuestra cuenta como empresario individual estaremos encuadrados en el Régimen

Especial de Trabajadores Autónomos (RETA); si decidimos apostar por una sociedad podremos estar encuadrados tanto en el Régimen General como en el RETA en función del control que tengamos sobre la sociedad.

- **Tipo de actividad:** para el desarrollo de determinadas actividades, la Ley puede exigir una forma jurídica determinada. Por ejemplo, para el ejercicio, a través de una sociedad, de una actividad profesional que requiera colegiación, se exige la constitución de una sociedad profesional.

- **Posibilidades de crecimiento:** la elección de una forma jurídica societaria facilita la participación en el futuro de nuevos inversores y suele tener acceso a una mayor variedad de fuentes de financiación. Por lo contrario, el empresario individual tiene mayores dificultades para asociarse y suele tener más dificultades de acceso a financiación ajena en términos generales.

De los aspectos mencionados anteriormente, los que suelen tener más peso en el momento de elección de la forma jurídica son la responsabilidad frente a terceros y los aspectos fiscales.

Merece especial mención la diferenciación de dos conceptos que se confunden a menudo, se trata de los conceptos de "empresa" y "sociedad". El concepto de "empresa" es un concepto genérico, según la Real Academia Española (RAE), es una "unidad de organización dedicada a actividades industriales, mercantiles o de prestación de servicios con fines lucrativos", en este libro lo utilizamos como sinónimo de "negocio" que es igualmente válido tanto para autónomos como para sociedades mercantiles. Por el contrario, la palabra "sociedad" es una forma jurídica de organizar la empresa, según la RAE, es una "agrupación comercial de carácter legal que cuenta con un capital inicial formado con las aportaciones de sus miembros" por lo que se limita la forma jurídica.

> **CONSEJO DEL EXPERTO**
>
> *"La elección de la forma jurídica no es una decisión trivial, debemos de pensar tanto en las necesidades actuales como en las necesidades futuras de la empresa. Una mala decisión ahora puede conllevar consecuencias indeseadas a futuro como pueden ser derivaciones de responsabilidad o una sobrecarga fiscal."*
>
> **Jordi Company – Asesor fiscal en DAEM**

EL CASO DE JOAQUÍN

Joaquín empezó su aventura empresarial con una pequeña tienda de productos para el hogar.

El negocio le iba bien, aunque no se decidía a dar el paso a constituir una sociedad limitada pues no necesitaba de asociarse con nadie y tenía su negocio controlado.

Al cabo de los años, decidió ampliar su negocio y abrir una segunda tienda física para lo que pidió un préstamo bancario, así como acumuló una gran cantidad de existencias. Por diversas razones, la nueva tienda no funcionó y, además, empezó a consumir mucho tiempo de Joaquín que, poco a poco, fue descuidando su primera tienda que sí funcionaba.

Al cabo de 12 meses de abrir la segunda tienda, Joaquín acumuló deuda por valor de más de 300.000 euros con proveedores, entidades financieras, Agencia Tributaria y Seguridad Social. Agobiado por toda la situación, buscó asesoramiento legal para cerrar la actividad y, aunque perdió todos sus ahorros, logró conservar su vivienda de propiedad y empezar de nuevo.

Si Joaquín hubiera dado el paso a una sociedad mercantil cuando su negocio empezaba a crecer, seguramente hubiera podido evitar perder todo su patrimonio. Incluso incorporando a un socio, que le ayudara en el día a día, podría haber salvado el negocio.

7 Formas jurídicas más comunes

Existen una gran cantidad de alternativas jurídicas para emprender.

Las claves para una buena elección de la forma jurídica radican en conocer bien nuestra actividad, tener un buen plan de negocio y conocer las características de las diferentes alternativas jurídicas.

Diferenciamos tres tipologías de formas jurídicas en función de su personalidad:

- **Personas físicas:**

    Es la forma más simple de empresa donde el propio individuo forma la empresa y no existe distinción entre su patrimonio personal o empresarial ni asociación entre dos o más personas. Es el caso del empresario individual o "autónomo".

- **Entidades sin personalidad jurídica propia**

    La empresa la forman dos o más personas (físicas o jurídicas) pero la propia empresa no tiene personalidad jurídica propia y cada una de las personas que la forman deberán de tributar por su cuenta en función de los resultados que obtengan y su régimen fiscal específico. Es el caso de comunidades de bienes o sociedades civiles.

- **Entidades con personalidad jurídica propia:**

    Aquellas que nacen como consecuencia de un acto jurídico (constitución).

    Se les reconoce por sí mismas la capacidad suficiente para contraer obligaciones y realizar actividades y tienen una serie de obligaciones mercantiles que no tienen las personas físicas o las entidades sin personalidad jurídica propia.

    La más común de ellas es la Sociedad Limitada.

En la página siguiente podemos ver un esquema resumen de las formas jurídicas más comunes en España.

PARTE II: Conoce las alternativas jurídicas para tu negocio

Tipo de empresa	Núm. socios (mín.)	Capital Mínimo (€)	Responsabilidad Limitada	Régimen fiscal	Régimen Seguridad Social
PERSONAS FÍSICAS					
Empresario individual (Autónomo)	1	⊗	⊗	IRPF/IVA	RETA
Emprendedor de Responsabilidad Limitada (E.R.L.)	1	⊗	⊗ (1)	IRPF/IVA	RETA
ENTIDADES SIN PERSONALIDAD JURÍDICA PROPIA					
Comunidad de bienes (C.B.)	2	⊗	⊗	IRPF/IS/IVA (2)	RETA (4)
Sociedad Civil	2	⊗	⊗	IRPF/IS/IVA (3)	RETA
ENTIDADES CON PERSONALIDAD JURÍDICA PROPIA (PERSONAS JURÍDICAS)					
Agrupación de Interés Económico (A.I.E.)	2	⊗	⊗	IS/IVA	RETA (5)
Sociedad Colectiva	2	⊗	⊗	IS/IVA	RETA
Sociedad Comanditaria simple	2	⊗	⊗	IS/IVA	RETA
Sociedad Comanditaria por acciones	2	60.000	⊗	IS/IVA	RETA (5)
Sociedad Responsabilidad Limitada (S.L.)	1	3.000	✓	IS/IVA	RETA (5)
Sociedad Limitada Nueva Empresa (S.L.N.E.)	1 - 5	3.000 - 120.000	✓	IS/IVA	RETA (5)
Sociedad Limitada de Formación Sucesiva	1	⊗	✓	IS/IVA	RETA (5)
Sociedad Limitada Laboral (S.L.L.)	2	3.000,00	✓	IS/IVA	RETA (5)
Sociedad Anónima (S.A.)	1	60.000	✓	IS/IVA	RETA (5)
Sociedad Anónima Laboral (S.A.L.)	2	60.000	✓	IS/IVA	RETA (5)
Sociedad Cooperativa (S. Coop.)	1er grado: 3 2º grado: 2	Fijado en Estatutos	✓	IS/IVA	Rég. Gen. Asimilado o RETA
Sociedad Cooperativa de Trabajo Asociado	3	Fijado en Estatutos	✓	IS/IVA	Rég. Gen. Asimilado o RETA
Sociedades Profesionales	1	Según forma social	✓	IS/IVA	Según la forma social
Sociedad Agraria de Transformación (S.A.T.)	3	⊗	✓	IS/IVA	RETA (5)
Asociación y entidades sin ánimo de lucro	2	⊗	✓	IS / IVA	RETA (5)
Sociedad de Garantía Recíproca (S.G.R.)	150 (socios partícipes)	10M	✓	IS/IVA	RETA (5)
Entidades de Capital Riesgo (E.C.R.)	Consejo de mínimo 3	SCR: 1,2M FCR: 1,65M	✓	IS/IVA	RETA (5)

1) Excluye vivienda habitual bajo determinadas condiciones.
2) Cada comunero tributa por IRPF o IS según su propia naturaleza jurídica.
3) Tributan en IS y tienen personalidad jurídica propia cuando tengan objeto mercantil
4) Todos los comuneros deben estar encuadrados en el RETA, a excepción de los comuneros que se dediquen únicamente a la administración de los bienes puestos en común.
5) Régimen de autónomos sólo para los socios con poder de decisión.

8 Asunción de responsabilidad

En la elección de la forma jurídica, uno de los aspectos que más preocupa a emprendedores es la responsabilidad que puedan asumir como consecuencia de la aventura empresarial y, en especial, la repercusión que pueden tener las deudas asumidas con terceros derivadas de la actividad empresarial en el patrimonio personal del emprendedor.

En efecto, es un punto crítico al que hemos dedicado este capítulo pues las decisiones que tomemos ahora pueden derivarnos en responsabilidades a futuro que debemos de conocer y asumir antes de iniciar nuestra aventura empresarial.

Responsabilidad ilimitada

No existe diferenciación entre el patrimonio personal y el empresarial por lo que los socios o empresarios responden económicamente con todo su patrimonio frente a las deudas originadas por la actividad.

El caso más común es la del empresario individual (autónomo) quién responderá con todo su patrimonio personal, no solo el de la empresa, frente a deudas que pueda contraer como consecuencia de su aventura empresarial.

Además, si el empresario está casado puede dar lugar a que la responsabilidad derivada de su actividad empresarial alcance a su cónyuge. Ello dependerá del régimen económico que rige el matrimonio y la naturaleza de los bienes en cuestión.

Otras formas jurídicas en la que la responsabilidad es ilimitada es la comunidad de bienes, la sociedad civil, la agrupación de interés económico, la sociedad colectiva y la sociedad comanditarias (responsabilidad ilimitada sólo para los socios colectivos).

PARTE II: Conoce las alternativas jurídicas para tu negocio

Existe una peculiaridad en el caso del Emprendedor de Responsabilidad Limitada (ERL), donde el empresario responde igualmente de manera ilimitada, sin embargo, y a diferencia del Empresario Individual, se exceptúa su vivienda habitual siempre que cumpla las siguientes condiciones:

- Se inscriba en el Registro Mercantil con sus correspondientes obligaciones.
- La vivienda habitual deberá estar inscrita en el Registro de la Propiedad.
- La vivienda habitual no deberá estar relacionada con el negocio.
- La vivienda habitual no debe de superar el valor de 300.000 euros (450.000 euros en poblaciones de más de un millón de habitantes) conforme a la base imponible del Impuesto sobre Transmisiones Patrimoniales y Actos Jurídicos Documentales en el momento de inscripción en el Registro Mercantil.
- No podrá beneficiarse de la limitación de responsabilidad el deudor que hubiera actuado con fraude o negligencia grave en el cumplimiento de sus obligaciones con terceros, siempre que así conste por sentencia firme o en concurso declarado culpable.

Responsabilidad limitada

Existe diferenciación entre el patrimonio personal y el empresarial por lo que los socios o empresarios responden de las deudas de la empresa hasta el límite del capital que hayan aportado.

Las sociedades mercantiles tienen limitada su responsabilidad hasta la cuantía de su capital social (salvo las excepciones referidas a la sociedad civil, la agrupación de interés económico, la sociedad colectiva y las sociedades comanditarias), es decir, los bienes personales de los socios quedan exentos de responsabilidad.

En el caso de las cooperativas, la responsabilidad es limitada por norma general, salvo que en los estatutos se estipule lo contrario.

> **CONSEJO DEL EXPERTO**
>
> *"Aunque elijamos una forma jurídica que proteja a los promotores a nivel de responsabilidad, no estamos exentos de ella en caso de incumplimiento de nuestras obligaciones como empresario.*
>
> *El administrador o administradores de una sociedad deben de conocer el marco legal bajo el que opera la empresa y operar acorde a él, de lo contrario, se le pueden derivar responsabilidades subsidiarias en caso de incumplimiento."*
>
> **Jordi Company – Asesor fiscal en DAEM**

EL CASO DE AGUSTÍN

Agustín era uno de los tres socios y administrador único de una Sociedad Limitada dedicada a la explotación de una cadena de 4 tiendas de ropa multimarca en la localidad de Puerto Banús (Málaga).

La empresa tuvo una época gloriosa en la que generaba importantes beneficios. Acostumbrados a un alto nivel de vida, los socios decidían repartir más del 90% de los beneficios en dividendos para su disfrute personal.

Llegó la crisis financiera de 2008/2009. Pronto, la empresa entró en pérdidas y empezó a dejar de pagar a proveedores y acreedores. A mediados de 2010, la empresa acumuló tal nivel de pérdidas que entró en situación de quiebra técnica. No obstante, Francisco no tomó medidas al respecto y siguió con la esperanza de poder recuperarse hasta que, a finales de 2011, la situación era insostenible y su principal proveedor instó el concurso de acreedores.

Francisco incumplió con sus obligaciones como administrador, pues debió de haber declarado el concurso de acreedores mucho antes. Le derivaron responsabilidades en el concurso que le llevaron a la ruina, mientras sus socios simplemente perdieron su aportación inicial al negocio (recuperada con creces gracias a los importantes dividendos que habían recibido).

PARTE II: Conoce las alternativas jurídicas para tu negocio

9 Obligaciones fiscales

El aspecto tributario es otro de los elementos más relevantes a tener en cuenta antes de iniciar una actividad económica, por ello le dedicamos este capítulo. En función de la forma jurídica que elijamos, nos afectarán unos impuestos u otros:

	Personas físicas	Personas jurídicas	Entidades sin personalidad jurídica
Antes de iniciar la actividad			
Declaración censal (alta, solicitud NIF): modelo 036/037	✓	✓	✓
IAE: modelo 840, 848	✗	✓	✓
Durante la actividad			
Declaración censal (modificación): modelo 036/037	✓	✓	✓
IAE: modelo 840, 848	✗	✓ En determinados casos	✓ En determinados casos
IRPF: modelo 100, 130, 131	✓	✗	✓ Atribución rentas
IRPF Retenciones: modelo 111, 190	✓	✓	✓
IS: modelo 202, 222, 200, 220	✗	✓	✓
IVA: modelo 303, 390	✓	✓	✓
Declaración anual de operaciones con terceros: modelo 347	✓	✓	✓
Después de la actividad			
Declaración censal (baja): modelo 036/037	✓	✓	✓
IAE: modelo 840	✗	✓	✓

Antes de iniciar cualquier actividad deberemos darnos de alta en el censo de empresarios, profesionales y retenedores a través de los modelos 036 (tanto para personas físicas como jurídicas) o 037 (para personas físicas si cumplen ciertos requisitos) y darnos de alta en el Impuesto de Actividades Económicas (IAE).

Durante el desarrollo de la actividad, será necesario informar de cualquier modificación del censo, además de cumplir las obligaciones relativas a impuestos entre los que destacan los impuestos estatales, es decir, aquellos que dependen directamente de la Administración del Estado:

- **Impuesto Sobre la Renta de Personas Físicas (IRPF):** impuesto personal, progresivo y directo que grava la renta obtenida en un año natural por las personas físicas residentes en España. En el caso de no residentes, el impuesto equivalente es el Impuestos sobre la Renta de no Residentes (I.R.N.E).

- **Impuesto de Sociedades (IS):** tributo que grava la renta (beneficios netos antes de impuestos) de las sociedades y demás entidades residentes en todo el territorio español. Por normal general, consiste en un tipo fijo del 25%, sin considerar casos en los que se puede disminuir mediante deducciones (por ejemplo, la aplicación de un tipo reducido del 15% durante los dos primeros ejercicios con resultado positivo desde inicio de actividad, siempre que se cumplan una serie de requisitos y para una base imponible inferior a 300.000 euros).

- **Impuesto sobre Valor Añadido (IVA):** es un tributo indirecto que recae sobre el consumo y grava, en la forma y condiciones previstas por la ley, las entregas de bienes y prestaciones de servicios efectuadas por empresarios o profesionales.

Las entidades con personalidad jurídica propia tributan por el impuesto de sociedades (IS) mientras que las personas físicas tributan por el IRPF como es el caso de los autónomos.

PARTE II: Conoce las alternativas jurídicas para tu negocio

Las Comunidades de Bienes y las Sociedades Civiles no tributan por las rentas obtenidas, sino que su rendimiento se atribuye proporcionalmente a los comuneros o socios. Son estos últimos quienes liquidan el impuesto correspondiente (IRPF o IS) según corresponda por su propia naturaleza jurídica. No obstante, desde el 1 de enero de 2016, las sociedades civiles tributan en Impuesto de Sociedades y tienen personalidad jurídica propia cuando tengan objeto mercantil.

Por otro lado, en el desarrollo de nuestra actividad, podemos encontrarnos con otros impuestos que dependen de cada Comunidad Autónoma y que pueden afectarnos en función de las operaciones que realicemos:

- **Impuesto sobre Transmisiones Patrimoniales y Actos Jurídicos Documentales (ITP-AJD):** es un tributo indirecto que grava tres hechos imponibles distintos, las transmisiones patrimoniales onerosas, las operaciones societarias y los actos jurídicos documentados. Por ejemplo, la compraventa de un coche o de una vivienda de segunda mano en la que el vendedor es un particular estará sujeta a este impuesto.

- **Impuesto sobre Sucesiones y Donaciones (ISD):** grava las adquisiciones gratuitas.

- **Impuesto sobre Patrimonio (IP):** grava la tenencia de bienes.

Por último, encontramos otros impuestos de carácter local que dependen de cada Ayuntamiento y pueden tener impacto en la gestión del negocio:

- **Impuesto sobre Actividades Económicas (IAE):** deben presentarlo las empresas cuya cifra de negocios sea superior a un millón de euros.

- **Impuesto sobre Inmuebles (IBI):** grava el valor de la titularidad dominial y otros derechos reales que recaen sobre bienes inmuebles localizados en el municipio que recauda el tributo (locales, garajes, casas, pisos y en generales cualquier bien inmueble).

- **Impuesto sobre Vehículos de Tracción Mecánica (IVTM):** grava la titularidad de vehículos a motor aptos para circular por la vía pública, de manera independiente de su clase y naturaleza.

- **Impuesto sobre el Incremento de Valor de los Terrenos de Naturaleza Urbana (IIVTNU):** más conocido como "plusvalía municipal" que grava la revalorización de los terrenos urbanos en el periodo de tiempo en que han estado en poder del que los trasmite.

De la misma manera que hemos realizado en el alta, para dar de abaja una actividad es necesario presentar la declaración censal y de IAE correspondientes.

 CONSEJO DEL EXPERTO

"Es muy importante establecer controles internos para evitar cometer fraude fiscal, muchas veces se incurren en delitos fiscales por no tener un buen control interno de la empresa. El desconocimiento de la normativa no nos exime de nuestra responsabilidad por cumplirla."

Jordi Company - Asesor fiscal en DAEM

EL CASO DE ANABEL

Anabel decidió emprender, viendo el auge del precio del oro, en una pequeña tienda de compraventa de oro. Estudió muy bien a su competencia, hizo un detallado análisis de mercado y un plan de negocio que convenció a todos sus familiares y a sus amigos más cercanos para animarla a emprender.

Anabel basó su estrategia en un gran volumen a precios muy competitivos y tuvo un fuerte éxito, tanto que se planteó abrir una nueva tienda.

Al cabo de 4 años, le llegó un requerimiento de la Agencia Tributaria exigiendo el pago del Impuesto sobre Transmisiones Patrimoniales correspondiente al 5% de sus compras de oro a particulares tanto del ejercicio en curso como de los tres ejercicios anteriores no prescritos. Anabel

PARTE II: Conoce las alternativas jurídicas para tu negocio

desconocía que debía abonar dicho impuesto. No obstante, su desconocimiento no le exime del cumplimiento de la regulación y tubo que abonar la deuda tributaria, además de replantear su estrategia pues el negocio ya no era tan rentable como parecía.

10 Obligaciones formales

Uno de los aspectos que no debemos de pasar por alto en la elección de la forma jurídica son todas aquellas obligaciones formales a las que estaremos sometidos en función de una u otra alternativa jurídica, que van más allá de la presentación y liquidación de los correspondientes impuestos.

Estas obligaciones nos pueden influenciar en la carga administrativa y, por consiguiente, en los gastos operativos del día a día del futuro negocio por lo que no debemos de pasarlas por alto. Además, si no cumplimos con ellas, corremos el riesgo de recibir sanciones administrativas e incluso derivación de responsabilidades.

En función de sus obligaciones formales, diferenciamos dos grandes grupos de entidades jurídicas:

- Obligaciones formales en personas físicas: empresarios y profesionales.
- Obligaciones formales en personas jurídicas (formas societarias) y en entidades sin personalidad jurídica.

Obligaciones formales en personas físicas

Si optamos por emprender como empresarios individuales (autónomos), tendremos que asumir una serie de obligaciones formales en función de nuestra actividad y del régimen fiscal al que estemos sometidos.

En este caso, distinguimos entre dos grandes categorías en función de la actividad que se desarrolle, podemos hablar de empresarios (normalmente quien desarrolla una actividad en el seno de una organización) o profesionales (normalmente quien desarrolla una actividad de forma directa o personal).

PARTE II: Conoce las alternativas jurídicas para tu negocio

	EMPRESARIOS			PROFESIONALES
OBLIGACIONES CONTABLES	Estimación directa normal	Estimación directa simplificada	Estimación objetiva (módulos)	Estimación directa normal y simplificada
Contabilidad ajustada al Código de Comercio y al Plan General de Contabilidad	✓ (1)	✓ (2)	✓ (2)	✗
LIBROS REGISTRO IRPF	Estimación directa normal	Estimación directa simplificada	Estimación objetiva (módulos)	Estimación directa normal
Libro registro de ventas e ingresos	✗	✓	✓ (3)	✗
Libro registro de compras y gastos	✗	✓	✗	✗
Libro registro de bienes de inversión	✗	✓	✓ (4)	✓
Libro registro de ingresos	✗	✗	✗	✓
Libro registro de gastos	✗	✗	✗	✓
Libro registro de provisiones de fondos y suplidos	✗	✗	✗	✓
LIBROS REGISTRO IVA	Régimen general	Régimen simplificado	Recargo de equivalencia	Régimen especial (REAGP)(5)	Régimen general
Libro registro de facturas expedidas	✓	✗	✗	✗	✓
Libro registro de facturas recibidas	✓	✓	✓ (6)	✓ (7)	✓
Libro registro de bienes de inversión	✓	✗	✗	✗	✓
Determinadas operaciones intracomunitarias	✓	✗	✗	✗	✓
Libro registro de operaciones en REAGP	✗	✗	✗	✓	✗

1) En actividades mercantiles.
2) En actividades mercantiles es opcional.
3) Si el rendimiento neto no se calcula por volumen de operaciones.
4) Si se practican amortizaciones.
5) Régimen Especial de Agricultura, Ganadería y Pesca.
6) Por actividades desarrolladas en otros regímenes.
7) Por actividades en régimen simplificado o recargo de equivalencia.

Adicionalmente a los libros registro, empresarios y profesionales estarán obligados a conservar, durante el plazo máximo de prescripción (por lo general, cuatro años), los justificantes y documentos acreditativos de las operaciones, rentas, gastos, ingresos, reducciones y deducciones de cualquier tipo.

Por lo que refiere a las entidades en régimen de atribución de rentas que desarrollen actividades económicas, llevarán unos únicos libros obligatorios correspondientes a la actividad realizada, sin perjuicio de la atribución de rendimientos que corresponda efectuar en relación con sus socios, herederos, comuneros o partícipes.

Los contribuyentes que lleven contabilidad de acuerdo a lo previsto en el Código de Comercio (por ejemplo, empresarios en Estimación Directa Normal), no estarán obligados a llevar los libros registros establecidos fiscalmente (son libros auxiliares).

En la Parte VI (Las obligaciones contables y mercantiles) de este libro encontrarás más información referente a las obligaciones contables y mercantiles.

Obligaciones formales en personas jurídicas y entidades sin personalidad jurídica

Si optamos por emprender en forma societaria en la cualquiera otra forma diferente de la de empresario individual, estaremos obligados a llevar, además de los libros registro de IVA, una contabilidad ajustada al Código de Comercio y los denominados libros contables y societarios.

PARTE II: Conoce las alternativas jurídicas para tu negocio

OBLIGACIONES CONTABLES	
Contabilidad ajustada al Código de Comercio (C.C.) y al Plan General de Contabilidad (P.G.C.)	✓ En actividades mercantiles
LIBROS CONTABLES Y SOCIETARIOS	
Libro de inventarios y cuentas anuales	✓
Libro diario	✓
Libro de actas	✓
Libro registro de socios (sociedades limitadas)	✓
Libro de acciones nominativas (sociedades anónimas y comanditarias por acciones)	✓
LIBROS REGISTRO IVA	
Libro registro de facturas emitidas	✓
Libro registro de facturas recibidas	✓
Libro registro de bienes de inversión	✓
Determinadas operaciones intracomunitarias	✓

Las personas jurídicas y las entidades sin personalidad jurídica, al igual que las personas físicas en régimen de estimación directa normal, deben de llevar la contabilidad ajustada al Código de Comercio y al Plan General de Contabilidad y llevar libros registro de IVA. La gran diferencia, y una de las desventajas de las sociedades, son las obligaciones respecto a libros contables y societarios, inexistentes en el caso de personas física.

En la Parte VI (Las obligaciones contables y mercantiles) de este libro encontrarás más información referente a las obligaciones contables y mercantiles.

PARTE III: Bienvenido al mundo de la PYME

¡Bienvenido! Ahora empieza tu aventura como empresario.

Has decidido emprender y unirte a los 3 millones de pequeñas y medianas empresas (PYMEs) que existen en España que aportan, nada más y nada menos, que el 65% de su PIB y dan empleo al 75% de su población. En este capítulo te contaremos las principales características de este apasionante mundo.

La sociedad limitada, coloquialmente conocido como "SL", es la forma societaria más utilizada en España y la segunda forma jurídica más popular para emprender, detrás del empresario individual o "autónomo".

Muchos empresarios inician su aventura empresarial como "autónomos" y, en función de la evolución del negocio, migran su operativa a una sociedad mercantil.

En esta tercera parte del libro, haremos una introducción a las sociedades, la compararemos con la forma jurídica del "autónomo", repasaremos los conceptos clave para evaluar la migración a forma societaria (partiendo de la base que hemos empezado la actividad como autónomos), incidiéremos en el concepto de la Responsabilidad de los socios o promotores y, por último, revisaremos dos conceptos de societarios que, a menudo, suelen pasarse por alto, el concepto de unipersonalidad y las sociedades profesionales.

11 Características generales

En el ordenamiento jurídico español, se define la "Sociedad" como un contrato por la que varias personas ponen en común bienes, dinero o industria, con el ánimo de repartir entre sí las ganancias.

De tal manera que se concibe una sociedad como el contrato adecuado para desarrollar una "empresa" cuando ésta no puede llevarse a cabo por una sola persona, necesitando de la asociación con otras para la puesta en común de los bienes, dinero o trabajo necesarios para llevarla a cabo.

También es importante resaltar que su finalidad es esencialmente lucrativa: repartir ganancias o beneficios entre los socios. Los fines no lucrativos se canalizan a través de otras personas jurídicas como la Asociación o la Fundación.

Para añadir complejidad, el contrato de sociedad está regulado tanto en el Código Civil como en el Código de Comercio. Como consecuencia, se distingue entre sociedades civiles y sociedades mercantiles:

- **Sociedad civil:** si la sociedad se dedica a una actividad civil (es decir, una actividad con ánimo de lucro, pero sin realizar actos comerciales), podrá optar por una forma civil o mercantil (1670 CC).

    Por ejemplo, una sociedad formada por dos profesores que se juntan para aportar su capacidad docente, será civil.

- **Sociedad mercantil:** si la sociedad se dedica a una actividad mercantil, debe adoptar una forma social mercantil (arts. 119 y 122 del Código de Comercio). Para determinar si se trata de una actividad mercantil (una actividad comercial o industrial), la jurisprudencia tiene en cuenta el objeto social y su finalidad y el desarrollo de una actividad externa con ánimo de lucro: «lo que supone la integración en una estructura empresarial organizada y proyectada al comercio, completada por capacidades productoras y de mercantilización en su cometido social» (sentencia del Tribunal Supremo de 21 de junio de 1998, entre otras).

Por ejemplo, una sociedad formada por empresarios del sector de la educación para organizar actividades educativas, será mercantil.

Las sociedades mercantiles son las más comunes. Éstas, a su vez, se distinguen entre:

- **Sociedades personalistas:** donde los socios tienen un papel fundamental y, además, responden de forma personal, ilimitada y solidaria de las deudas de la sociedad.

  Son sociedades personalistas la sociedad colectiva y la comanditaria.

- **Sociedades capitalistas:** donde los socios tienen un papel secundario y solo responden de las deudas sociales hasta el límite de su aportación a la sociedad.

  Son sociedades capitalistas la sociedad de responsabilidad limitada, la limitada de nueva empresa, la anónima y la sociedad comanditaria por acciones.

 CONSEJO DEL EXPERTO

"En la práctica, las sociedades civiles han desaparecido desde que en 2016 al establecerse que aquellas sociedades civiles con personalidad jurídica (aquellas que tienen NIF propio) y tengan un objeto mercantil (cuando realicen una actividad que no sea agrícola o ganadera, ni tampoco una actividad profesional ni sea una mera titular de activos financieros) pasaron a ser contribuyentes por el Impuesto sobre Sociedades (ya no tributarían como hasta ahora en régimen de atribución de rentas).

Además de tributar por el Impuesto de Sociedades, están obligadas a llevar una contabilidad ajustada al Código de Comercio.

Estas sociedades civiles con objeto mercantil tienen las mismas obligaciones que una sociedad limitada o sociedad Anónima, sin embargo, carecen de la principal ventaja de éstas, la limitación de responsabilidad.

Por tanto, es altamente recomendable que estas sociedades se transformen en una Sociedad Limitada."

Sergi Cornejo – Asesor en DAEM

PARTE III: Bienvenido al mundo de la PYME

EL CASO DE VIOLETA

Violeta se dedicaba a ofrecer servicios de diseño gráfico a pequeñas y medianas empresas junto con su marido a través de una Sociedad Civil Privada (SCP).

A partir de 2016, cambiaron el sistema de tributación y pasaron a tributar por el impuesto de sociedades (dejando de realizar atribuciones de renta o IRPF a cada uno de ellos). No obstante, a excepción de este cambio tributario, siguieron operando de la misma manera, bajo la misma forma societaria y sin llevar una contabilidad ajustada al código de comercio.

En 2020, fruto de la crisis de la Covid-19, tuvieron que cerrar el negocio dejando una serie de facturas y deudas bancarias sin poder atender.

Al no a haber protegido su patrimonio personal con una alternativa jurídica que así lo permitiese y, además, sin llevar una contabilidad del negocio, el juzgado que tramitó el cierre de la empresa derivó responsabilidades solidarias tanto a Violeta como a su marido.

Si hubieran transformado la Sociedad Civil en una Sociedad Limitado y hubieran cumplido con todas las obligaciones que eso conlleva, las deudas de la empresa se hubieran quedado en la propia empresa y no se hubieran derivado responsabilidades a sus socios.

12 Sociedades personalistas

Aquella sociedad en que la identidad de la persona del socio es más importante que sus aportaciones a la empresa.

Son sociedades personalistas la sociedad colectiva y la sociedad comanditaria simple.

Sociedad colectiva

La sociedad colectiva es una sociedad en que dos o más personas (que se convierten en socios), en nombre colectivo y bajo una razón social, se comprometen a participar (en la proporción que establezcan) para desarrollar una actividad económica.

La responsabilidad de los socios por las obligaciones de la sociedad será personal, subsidiaria respecto de la empresa i solidaria entre ellos.

Sociedad comanditaria simple

La sociedad comanditaria simple es una sociedad personalista que se define por la existencia de dos tipos de socios:

- **Socios colectivos:** que aportan capital y trabajo, y responden de forma subsidiaria, personal y solidaria de las deudas de la sociedad.
- **Socios comanditarios:** que aportar capital y que tienen una responsabilidad limitada a su aportación.

13 Sociedades capitalistas

Aquella sociedad en qué la aportación del socio es más importante que su identidad.

Son sociedades de capital la sociedad de responsabilidad limitada, la sociedad limitada de nueva empresa, la sociedad anónima y la sociedad comanditaria por acciones.

Las características comunes a todas ellas son:

- La identidad de los socios no es un factor tan relevante como el capital que aportan a la sociedad.

- Los socios solo pueden aportar dinero, bienes o derechos valorables en dinero. No se admite la aportación de trabajo.

- El capital se divide en partes alícuotas y es la titularidad de estas partes la que confiere la condición de socio. En función del tipo de sociedad, estas partes se denominan acciones (el caso de la Sociedad Anónima y la sociedad comanditaria por acciones) o participaciones sociales (el caso de la Sociedad Limitada).

- Son sociedades de responsabilidad limitada. Los socios no responden con su patrimonio personal de las deudas de la compañía.

- Son sociedades mercantiles, independientemente de cuál sea su objeto.

La reina de todas ellas es, sin duda, la Sociedad Limitada (SL) o Sociedad de Responsabilidad Limitada (SRL) y la forma jurídica en la que nos centraremos a continuación.

14 Introducción a la Sociedad Limitada (SL)

La Sociedad Limitada (SL) o Sociedad de Responsabilidad Limitada (SRL) es una sociedad mercantil capitalista en la que las aportaciones de sus socios o el capital social de la sociedad se divide en participaciones, indivisibles y acumulables.

La Sociedad Limitada es la tipología de sociedad más utilizada en España. Según el Instituto Nacional de Estadística (INE), existen en España, a 1 enero de 2021, 1.134.632 sociedades limitadas inscritas en España que, junto con los empresarios individuales o "autónomos" representan el 90% del tejido empresarial español.

La principal característica consiste en que la responsabilidad de los socios se limita al capital aportado, separando su patrimonio personal del de la sociedad (a diferencia del autónomo donde no existe tal diferenciación).

La sociedad limitada presenta las siguientes características básicas:

- **Capital social:** no podrá ser inferior a 3.000 euros y deberá estar totalmente desembolsado desde el inicio. El capital social se divide en participaciones, que no tienen carácter de valores, y se pueden crear participaciones sin voto.

- **Aportaciones de capital:** podrán consistir en dinero o en otros bienes o derechos patrimoniales, pero nunca podrán ser objeto de aportación el trabajo o los servicios realizados.

- **Prestaciones accesorias al capital:** se podrán establecer prestaciones accesorias obligatorias para los socios distintas de la aportación de capital en los estatutos de la sociedad.

- **Disponibilidad del capital:** una vez desembolsado el capital social, puede destinarse a financiar inversiones o necesidades de liquidez.

- **Transmisión de participaciones:** salvo excepciones, la transmisión de participaciones a terceros distintos de los socios está condicionada.

- **Sin limitación de socios:** no se requiere un número mínimo ni máximo de socios, admitiéndose la forma unipersonal.

- **Limitaciones de operaciones vinculadas:** se podrán conceder préstamos, garantías y asistencia financiera a otras sociedades del grupo, pero salvo acuerdo de la junta general, no se podrá realizar estos actos a favor de sus propios socios y administradores, ni anticiparles fondos.

- **Posibilidad de aportaciones no dinerarias:** se admiten tanto aportaciones dinerarias como no dinerarias. Las aportaciones no dinerarias no han de ser valoradas por un experto independiente.

- **Control en la incorporación de nuevos socios:** se puede mantener un cierto control en cuanto a la incorporación de nuevos socios.

15 Ventajas y desventajas frente a la alternativa como "autónomo"

Las principales ventajas de la sociedad limitada frente al empresario individual o "autónomo" son:

- **Responsabilidad:** es la principal ventaja de la Sociedad Limitada pues, en el caso del empresario individual, éste responde de las deudas de la empresa con todo su patrimonio. Esta responsabilidad puede extenderse a los bienes comunes del matrimonio, ya que se presume que el cónyuge presta su consentimiento para que estos bienes respondan de las deudas del negocio. No obstante, el cónyuge puede evitarlo revocando su consentimiento en escritura pública siempre y cuando se inscriba en el Registro Mercantil, o adoptando otro régimen matrimonial otorgando capitulaciones matrimoniales.

- **Tributación baja con beneficios altos:** los beneficios de la sociedad limitada tributan a un tipo fijo (Impuesto de Sociedades) que puede ser ventajoso cuando se obtienen elevados beneficios. Por el contrario, los empresarios individuales tributan por IRPF que, por la propia naturaleza progresiva del impuesto, si los beneficios son elevados, la tributación puede ser muy gravosa en comparación con la tributación por Impuesto de Sociedades (a tipo fijo).

- **Mayor acceso a financiación:** mayor facilidad de financiación ya sean inversores privados o entidades bancarias. Al tener personalidad jurídica propia y existir obligaciones mercantiles, las sociedades presenta cuentas más claras y precisas que los "autónomos" lo que genera confianza económica frente a terceros.

- **Imagen:** las sociedades ofrecen una imagen comercial del negocio más profesional, más grande y más solvente.

- **Empresarios y socios trabajadores:** las sociedades dan cabida a múltiples socios en su capital social quienes se reparten los gastos iniciales mientras que el empresario individual es un único empresario.

PARTE III: Bienvenido al mundo de la PYME

Los principales inconvenientes de la Sociedad Limitada frente al empresario individual son:

- **Gastos elevados al inicio de la actividad**: los costes de inicio de actividad son más elevados, teniendo en cuenta que existen requerimientos que no tienen los empresarios individuales como son la exigencia de escritura pública o la inscripción en el Registro Mercantil.

- **Capital mínimo inicial**: en las sociedades limitadas se exige un mínimo de 3.000 de capital social mínimo para empezar, cuando a los empresarios individuales no se les exige capital mínimo para iniciar la actividad más allá de la aportación que el empresario desea realizar de manera voluntaria.

- **Control**: en la sociedad limitada el empresario puede no tener el control total de la empresa como sí lo tiene en el caso de establecerse de manera individual asumiendo personalmente su gestión.

- **Obligaciones registrales**: la sociedad tiene obligaciones registrales al tener personalidad jurídica propia.

- **Obligaciones contables**: las sociedades mercantiles tienen, por lo general, más obligaciones contables que los empresarios individuales al estar obligadas a llevar una contabilidad ajustada al Código de Comercio.

- **Tributación elevada con beneficios reducidos**: en el caso de beneficios reducidos, tendrá un régimen fiscal (I.S.) más desfavorable que el que correspondería a un empresario individual (I.R.P.F.).

- **Menores alternativas de régimen de IVA**: sin posibilidad de tributar en el IVA en régimen simplificado o en el de régimen especial de recargo de equivalencia.

- **Impuesto sobre Actividades Económicas**: las sociedades con más de 1 millón de ingresos anuales tendrán que tributar por el Impuesto Sobre Actividades Económicas (IAE). En el caso de los empresarios individuales o "autónomos" siempre estarán exentos de este impuesto (ver capítulo 27).

En definitiva, ejercer a través de una sociedad limitada es recomendable cuando el volumen de beneficios esperado es elevado, se tiene o se prevén tener socios, el control directo del negocio no es tan relevante, se necesita acceso a terceros para financiarse y se estima que el riesgo de derivación de responsabilidades frente a terceros de la actividad que desarrolla no es asumible o manejable por el empresario.

16 Cuando migrar la operativa de autónomo a sociedad

En muchos casos se opta por iniciar la aventura empresarial como autónomo y migrar a la operativa societaria una vez el negocio alcanza un cierto tamaño o se precisa de la incorporación de socios o de financiación por parte de terceros.

Por ello, una de las preguntas que se hacen muchos empresarios es a partir de cuándo se puede optimizar su negocio constituyendo una sociedad mercantil (más allá del beneficio fiscal, de lo contrario estaríamos hablando de evasión fiscal muy perseguida por la Agencia Tributaria).

La solución a esta pregunta no es trivial y se tienen que tener en cuenta diversos factores:

- Características personales de cada individuo (lugar de residencia, número de hijos y edades, ascendientes a su cargo, discapacidades, etc.) que afectarán a la declaración de IRPF (declaración de la renta).

- Desarrollo previo de la actividad pues afectará al tipo impositivo del impuesto sobre sociedades los dos primeros ejercicios.

  Siempre y cuando no hayamos desarrollado previamente la misma actividad, para sociedades de nueva creación el tipo se reduce al 15% (en lugar del 25%) los primeros dos ejercicios desde que tenemos resultados positivos (con un límite de 300.000 euros de beneficio neto por ejercicio).

  En el caso que optemos por iniciar la actividad como autónomo y decidamos migrar a la operativa societaria posteriormente, no podremos aplicar esta bonificación y la tributación de la sociedad será del 25% desde el primer año de operativa.

- Separación entre los rendimientos de la empresa y los rendimientos por nuestro trabajo.

  En una sociedad, los rendimientos y activos de la empresa son de la sociedad y no pueden ser libremente utilizados por el empresario a título privativo. Para poder hacer uso a título privativo de fondos de una sociedad mercantil, debemos de hacerlo mediante salario por nuestro trabajo (aplicará el régimen general de IRPF al igual que la tributación del empresario individual) o mediante dividendos (aplicará el régimen del ahorro del IRPF que oscila entre el 19% y el 26%). En cualquier caso, tanto uno como otro concepto deben de estar debidamente justificados (salario acorde al trabajo y dividendos acordes a la inversión realizada).

En el caso de empresarios individuales, al no existir diferencia entre la personalidad jurídica de la empresa y la del empresario, los fondos generados por la empresa pueden ser utilizados por el empresario a título particular.

- Por si fuera poco, en el caso de sociedades mercantiles, el salario del empresario por su trabajo se considera gasto deducible en impuesto de sociedades pues también se debe de considerar este factor.

 CONSEJO DEL EXPERTO

"En España ha habido un abuso de las sociedades unipersonales para tributar menos impuestos. Ahora, se comprueba con más intensidad si las empresas unipersonales de verdad tienen una actividad real o no.

Por todo ello, recomendamos justificar muy bien la creación de una sociedad mercantil pues debe aportar más que la propia actividad del autónomo. Además, es importante diferenciar la retribución del trabajo y la retribución como accionistas o socios de una sociedad."

Jordi Company – Asesor fiscal en DAEM

EL CASO DE MAXIMO

Máximo era un reconocido profesional de las artes escénicas con unos ingresos que superaban los 200.000 euros al año.

Para reducir la carga fiscal, Máximo constituyó una sociedad limitada unipersonal con la única finalidad de derivar toda su actividad artística para tributar al 25% por impuestos de sociedades en lugar de por IRPF que, en su caso, llegaría hasta el 48%. La Agencia Tributaria detectó el fraude y tuvo que afrontar el pago de una liquidación total de 365.938 euros por los ejercicios en los que cometió el fraude, además de un recargo del 50% de multa y los correspondientes intereses de demora.

17 Responsabilidad frente a terceros

El término "responsabilidad" radica en las obligaciones que tiene una persona frente a otras. Cuando una persona física (un "autónomos") o jurídica (Una sociedad) adeuda algo a un tercero, es responsable de dicha deuda y tiene la obligación de pagarla. En caso de no poder hacer frente a ellas, se debe de hacer frente a una serie de consecuencias.

En el caso de los empresarios individuales o "autónomos", asumen el riesgo directamente de la actividad empresarial de manera universal y deben responder con todo su patrimonio ante las deudas contraídas en el ejercicio de su actividad.

En estos casos, no se diferencia entre el patrimonio mercantil (el de la actividad económica) y el civil (el suyo personal); por lo tanto, la responsabilidad frente a terceros, derivada de su actividad empresarial, es ilimitada. Además, si el empresario está casado puede dar lugar a que la responsabilidad derivada de sus actividades alcance a su cónyuge.

En el caso de la sociedad limitada, es diferente. El término de "responsabilidad limitada" supone poner un límite máximo de bienes con los cuales el socio responde de las deudas de la actividad.

Por consiguiente, en la sociedad limitada los socios sólo responderán de las deudas sociales (las deudas de la sociedad) en relación a sus aportaciones de capital en el momento de constituirse la sociedad (o en posteriores aportaciones). En este caso, la sociedad tiene personalidad jurídica propia y ella misma responde frente a sus deudas con su propio patrimonio (formado, en parte, por las aportaciones previas de sus socios) pero las personas físicas que hay detrás de la sociedad (los socios) tienen su propio patrimonio diferenciado, independiente y protegido frente a las deudas de la sociedad.

No obstante, es importante tener presente que sí pueden derivarse responsabilidades en el caso de los administradores de la sociedad si éstos no cumplen con sus obligaciones inherentes a su cargo.

⚠️ **CONSEJO DEL EXPERTO**

"La limitación de responsabilidad puede llevar a engaño y exceso de confianza por tres motivos que debemos de considerar:

1º - Las deudas existen y se deberán de pagar. La sociedad es la primera que tienen que tener capacidad suficiente para ello, de lo contrario podremos perder el negocio. Y no pensemos que, si nos sobre endeudamos, podemos abrir otra sociedad para desarrollar la misma actividad pues nos pueden derivar responsabilidades por despatrimonializar una sociedad y crear otra con el propósito de impedir sus acreedores vieran satisfechos sus créditos.

2º - En muchas ocasiones las entidades bancarias (o otros acreedores) solicitan avales personales al solicitar préstamos para la sociedad. Debes tener esto muy presente pues si firmas avales personales por deudas de la sociedad la responsabilidad limitada ya no te será de aplicación en estos casos.

3º - Los administradores de la sociedad son los garantes de que la sociedad cumplirá operará bajo la ley vigente y cumplirá con sus obligaciones. Si fallamos en nuestro deber como administradores, las deudas de la sociedad nos perseguirán incluso después de renunciar al cargo de administrador."

Carles Cornejo – Asesor en DAEM

EL CASO DE ÁNGEL

Ángel constituyó una sociedad mercantil el día 19 de noviembre de 2003 para dedicarla al sector de la construcción, adquiriendo la condición de administrador.

Al año siguiente, la sociedad adquirió maquinaria de la construcción a un tercero y se estableció como forma de pago el libramiento de cincuenta pagarés valorados en 6.000 euros cada uno de ellos, en un plazo de cincuenta meses, que concluía en diciembre de 2011.

En mayo de 2009, la Sociedad dejó de pagar sus obligaciones económicas contraídas (pago a su vencimiento de los pagarés comprometidos), debido a la propia evolución desfavorable de la actividad y negocio a la que se dedicaba la sociedad debido a la fuerte crisis inmobiliaria y financiera de 2008.

Ángel despatrimonializó la sociedad mercantil, provocando que la misma cesara en su actividad, para lo que, sin justificación económica razonable, constituyó en diciembre de 2008 una nueva sociedad limitada, mudando a esta última la totalidad de elementos productivos y los propios trabajadores, manteniendo a clientes y proveedores.

Esta actuación frustró toda posibilidad de que el proveedor de maquinaria viera satisfecho los pagarés pendientes de abono, por importe de 120.000 euros con cargo al patrimonio de la sociedad original de Ángel. Por este motivo, el proveedor interpuso una querella.

En febrero de 2014, la Audiencia Provincial de Toledo condenó a Ángel a dos años de cárcel por un delito de insolvencia punible, tras despatrimonializar una sociedad y crear otra con el propósito de impedir sus acreedores vieran satisfechos sus créditos.

18 La Sociedad Unipersonal

Las Sociedades Unipersonales son aquellas que en las que la totalidad de las participaciones pertenecen a un solo socio, sea persona natural (física) o jurídica (otra sociedad).

El carácter de unipersonalidad puede serlo tanto de forma originaria (en el acto de constitución de la sociedad) como de forma sobrevenida (en un acto posterior al de constitución donde un socio adquiere la totalidad de las participaciones de la sociedad).

Las sociedades unipersonalidades debe cumplir una serie de formalismos inherentes a esta peculiaridad:

- La constitución de una sociedad unipersonal y la declaración o pérdida de tal situación, o el cambio del socio único como consecuencia de haberse transmitido alguna o todas las participaciones, se debe de hacer constar en escritura pública que se inscribirá en el Registro Mercantil.

- En tanto subsista la situación de unipersonalidad, la sociedad hará expresa su condición de unipersonal en toda su documentación, así como en todos los anuncios que haya de publicar por disposición legal o estatutaria. En este sentido se hará mención a "Sociedad Limitada Unipersonal" o "SLU", en lugar de "Sociedad Limitada" o "SL".

- El socio único ejercerá las competencias de la junta general. Sus decisiones se consignarán en acta, bajo su firma o la de su representante.

- Los contratos celebrados entre el socio único y la sociedad deberán constar por escrito y se transcribirán a un libro registro de la sociedad, legalizado conforme a lo dispuesto para los libros de actas de las sociedades (ver capítulo 31). Además, en la memoria anual de la sociedad se hará referencia expresa e individualizada a estos contratos, con indicación de su naturaleza y condiciones (ver capítulo 30).

Es importante no pasar por alto estos requerimientos formales pues las consecuencias pueden ser importantes:

- En el caso de que la unipersonalidad no conste en el Registro Mercantil, se perderá una de las principales ventajas de la sociedad limitada y el socio responderá de forma personal, ilimitada y solidaria.

- En caso de concurso del socio único o de la sociedad, no serán oponibles a la masa aquellos contratos que no hayan sido recogidos en el libro registro o detallados en la memoria anual depositada en el Registro con arreglo a la ley.

> ⚠️ **CONSEJO DEL EXPERTO**
>
> *"Recuerda declarar la unipersonalidad de la sociedad, en caso de ser un único socio, y hacerlo constar así ante notario.*
>
> *Asegúrate además de que esta condición se registra en el Registro Mercantil que corresponda y luego asegúrate que al hacer mención a la razón social no nombre de la empresa incluyas la unipersonalidad de la misma: SLU o Sociedad Limitada Unipersonal.*
>
> *En caso de que no lo hayas hecho – el notario no siempre lo hará sino los has indicado previamente y el responsable serás tú – dispones de 6 meses para declarar la unipersonalidad e inscribirla en el Registro Mercantil, desde el momento en el que se haya producido el hecho que la haya originado, para no perder la limitación de responsabilidad."*
>
> **Carles Cornejo – Asesor en DAEM**

EL CASO DE MARIANA

Mariana constituyó una sociedad limitada el día en enero 2019 para montar un restaurante en la ciudad de Barcelona en el que tenía mucha ilusión. Mariana era la única socia y, a pesar del sobrecoste que conlleva tanto la constitución como el mantenimiento de una sociedad, tenía claro que quería constituir una sociedad limitada para proteger su patrimonio personal. Mariana disponía de 100.000€, y nada más que eso, para probar esta nueva aventura por lo que no quería asumir más riesgos que perder este capital.

PARTE III: Bienvenido al mundo de la PYME

No obstante, nadie le indicó que debía de declarar la unipersonalidad de la misma ni que debía de hacer mención a la unipersonalidad en las facturas tanto las emitidas como las recibidas por sus proveedores.

Al año siguiente, la Covid-19 asestó un durísimo golpe al restaurante de Mariana y, a pesar de la comprensión de sus proveedores y empleados, a finales de 2020 la sociedad acumuló una deuda de más de 20.000€.

A principios de 2021, el propietario del local donde se situaba el restaurante empezó a exigir el alquiler completo sin hacer más concesiones. No obstante, la sociedad, sin apenas ingresos, no podía hacer frente a ello. A finales de 2021, el propietario del local presentó una demanda contra la sociedad.

Mariana, ante esta situación, decidió abandonar su sueño y empezar los trámites para cerrar la sociedad. La sorpresa vino, cuando acudió a un nuevo asesor y éste le recordó sobre la unipersonalidad y sus obligaciones formales.

La defensa de Mariana se basó en que no tenía intención defraudadora y era del todo desconocerá de estas obligaciones formales. No obstante, el juez fue muy claro amparado por una sentencia del Tribunal Supremo de 2016: "la responsabilidad del socio único por las deudas sociales en caso de la no inscripción de la unipersonalidad en el plazo previsto, es un régimen propio y especial de responsabilidad, por lo que a este no se aplican los principios de la responsabilidad por dolo o culpa grave".

Finalmente, Mariana tuvo que responder solidaria e ilimitadamente por las deudas sociales contraídas durante este periodo, incluso sin que medie culpa o dolo por su parte.

19 La Sociedad Profesional

Las Sociedades Profesionales (SP) son aquellas que tienen por objeto social el ejercicio en común de una actividad profesional.

Se considera actividad profesional:

- Aquella cuyo desempeño se requiere titulación universitaria, o titulación profesional para cuyo ejercicio sea necesario acreditar una titulación universitaria e inscripción en el correspondiente Colegio Profesional

    Por ejemplo: abogacía o arquitectura

Se entiende que hay ejercicio en común:

- Cuando los actos propios de la actividad sean ejecutados directamente bajo la sociedad.

- Los derechos y obligaciones del ejercicio de la actividad profesional sean atribuidos a la sociedad como titular de la relación jurídica.

Estas sociedades están reguladas, desde 2007, por la Ley de Sociedades de Profesionales que regula el sector de los denominados profesionales liberales, permitiendo su asociación en este tipo de sociedad. Nos referimos a las siguientes profesiones: médicos, arquitectos, notarios, registradores, procuradores y abogados.

Existen cada vez más profesionales que colaboran mutuamente complementando sus servicios profesionales según su especialidad para poder abarcar, en la mayoría de ocasiones, un abanico más amplio de servicios profesionales que el profesional individual.

Es importante tener presente las diferencias de estas sociedades profesionales respecto de la sociedad limitada en el momento de constitución de la misma:

- La identificación de los otorgantes, expresando si son o no socios profesionales. Pudiendo coexistir tanto socios profesionales como socios no profesionales siempre y cuando los socios profesionales sean como mínimo las ¾ partes del capital, de los derechos de voto y de los miembros de los órganos de administración.

- El Colegio Profesional al que pertenecen los otorgantes y su número de colegiado.
- La actividad o actividades profesionales que constituyan el objeto social.
- La identificación de las personas que se encarguen de la administración expresando su condición de socio profesional o no.
- Las Sociedades profesionales pueden adoptar cualesquiera de las formas jurídicas admitidas. La más común de todas ellas es la Sociedad Limitada Profesionales (SLP).
- La sociedad se inscribirá, además del Registro Mercantil correspondiente, en el Registro de Sociedades Profesionales del Colegio Profesional que corresponda a su domicilio social.

A nivel de responsabilidad, los socios de una SLP deben de tener presente que se aplicará un doble régimen de responsabilidad, el derivado de la propia responsabilidad disciplinaria de la actividad y el derivado de las deudas sociales:

- En cuanto a la responsabilidad disciplinaria correspondiente a la actividad:
    - La asociación con otros profesionales liberales, no se exime al socio del régimen de responsabilidad disciplinaria correspondiente a la actividad que desarrolla
    - La sociedad profesional también podrá ser sancionada en los términos establecidos en el régimen disciplinario que corresponda según su ordenamiento profesional
- En cuanto a la responsabilidad sobre las deudas sociales:
    - De las deudas sociales responderá la sociedad con todo su patrimonio como cualquier otra Sociedad Limitada (SL).

- Las deudas sociales que tengan su origen en el desarrollo de la actividad profesional responderán solidariamente la sociedad y los profesionales, socios o no, que hayan actuado, siéndoles de aplicación las reglas generales sobre la responsabilidad contractual o extracontractual que correspondan.

El Tribunal Supremo indica que si una sociedad tiene por objeto social el desarrollo de una actividad profesional debe ser: Sociedad Profesional (SP). Y esto debe ser así a pesar de la voluntad de los Socios. El incumplimiento, es causa de disolución obligatoria.

No se incluyen como Sociedad Profesionales, aquellas que sirven de canalización o comunicación entre el cliente y el profesional que, vinculado a la sociedad por cualquier título (socio, asalariado, etc.) desarrolla efectivamente la actividad profesional.

PARTE IV: Ponte en marcha

¡Empecemos!

Una vez conoces lo que es una sociedad limitada y estás dispuesto a empezar tu aventura, debes de conocer todos los trámites necesarios para ponerte en marcha.

A diferencia de los empresarios individuales o "autónomos", además de los trámites administrativos correspondientes al ejercicio de tu actividad, necesitarás realizar los trámites mercantiles necesarios para que la sociedad adquiera personalidad jurídica propia.

En esta parte del libro veremos todos los pasos que debes de realizar para iniciar la actividad de la sociedad con garantías (proceso de constitución de la sociedad, Hacienda, Seguridad Social, licencias de Ayuntamientos, cumplimiento con la Agencia Española de Protección de Datos e inscripción en el Registro de Patentes y Marcas).

Para ello, en esta parte del libro, te mostraremos todos los trámites a realizar para la puesta en marcha de tu sociedad, te enseñaremos cómo funciona el proceso de constitución a través de Puntos de Acceso al Emprendedor (PAE) y te explicaremos cómo funcionan los trámites más habituales a través de gestorías y asesorías.

20 El proceso de constitución

El proceso constitución de una sociedad limitada (extensible, por lo general, al resto de sociedades mercantiles) consta de los siguientes pasos:

1) **Certificación negativa del nombre de la sociedad**: obtención de un certificado de la no existencia de otra Sociedad con el mismo nombre.

2) **Apertura de una cuenta bancaria a nombre de la sociedad**: apertura de una cuenta bancaria a nombre de la empresa que se va a constituir e ingresar el capital social de forma íntegra.

3) **Redacción de estatutos sociales:** los estatutos son el conjunto de normas que regirán la futura empresa y que se incorporarán posteriormente a la escritura pública de la constitución.

4) **Firma de escritura pública:** documento que recoge el contrato de constitución de la sociedad y debe ser firmado por sus socios fundadores.

5) **Obtención del Número de identificación fiscal (NIF) provisional:** el objeto de este número es identificar a las personas jurídicas y a las entidades sin personalidad jurídica, a efectos fiscales.

6) **Liquidación del Impuesto sobre transmisiones patrimoniales (ITP) y actos jurídicos documentados (AJD):** grava las transmisiones patrimoniales onerosas, operaciones societarias y actos jurídicos documentados

7) **Inscripción de la empresa en el Registro Mercantil:** La inscripción de una empresa, en el Registro Mercantil, produce su plena capacidad jurídica.

8) **Obtención del NIF. definitivo:** en última instancia se canjeará la tarjeta provisional de N.I.F. por la definitiva. Por lo general, el número será el mismo, simplemente será la tarjeta definitiva.

9) **Obtención del certificado digital:** por último, obtendremos el certificado digital de la sociedad pues nos ayudará en todo tipo de gestiones con la administración.

Certificación negativa del nombre de la sociedad

Consiste en la obtención de un certificado, emitido por el Registro Mercantil Central, acreditativo de la no existencia de otra sociedad con el mismo nombre de la que se pretende constituir. Se denomina "certificado negativo" pues es "negativo" en el sentido que no existe el nombre en el registro.

Se trata de un requisito indispensable y se deben de tener presentes los siguientes aspectos:

- La reserva de la denominación se deberá de realizar en nombre de uno de futuros socios de la sociedad. El registro (o el propio notario si se percata antes) comprobará que la solicitud la ha realizado uno de los socios de la sociedad, de lo contrario no se podrá inscribir en el registro mercantil y se deberá de subsanar el error retrasando todo el proceso.

- Se podrán presentar hasta 3 alternativas de denominación social por orden de preferencia. Es decir, si la primera alternativa sale denegada, se comprobará la segunda y así, sucesivamente, hasta la tercera alternativa.

- Podrá hacer referencia a una o varias actividades económicas o ser de fantasía.

- No podrá adoptarse una denominación objetiva que haga referencia a una actividad que no esté incluida en el objeto social.

- No podrá incluirse total o parcialmente el nombre o el seudónimo de una persona física o jurídica sin su autorización o consentimiento.

- No podrá inscribirse si es idéntica a otra ya existente. Se entiende que existe identidad no sólo en caso de coincidencia total y absoluta entre denominaciones, sino también cuando se dé alguna de las siguientes circunstancias:

- La utilización de las mismas palabras en diferente orden, género o número.
- La utilización de palabras distintas que tengan la misma expresión o notoria semejanza fonética.
- La utilización de las mismas palabras con la adición o supresión de términos o expresiones genéricas o accesoria.
- La traducción de una denominación existente en otro idioma.

- No podrá adicionar a la expresión denominativa la abreviatura o anagrama de la misma.

- Deberá seguir la forma social o los términos que, por imperativo legal, de acuerdo con la legislación especial de sociedades o entidades inscribibles, deban figurar a continuación de la misma, como por ejemplo "FIM" para "Fondo de Inversión Mobiliaria". Estos términos carecen de virtualidad diferenciadora.

- El plazo para la obtención del certificado (ya sea resultado positivo o negativo) es de entre 24 a 48 horas a partir del día siguiente al que se presenta la solicitud ante el Registro Mercantil Central.

- Una vez obtenido el "certificado negativo" el nombre se reserva durante un periodo de seis meses. Aunque el certificado únicamente tiene una vigencia de tres meses por lo que, trascurrido dicho plazo, se debe de renovar por otros 3 meses en caso de no haber acudido a notaría antes. Transcurridos seis meses desde la expedición de la certificación sin haber realizado la inscripción de la sociedad en el Registro Mercantil Provincial, la denominación queda libre.

Existen diferentes alternativas para solicitar la certificación negativa de denominación:

- Directamente en las oficinas del Registro Mercantil Central, con un impreso de solicitud de Certificación.

- Por correo. Remitiendo una solicitud o una carta a las oficinas del Registro Mercantil Central. El Registro contestará remitiendo la certificación contra reembolso a la dirección indicada en la solicitud.

- Por vía telemática. Rellenando el formulario existente en la Web del Registro Mercantil Central.

- Por mediación del notario autorizante de la escritura de constitución de la sociedad. El propio Notario cursa la solicitud utilizando la plataforma e-notario del Consejo General del Notariado. El Registro Mercantil Central remitirá la certificación de denominación social a dicho Notario con firma electrónica reconocida del registrador titular que realiza la certificación negativa del nombre.

- A través de una gestoría o asesoría como DAEM (www.daem.es) que nos asesorará en todo el proceso.

Apertura de una cuenta bancaria a nombre de la sociedad

Una vez obtenido el certificado de la denominación social, es necesario abrir una cuenta bancara a nombre de la sociedad que se va a constituir e ingresar el capital social (como mínimo, 3.000 euros) de forma íntegra.

Deberemos de solicitar al banco un certificado de dicho ingreso que deberá de presentarse en la notaría para que sirva de acreditación de que los fondos se han aportado. Este certificado identificará a las personas que han aportado los fondos y la cantidad aportada.

Hay que tener presente de que no se podrá disponer del dinero hasta que se presente a la entidad bancaria el alta en Hacienda y las escrituras selladas por el registro mercantil.

En el caso de se realicen aportaciones no dinerarias a la sociedad, no será necesario informe alguno del banco. Eso sí, se deberá de proporcionar al notario la relación de los bienes que vayan a ser objeto de aportación, con indicación del valor que le atribuimos sin que ningún tercero haya de pronunciarse sobre la valoración efectuada.

> **CONSEJO DEL EXPERTO**
>
> *"En el caso de aportaciones no dinerarios y, en previsión de sobrevaloraciones, hay que presente que los socios fundadores, quienes tengan la condición de socios en el momento de acordarse un aumento de capital y los adquirentes de participaciones desembolsadas mediante aportaciones no dinerarias, responderán solidariamente frente a la sociedad y frente a sus acreedores del valor atribuido en la escritura de estas aportaciones no dinerarios."*
>
> ***Carles Cornejo – Asesor en DAEM***

Redacción de estatutos sociales

Este punto es uno de los más importantes, aunque muchas veces se pasan por alto. Los estatutos sociales son un conjunto de normas que gobernarán la sociedad y la relación entre sus socios. Existen además unos requisitos mínimos regulados por ley.

Aquí necesitarás un especialista que te asesore, aunque también podrás optar por unos estatutos tipo estándares si lo tramitas a través de alguno de los Puntos de Acceso al Emprendedor (PAE).

Los elementos más relevantes a tener en cuenta en los estatutos sociales son los siguientes:

- **Denominación Social:** el nombre de la sociedad que hemos obtenido con el certificado negativo del registro. Deberá figurar necesariamente la expresión "sociedad de responsabilidad limitada"

- **Objeto Social:** la descripción de la actividad (o actividades) a la que se va a dedicar la sociedad. La sociedad no puede realizar legalmente actividades no incluidas en su objeto social por lo que, durante la vida de la sociedad, deberemos estar atentos a la concordancia entre el objeto de la sociedad y las actividades a las que legalmente se dedica.

  El objeto social debe ser lícito, no contrario al orden público y estar perfectamente delimitado en los estatutos de la sociedad.

Ello no quiere decir que la sociedad solamente puede dedicarse a una sola actividad, sino que puede componerse de diversas actividades, aún sin ninguna relación aparente entre ellas, siempre que esas se hallen perfectamente delimitadas.

- **Duración de la sociedad:** la Ley parte de la presunción de que, salvo disposición contraria de los estatutos, la sociedad tendrá duración indefinida. Ahora bien, ello no es obligatorio y es posible que la sociedad se constituya por un tiempo determinado. En este caso, transcurrido el término de duración fijado en los estatutos, la sociedad quedará disuelta de pleno derecho, a no ser que con anterioridad hubiera sido expresamente prorrogada e inscrita la prórroga en el Registro Mercantil.

  También es posible que la sociedad se constituya con la finalidad de llevar a cabo una tarea concreta, por ejemplo: edificar y vender una construcción. En estos casos, concluida la empresa que constituye el objeto social, la sociedad también quedará disuelta, aunque para ello se precisa el acuerdo de la junta general.

- **Comienzo de operaciones:** salvo disposición contraria de los estatutos, las operaciones sociales darán comienzo en la fecha de otorgamiento de la escritura de constitución.

  En ningún caso será posible fijar una fecha de inicio de operaciones anterior a la fecha de constitución de la sociedad, es decir, antes del día del otorgamiento de la escritura pública de constitución. Asimismo, se entiende, salvo que la escritura o los estatutos sociales dispongan otra cosa, que, si la fecha de comienzo de las operaciones coincide con el otorgamiento de la escritura fundacional, los administradores están facultados para el pleno desarrollo del objeto social y para realizar toda clase de actos y contratos.

- **Fecha de cierre del ejercicio:** por lo general el 31 de diciembre, aunque no es necesario que el ejercicio social coincida con el año natural. Por ello, es mención obligatoria de los estatutos sociales la determinación de la fecha de cierre del ejercicio social.

- **Domicilio social:** el domicilio que consta en los estatutos de la sociedad y debe coincidir con aquél en el que se halle el centro de su efectiva administración y dirección, o en el que radique su principal establecimiento o explotación.

Como regla general y salvo disposición contraria de los estatutos, el órgano de administración será competente para cambiar el domicilio social dentro del mismo término municipal. Por el contrario, cualquier otro cambio de domicilio que implique el traslado de la empresa fuera del término municipal, requerirá acuerdo de la junta general. El traslado del domicilio de la sociedad al extranjero, permite a los socios que no hayan votado a favor del acuerdo, separarse de la sociedad.

- **Capital social:** el capital social es la cifra dineraria inamovible que representa la suma del valor de las aportaciones de los socios. En sociedades de responsabilidad limitada el capital debe estar íntegramente desembolsado desde el inicio.

  Se deberá indicar también las participaciones en que se divide, el valor nominal de cada una de ellas y su numeración.

- **Transmisión de acciones y participaciones:** en los estatutos es posible modificar el régimen de transmisión que marca la Ley. Tratándose de acciones, éstas son en principio, y por definición legal, libremente transmisibles.

  El establecimiento de restricciones a la libre transmisibilidad de las acciones o participaciones sociales, tiene como finalidad evitar la entrada de terceros a la sociedad. Es un aspecto muy importante para planificar la sucesión en la empresa por muerte o jubilación del titular.

- **Sistema de administración:** en la sociedad de responsabilidad limitada los estatutos sociales podrán establecer distintos modos de organizar la administración atribuyendo a la junta de socios la facultad de optar alternativamente por cualquiera de ellos sin necesidad de modificación estatutaria. Existen varias posibilidades: administrador único, administradores mancomunados, administradores solidarios o consejo de administración.

- **Retribución de los administradores sociales:** la Ley parte de la presunción de que el cargo de administrador es gratuito. Por ello, caso de que el administrador cobre remuneración por este concepto, deberá determinarse expresamente en los estatutos, la concreta forma de retribución del administrador, respetando los límites que marca a ley, a saber:

- o Cuando la retribución no tenga como base una participación en los beneficios, la remuneración de los administradores será fijada para cada ejercicio por acuerdo de la junta general de conformidad con lo previsto en los estatutos.

- o Cuando la retribución tenga como base una participación en los beneficios, los estatutos sociales determinarán concretamente la participación o el porcentaje máximo de la misma, que en ningún caso podrá ser superior al diez por ciento de los beneficios repartibles entre los socios.

- **Mayorías de la junta general:** se pueden establecer mayorías reforzadas, superiores a las previstas por la Ley, es decir, puede exigirse la presencia de un mayor número de socios o de votos al objeto de determinar la válida constitución de la junta y la válida adopción de acuerdos.

Una vez constituida la sociedad, si se desea modificar cualquier elemento de los estatutos sociales, será necesario acudir nuevamente al notario y inscribir los cambios en el registro mercantil por lo que es importante revisarlos bien de entrada para evitar sobrecostes.

Firma de escritura pública ante fedatario público

La escritura pública es el acto por el que los socios fundadores proceden a la firma de la escritura de Constitución de la Sociedad, necesariamente ante Notario.

El plazo que se dispone para ello es de seis meses desde la expedición de la certificación negativa de la denominación social.

Para este acto será necesario aportar la siguiente documentación:

- Documento de identidad de los socios. En el caso de que alguno de ellos esté representado, se deberá aportar la documentación de sus representantes legales o apoderados, así como la acreditación de las facultades suficientes para actuar en su nombre en el acto de constitución de la sociedad.

- Certificación negativa de la denominación social que acredite la no existencia de otra Sociedad con la misma denominación.

- Acreditación del desembolso del capital social (en efectivo o mediante certificación bancaria). No es necesario en las Sociedades Limitadas de Formación Sucesiva.

- Si se realizan aportaciones no dinerarias:
  - Relación de bienes aportados, descripción, valoración y numeración de acciones o participaciones que se atribuyan a dicha aportación. Si se trata de bienes inmuebles se requerirán datos registrales.
  - Será necesario comprobar el régimen económico del matrimonio en el caso de socios casados, por si fuera necesario presentar las capitulaciones matrimoniales en el caso de separación de bienes, o que acuda el cónyuge a la firma de escrituras en el caso de régimen de gananciales.
  - No será necesario un Informe de experto sobre su valoración ni un informe sustitutivo del administrador, como es el caso de las Sociedades Anónimas o de las Sociedades Comanditarias por acciones.

- Estatutos sociales.

Obtención del Número de identificación fiscal (NIF) provisional

Una vez firmas las escrituras, y en paralelo al proceso de registro de las mismas, deberás de obtener el Número de Identificación Fiscal (N.I.F.) provisional de la empresa, así como su tarjeta identificativa.

El objeto del NIF es identificar a la sociedad a efectos fiscales. El número de identificación fiscal de las personas jurídicas y entidades sin personalidad jurídica estará compuesto por nueve caracteres, con la siguiente composición:

- Una letra, que informará sobre la forma jurídica, si se trata de una entidad española, o, en su caso, el carácter de entidad extranjera o de establecimiento permanente de una entidad no residente en España. En el caso de sociedades limitadas, la letra es la "B".
- Un número aleatorio de siete dígitos.
- Un carácter de control.

La solicitud se debe de formular dentro del mes siguiente a la fecha de constitución de la empresa. En determinados supuestos, los Notarios podrán presentar, por vía telemática, en representación de la sociedad, el modelo 036 y la documentación precisa para solicitar el NIF provisional.

De esta manera, se asignará un NIF. provisional con una validez de 6 meses, plazo en que la sociedad deberá canjearlo por el definitivo.

Liquidación del Impuesto sobre transmisiones patrimoniales (ITP) y actos jurídicos documentados (AJD)

Desde 2010, la constitución de sociedades está exenta de tributación en el Impuesto sobre Transmisiones Patrimoniales (ITP) y Actos Jurídicos Documentados (AJD).

No obstante, es preciso presentar las autoliquidaciones, aunque la sociedad esté exenta del pago:

- Liquidación del Impuesto sobre Transmisiones Patrimoniales: modelo 600.

- Liquidación del Impuesto sobre Actos Jurídicos Documentados: como norma general se utilizará el modelo 601, sin embargo, las CCAA podrán exigir el uso de sus propios modelos.

El plazo para la liquidación es de 30 días hábiles a partir del otorgamiento del documento notarial (escritura pública u acta notarial).

Inscripción de la empresa en el Registro Mercantil

Además, en el caso de las sociedad anónimas y limitadas, deberán inscribirse en el registro mercantil que corresponda al domicilio social de la empresa.

Este acto es fundamental pues es cuando la sociedad adquiere personalidad jurídica propia. Es decir, la sociedad no existe legalmente antes del momento de su inscripción en el registro mercantil correspondiente.

Hablamos de sociedad en formación para referirnos a aquellas sociedades, ya constituidas en escritura pública, pero todavía no inscritas en el registro mercantil. Por los actos y contratos celebrados en nombre de la sociedad antes de su inscripción en el Registro Mercantil, responderán solidariamente quienes los hubiesen celebrado, a no ser que su eficacia hubiese quedado condicionada a la inscripción y, en su caso, posterior asunción de los mismos por parte de la sociedad.

Transcurrido un año desde la fecha del otorgamiento de la escritura pública sin que la sociedad haya sido inscrita en el registro mercantil, la misma deviene irregular. La principal consecuencia que de ello se deriva es la de que cualquier socio podrá instar la disolución de la sociedad ante el juez de lo mercantil del lugar del domicilio social y exigir, previa liquidación del patrimonio social, la cuota correspondiente, que se satisfará, siempre que sea posible, con la restitución de sus aportaciones.

Obtención del Número de identificación fiscal (NIF) definitivo

Como último paso del proceso de constitución será necesario, y a través del modelo 036 de la Agencia Tributaria, se obtendrá el NIF definitivo

Para ello, será preciso disponer de:

- Copia de la escritura pública o documento fehaciente de constitución y de los estatutos sociales o documento equivalente.

- Certificado de inscripción en el Registro Mercantil (u otro Registro Público) o, en su defecto, aportación de la escritura con sello de inscripción registral.

- Fotocopia del NIF de la persona que firme la declaración censal, que ha de ser un representante de la sociedad.

- Original y fotocopia del documento que acredite la capacidad de representación de quién firma la declaración censal (no será necesario, si figura como tal en la escritura de constitución o en los estatutos).

La Administración tributaria puede rectificar la situación censal o revocar el NIF asignado de un contribuyente cuando:

- Durante un periodo superior a un año y después de realizar, al menos, tres intentos de notificación hubieran resultado imposible la práctica de notificaciones al obligado tributario en el domicilio fiscal.

- No hubiese presentado, durante 3 períodos impositivos consecutivos la declaración del Impuesto de Sociedades.

- La sociedad haya sido constituida por uno o varios fundadores, sin que en el plazo de tres meses desde la solicitud del N.I.F. se inicie la actividad económica, ni tampoco los actos que de ordinario son preparatorios para el ejercicio efectivo de la misma, salvo que se justifique la imposibilidad de su aportación.

- Los débitos tributarios de la entidad para con la Hacienda pública Estatal sean declarados fallidos.

- Se hubiera comunicado a la Administración tributaria el desarrollo de actividades económicas inexistentes.

- Se constate que un mismo capital ha servido para constituir una pluralidad de sociedades.

- Se comunique el desarrollo de actividades económicas, en un domicilio aparente o falso, sin que se justifique la realización de dichas actividades o actuaciones en otro domicilio diferente.

Superados estos trámites la sociedad está la Sociedad Limitada ya es efectiva. Sin embargo, para que la sociedad esté plenamente operativa aún quedan una serie de trámites adicionales: alta de la actividad en Hacienda, alta en la Seguridad Social de los administradores o órgano de administración u otras obligaciones con Ayuntamientos o Registros específicos de cada actividad.

Obtención del certificado digital

El certificado digital es aquel que sirve y funciona para identificar a la sociedad frente a una administración en una plataforma telemática. Este certificado está expedido por una entidad fiable y reconocida legalmente (en el capítulo 68 de este libro podemos encontrar más información al respecto).

PARTE IV: Ponte en marcha

21 Alta en Hacienda

Una vez constituida la sociedad, debemos dar de alta la sociedad en el censo de empresarios, profesionales y retenedores a través de la declaración censal (modelo 036).

La declaración censal sirve para comunicar a la Administración Tributaria determinada información censal de la empresa, así como también para otros fines relacionados con la gestión de diversos impuestos.

Como excepción a lo anterior, se puede disponer de una sociedad inactiva, es decir, sin realizar actividad económica alguna, aunque ello implica que no será posible emitir facturas (incluyendo venta de inmovilizado). Habitualmente se trata de sociedades que han desarrollado previamente un negocio que ha tenido que cerrarse.

> ⚠️ **CONSEJO DEL EXPERTO**
>
> *"Tener una sociedad inactiva sólo tiene sentido si nos queremos ahorrar las obligaciones trimestrales de la misma y prevemos reiniciar la actividad en un espacio corto de tiempo.*
>
> *Desde 2021, Hacienda puede revocar el número de identificación fiscal de las sociedades para que, aquellas que están inactivas, no puedan realizar inscripciones en ningún registro público. Es decir, inhabilita a los titulares de dichas entidades a acudir al notario para, por ejemplo, comprar un piso o cualquier otra acción de compraventa.*
>
> *Todo ello, en consonancia con las medidas de prevención y lucha contra el fraude fiscal llevadas a cabo por el Gobierno con el fin de mejorar el control efectivo de estas entidades denominadas "fantasma".*
>
> *Además, no hay que olvidar que mantener una sociedad inactiva también conlleva costes pues debe de presentar cuentas anuales e impuesto de sociedades y los gastos que incurramos durante el periodo de inactividad no serán deducibles."*
>
> **Jordi Company – Asesor fiscal en DAEM**

EL CASO DE PABLO

Pablo es socio mayoritario de una sociedad dedicada a la consultoría de empresas, Consultores Pablo SL.

En enero de 2019, debido a la escasa actividad del negocio y, con el fin de ahorrarse las obligaciones trimestrales, dio de baja a la empresa de actividad.

En junio de 2019, viendo que la situación no mejoraba decidió aceptar una oferta de trabajo por cuenta ajena en otra empresa, aunque, para ahorrarse los costes de liquidación de Consultores Pablo SL, la dejó inactiva y comunicó a su gestor que cesaba de sus servicios (consistentes en ese momento en la preparación de las cuentas anuales y el impuesto de sociedades).

En febrero de 2021 recibió un requerimiento de la Agencia Tributaria en relación a la presentación del impuesto de Sociedades del ejercicio 2019 para lo que tuvo que presentar el modelo tributario y hacer frente a una sanción.

En diciembre de 2021, le surgió la oportunidad de comprar un local comercial y decidió, por consejo de su hermano, hacerlo a través de Consultores Pablo SL. Al acudir a notaría para escriturar la compraventa mencionada, la notaría constató que la sociedad se encontraba inactiva por lo que no formalizó la escritura y comunicó a la Agencia Tributaria esta situación. La Agencia Tributaria procedió a revocar el NIF de la sociedad.

Al cabo de tan solo unos días, Pablo pudo volver a activar la empresa, aunque perdió la oportunidad de compra y las arras entregadas pues el vendedor procedió a vender el local comercial a un tercero.

No existe un plazo predefino para presentar esta declaración, aunque ésta debe de ser siempre previa al inicio de la actividad económica. En este sentido, se entenderá producido el comienzo de una actividad desde el momento que se realicen cualesquiera entregas, prestaciones o adquisiciones de bienes o servicios, se efectúen cobros o pagos o se contrate personal laboral, con la finalidad de intervenir en la producción o distribución de bienes o servicios.

Aspectos que incluyen la declaración censal

En la declaración censal se notifican:

- **Inicio de actividad:** se puede indicar una alta previa al inicio de actividad o el propio inicio de la actividad.

- **Datos identificativos:** NIF, domicilio y datos de contacto para avisos de la Agencia Tributaria. Se distingue entre persona jurídica residente o constituida en España, no residente o constituida en el extranjero y se pide rellenar el código país, siendo diferentes las exigencias posteriores para un tipo de empresa u otra

- **Representación:** Este apartado solo se debe rellenar en caso de que la gestión se lleve a cabo por medio de un representante, especificando la causa.

- **Actividad económica:** actividad a realizar (según la Clasificación Nacional de Actividades Económicas o CNAE).

- **Locales:** ubicación física del local donde se desarrollará la actividad económica (se puede desarrollar una actividad económica con o sin local).

- **Sujeto pasivo Gran Empresa y Administraciones públicas:** este apartado solo se debe marcar en el caso de que se trate de una gran empresa o una administración pública.

- **Régimen aplicable a efectos de IVA:** en este apartado se debe indicar la casuística de cada actividad y si debe presentar la declaración de IVA. El Régimen de IVA puede ser el general o especiales (recargo de equivalencia, bienes usados, agencias de viajes, agricultura, ganadería y pesca, simplificado, oro de inversión, criterio de caja).

- **Impuesto sobre Sociedades (IS):** para una sociedad limitada deberá de indicarse la obligatoriedad del impuesto de sociedades.

- **Retenciones e ingresos a cuenta:** esta opción se marcará cuando en la actividad se tenga previsto contratar a otras personas ya sea un trabajador contratado (en este caso la retención se tratará de rendimientos de trabajo) o si hablamos de un profesional o "autónomo" (en cuyo caso, se tratará de rendimientos de actividades económicas).
- **Registros:** si se inscribirá en los registros de devolución mensual o en el de Operadores Intracomunitarios (ROI).

Actividad económica a desarrollar

Es muy importante determinar el tipo de actividad que vas a desarrollar y buscar cuál es el epígrafe del Impuesto sobre Actividades Económicas o IAE (el código de la actividad para Hacienda) que le corresponde pues este código determinará las obligaciones fiscales que tendremos. Por ejemplo, puede suponer la aplicación del régimen simplificado de IVA.

Las actividades económicas para la determinación de las tarifas del Impuesto sobre Actividades Económicas se clasifican en 3 secciones:

- **Actividades empresariales:** incluyen las actividades ganaderas, mineras, industriales, comerciales y de servicios.
- **Actividades profesionales:** incluyen profesionales relacionados con los diferentes sectores económicos.
- **Actividades artísticas:** abarca todas las actividades relacionadas con el cine, el teatro, el circo, el deporte, el baile, la música y los taurinos.

A menudo se confunden los términos IAE y CNAE:

- El código IAE (Impuesto sobre Actividades Económicas) es un impuesto y determina la actividad económica a desarrollar. Existe una exención del pago del impuesto, salvo aquellos casos en los que se supere el millón de euros al año de facturación.
- El CNAE (Clasificación Nacional de Actividades Económicas) es un código que se utiliza con fines estadísticos.

Tanto los códigos como la definición de las actividades del IAE y CNAE no coinciden en ningún caso.

Para conocer el código IAE que puede aplicar a tu negocio deberás de consultar el listado completo de códigos. Puedes consultar tu código en la página web de la propia Agencia Tributaria.

Operaciones intracomunitarias

Si tienes previsto realizar compras a proveedores comunitarios, o tienes algún cliente en la Unión Europea, solicita la inclusión en el Registro de Operadores Intracomunitarios (ROI), también conocido como VIES, al tramitar el alta en la Agencia Tributaria.

Con ello, podrás ahorrarte no pagar el IVA de tus compras y podrás emitir facturas a tus clientes comunitarios sin IVA (lo que puede suponer una importante ventaja comercial). Para ello, ambos operadores debéis de estar dados de alta como operadores intracomunitarios, de lo contrario la operación no estará exenta de IVA.

La responsabilidad, según Hacienda, recae sobre el vendedor quién deberá de comprobar que el comprador está dado de alta, es decir, aunque nuestra sociedad esté dada de alta en el ROI, deberemos de comprobar que nuestro cliente comunitario también lo está para poder emitirle una factura con IVA exento. Para realizar esta comprobación, se puede hacer la consulta en la página web que la Comisión Europea tiene habilitada al respecto en https://ec.europa.eu/taxation_customs/vies

La concesión no es instantánea y la administración tributaria cuenta con un plazo de tres meses para aceptar la inclusión en el censo. Además, en este caso, el silencio administrativo transcurrido este plazo viene a decir que la solicitud ha sido denegada.

Es frecuente que Hacienda realice comprobaciones previas a aceptar un alta en el ROI para verificar la necesidad de ser incluido en el registro, Hacienda persigue el fraude en este tipo de operaciones. Estas comprobaciones pueden incluir la visita de un inspector de Hacienda a la sede la empresa en las semanas posteriores a la solicitud. En otras ocasiones, pueden limitarse a una solicitud de documentación que acredite la existencia de proveedores o clientes que conlleven operaciones intracomunitarias.

Si no hay incidencias, Hacienda asignará un NIF-IVA formado por el prefijo de España (ES) en primer lugar y seguido del Número de Identificación Fiscal (NIF) de la empresa. En caso de que Hacienda rechace el alta en el ROI, la empresa no podrá emitir o recibir facturas exentas de IVA por operaciones intracomunitarias.

El principal problema de muchas empresas radica en cómo gestionar la operativa desde el momento en que solicitamos el alta en el ROI y el momento en el que nos lo conceden. En este sentido, cabe señalar que el alta en el ROI es un mero requisito formal, aunque obligatorio y sancionado con una multa pecuniaria fija de 400 euros (200 euros si se presenta fuera de plazo sin requerimiento previo de Hacienda). No obstante, no es motivo suficiente para que en una futura inspección o procedimiento de comprobación se deniegue la exención en las entregas intracomunitarias ni la deducción del IVA auto repercutido en las adquisiciones intracomunitarias, ni se inicie un procedimiento sancionador paralelo basado en estas supuestas infracciones.

Existe jurisprudencia que indica que la Administración tributaria no nos puede exigir el IVA repercutido en una entrega intracomunitaria por el simple hecho de que nosotros o el destinatario de la operación no se encuentre incluido en el Registro de Operadores Intracomunitario. Por otro lado, como la obligación es del vendedor, al comprar productos o contratar servicios a operadores de la UE sino estamos dados de alta en el ROI dependerá de éste emitirnos factura exenta o no de IVA.

PARTE IV: Ponte en marcha

> **CONSEJO DEL EXPERTO**
>
> *"Aunque lo ideal es esperar a la resolución favorable de alta en el ROI, si nuestra operativa intracomunitaria es clara, la práctica habitual es emitir facturas exentas a clientes intracomunitarios (siempre y cuando éstos estén dados de alta en el ROI/VIES) y recibir facturas exentas de IVA (siempre y cuando el proveedor / acreedor así lo permita) desde el inicio. En cualquier caso, ésta operativa debe de entenderse como provisional hasta que obtengamos el NIF-IVA y no está exenta de riesgos. En caso que se deniegue el alta en el ROI, tendríamos que presentar declaraciones sustitutas con las correspondientes liquidaciones de IVA."*
>
> **Jordi Company – Asesor fiscal en DAEM**

Alta previa de actividad

Existe la posibilidad de solicitar una alta previa al inicio mientras se está poniendo el negocio en funcionamiento antes generar ingresos y, a la vez, poder deducirse los gastos iniciales de desarrollo del negocio (por ejemplo, inversiones y gastos de reforma de un local, inversiones de desarrollo de un negocio online, gastos de estudio de mercado y planes de negocio, gastos de formación, etc.).

Con una alta previa al inicio de actividad, la empresa podrá deducirse estos gastos o inversiones incluyendo el IVA soportado siempre y cuando se destinen a la futura actividad económica (hecho que debe de probarse).

A partir del alta previa, se pasa a ser a todos efectos empresario para la Agencia Tributaria con todas las obligaciones que ello conlleva, simplemente se indica que todavía no generarás ingresos referidos a dicha actividad con lo que, en los modelos tributarios, va a ser normal tener solo IVA soportado a devolver o gastos en el IRPF trimestral.

Es importante que, cuando se vaya a empezar a entregar bienes o servicios, se presente una nueva declaración censal comunicando el inicio de actividad.

Es importante destacar que el alta en la seguridad social del administrador de la sociedad debe de ser anterior (máximo 60 días antes) o simultánea a la fecha de inicio de actividad indicada en el alta en Hacienda (la del alta definitiva). Este asunto no es menor y crea mucha confusión y, en realidad, en muchas Tesorerías toman como referencia el día desde que se dio de alta inicialmente (alta previa) lo que conlleva controversia y confusión al respecto.

> **CONSEJO DEL EXPERTO**
>
> *"Si prevés un periodo inicial de varios meses antes de facturar, date de alta previa en Hacienda y, cuando vayas a empezar a vender, date de alta definitiva en Hacienda (con el alta previa en Seguridad Social del administrador)."*
>
> *Jordi Company - Asesor fiscal en DAEM*

EL CASO DE ANDREA

Andrea empezó su aventura empresarial en mayo de 2019 constituyendo una sociedad limitada para explotar un salón de peluquería. Durante los primeros cuatro meses, tuvo una serie de gastos e inversiones relacionadas con la puesta a punto del salón antes de su apertura al público prevista para septiembre. Para ahorrarse unos meses de cuota de autónomos, Andrea decide esperar en dar de alta la sociedad en Hacienda

En octubre de 2020 acude a su asesor para darse de alta en Hacienda y empezar a ejercer su actividad. Para sorpresa de Andrea, ya no podía deducirse los gastos o inversiones iniciales con el correspondiente impacto fiscal que ello lo podía suponer. Revisado el caso, presentamos un escrito a la Agencia Tributaria y pudimos solucionarlo. No obstante, no es la práctica habitual y depende mucho de cada caso en particular.

El problema que se encuentran muchas empresas resulta en que, si no se han dado de alta en Hacienda, no están realizando, a ojos de la Agencia Tributaria, ninguna actividad empresarial y, por tanto, los gastos que tenga no serían deducibles por mucho que sean para el negocio. Sólo serán deducibles las

PARTE IV: Ponte en marcha

facturas con fecha posterior a al alta en Hacienda (siempre y cuando pueda justificar que son gastos e inversiones que serán destinadas a la actividad).

No obstante, existe jurisprudencia donde el Tribunal Superior de Justicia ha determinado el criterio para proceder con las deducciones de IVA soportado antes de iniciar operaciones, siempre y cuando la empresa pueda demostrar que, al incurrir en dichos gastos, tenía plena intención de iniciar una actividad económica.

Una vez realizada la declaración censal comunicando el inicio de la actividad, la sociedad empieza a tener una serie de obligaciones fiscales (ver PARTE V: El papel de Hacienda en tu aventura empresarial).

22 Alta de socios y administradores en la Seguridad Social

En el momento de iniciar una actividad mercantil, debemos de tener presente el encuadramiento, dentro los diferentes regímenes de la seguridad social, de los socios y administradores de la sociedad.

Este es uno de los puntos que mayor confusión genera en el momento de iniciar la actividad económica pues este encuadramiento dependerá de tres factores relacionados entre sí: si es administrador o sólo socio trabajador, si realiza o no de funciones de dirección o gerencia y el porcentaje de participación en el capital social.

De esta manera, el socio de una sociedad limitada podrá estar encuadrar en tres regímenes diferentes de la Seguridad Social:

- **Régimen general:** para los socios trabajadores y administradores con una participación en el capital social inferior al 33%, siempre y cuando no realicen funciones de dirección o gerencia.

- **Régimen general asimilado:** para los socios administradores que efectivamente realicen funciones de dirección y gerencia, y su participación en la Sociedad sea inferior al 25% del capital.

- **Régimen especial de los trabajadores autónomos (RETA):** para el resto de socios trabajadores o administradores. También se incluirán en este régimen especial los socios trabajadores cuya participación directa o indirecta, contando el porcentaje de participación de los familiares hasta el 2º grado sea superior al cincuenta por ciento del capital de la sociedad.

En última instancia, los denominados socios capitalistas, aquellos que no trabajan para la sociedad, no tienen la obligación de darse de alta en ningún régimen de la seguridad social.

PARTE IV: Ponte en marcha

Rol en la empresa	Funciones de dirección o gerencia	Participación en el capital social	Régimen de la seguridad social aplicable
Miembro del órgano de administración	SI (retribución marcada en estatutos)	Menos del 25%	RÉGIMEN GENERAL ASIMILADO (Con exclusión de desempleo y FOGASA)
		Con el 25% o más	RÉGIMEN ESPECIAL DE TRABAJADORES AUTÓNOMOS (RETA)
	NO	Menos del 33%	RÉGIMEN GENERAL DE LA SEGURIDAD SOCIAL
		Con el 33% o más	RÉGIMEN ESPECIAL DE TRABAJADORES AUTÓNOMOS (RETA)
Socio de trabajador	SI	Menos del 25%	RÉGIMEN GENERAL ASIMILADO (Con exclusión de desempleo y FOGASA)
		Con el 25% o más	RÉGIMEN ESPECIAL DE TRABAJADORES AUTÓNOMOS (RETA)
	NO	Menos del 33%	RÉGIMEN GENERAL DE LA SEGURIDAD SOCIAL
		Con el 33% o más	RÉGIMEN ESPECIAL DE TRABAJADORES AUTÓNOMOS (RETA)
	Al menos el 50% del capital está distribuido entre su cónyuge o familiares hasta el 2º grado con los que conviva		RÉGIMEN ESPECIAL DE TRABAJADORES AUTÓNOMOS (RETA)

El plazo para la inscripción de los socios y/o administradores en la Seguridad social dependerá del tipo de Régimen:

- **Régimen de autónomos:** 30 días naturales.

    Hasta 3 veces al año se permite que la fecha de alta en el RETA sea la del inicio de la actividad, cuando no coincida con el día primero de mes. Se ofrece la opción para que el interesado decida cuándo iniciar la obligación de cotizar con la consecuente repercusión en la consideración como cotizado a efectos de prestaciones. Agotadas esas tres veces, las restantes altas que se pudieran producir en el año siempre tendrán la fecha del inicio de la obligación de cotizar el día primero del mes en el que se produzcan.

- **Régimen General y Régimen General asimilado:** se podrá realizar hasta 60 días naturales anteriores al inicio de la relación laboral

> **CONSEJO DEL EXPERTO**
>
> *"En caso de duda, debe de tenerse presente que la Seguridad Social presume que todo administrador es activo en su cargo, es decir, que ejerce funciones de dirección y gerencia. En este sentido, será el propio administrador el que tendrá que probar que no realiza estas funciones, limitándose a una gestión pasiva en la que solo convoca a los socios y firma las cuentas anuales."*
>
> **María Sánchez - Asesor laboral en DAEM**

Existen excepción a la obligatoriedad de cotizar de los socios en la Seguridad Social:

- **Sociedad inactiva:** en esta situación se entiende que la actividad de gestión es mínima y se reduce a la presentación de Impuesto sobre Sociedades y de las Cuentas Anuales ante el Registro Mercantil una vez al año.

- **Socio mayor de 65 años**: aunque, dependiendo de la Comunidad Autónoma donde se encuentre el domicilio social de la sociedad, la Tesorería General de la Seguridad Social, mantendrá dicha obligación de continuar cotizando.

Para el alta del socio en la Seguridad Social (en su modalidad presencial), puedes acudir a una oficina de la Seguridad Social con el modelo oficial TA0251 y tu documento identificativo. Para ello necesitarás la siguiente información:

- Datos del solicitante: nombre y apellidos, número de la Seguridad Social (N.S.S.) o número de afiliación. Si fuera el caso, grado de discapacidad.

- Tipo de documento identificativo: documento Nacional de Identidad (DNI) o Tarjeta de Extranjero o Pasaporte.

- Información sobre tu domicilio: tu lugar de residencia habitual.

- Datos telemáticos: es recomendable indicar que sí deseas recibir información por correo electrónico y teléfono móvil.

PARTE IV: Ponte en marcha

- Modelo oficial TA0521, deberás indicar la actividad o actividades a las que te vas a dedicar.

- Afiliación a la seguridad social (en caso de no estarlo, deberás de afiliarte).

Junto con el alta en la Seguridad Social, deberás de inscribirte en alguna de las entidades gestoras o mutuas colaboradoras de la Seguridad Social que cubren el riesgo por enfermedad profesional y accidente de trabajo (en el capítulo 44 encontrarás más información referente a las mutuas colaboradoras).

 CONSEJO DEL EXPERTO

"No menosprecies el trabajo que supone realizar el alta. Comunicar incorrectamente un dato puede suponer consecuencias terribles a futuro como no poder acceder a alguna de las prestaciones de la seguridad social y/o tener que abonar con intereses dichas cuotas con efectos retroactivos desde la fecha de alta de actividad de la empresa."

María Sánchez - Asesora laboral en DAEM

CASO REAL: El caso de Sebastián y Javier

Sebastián y Javier son dos hermanos que, en junio de 2015 decidieron unir sus fuerzas para desarrollar un nuevo negocio online enfocado a la digitalización de despachos profesionales. Para ello decidieron constituir una sociedad limitada, cada uno de ellos con una participación del 50% y como administradores solidarios.

Tanto Sebastián como Javier decidieron no darse de alta en la Seguridad Social pues, asumir este coste para una sociedad de reciente creación y futuro incierto, no les parecía razonable. Lo que sí hicieron fue comprobar que los trabajadores independientes ("autónomos") que contrataron para el desarrollo de la aplicación estuvieran dados de alta en el Régimen Especial de Trabajadores Autónomos (RETA) con lo que pensaron que ya estaban cubiertos.

Un día inesperado, tras un cruce de datos entre la Seguridad Social y la Agencia Tributaria, se instó a ambos a darse de alta en el RETA con efectos retroactivos a la fecha de inicio de la actividad de la sociedad, aplicando, además, sanciones y recargos.

23 Licencias otorgadas por ayuntamientos

En función de la actividad económica a desarrollar, serán necesarios trámites adicionales como la solicitud de las licencias pertinentes ante el ayuntamiento del municipio en el cual se ejercerá la actividad.

Actualmente, hay muchos planes de uso y muchas suspensiones de licencias que restringen cierto tipo de actividades por lo que será muy importante verificar si, en el establecimiento donde queremos ejercer la actividad de la empresa, se pueda obtener la licencia de obras y la licencia de actividad.

Esta comprobación previa se realiza en el Ayuntamiento correspondiente mediante la solicitud del denominado informe de compatibilidad urbanística, el cual acostumbra a tener una validez de 6 meses y nos indicará si podemos realizar o no nuestra actividad en ese establecimiento.

Una vez tenemos el informe de compatibilidad urbanística positivo, es decir, estamos seguros de que esa actividad se puede ejercer en ese local, tenemos que tramitar el permiso o la licencia de obras.

Licencia de instalaciones y obras

La licencia de instalaciones y obras es un permiso municipal necesario para poder realizar obras de acondicionamiento o mejora en un local, oficina o nave.

La licencia podrá ser de obra menor o mayor dependiendo de la envergadura del proyecto, lo que influirá en la cuantía de las tasas a pagar:

- En el caso de obras mayores, será necesario presentar un proyecto técnico firmado y visado por un perito o arquitecto técnico autorizado.
- En el caso de obras menores, aquellas que no modifiquen la estructura del edificio ni fachada, que se realicen en el interior de un edificio o propiedad y que no modifiquen su distribución, el trámite es más sencillo

pues será necesario una comunicación previa al Ayuntamiento sin documentación adicional.

Licencia de apertura

El permiso de apertura es un permiso que concede el Ayuntamiento correspondiente para proceder a la apertura de un local en el que se vaya a ejercer una actividad económica. Lo habitual es dirigirse al departamento de urbanismo, aunque ello depende de cada Ayuntamiento.

El coste de la licencia de apertura se calcula para cada local teniendo en cuenta tres factores: relevancia comercial de la calle, tamaño del local y tipo de actividad.

Por regla general, estarás obligado a solicitar una licencia de apertura para todos los locales comerciales que superen los 300 metros cuadrados, así como para todas aquellas actividades que puedan dañar al medio ambiente o al patrimonio histórico, que supongan un riesgo ambiental o que puedan perjudicar la seguridad o la salud públicas.

Para el resto de actividades que no cumplan estas características, es suficiente con realizar una Declaración Responsable, un trámite mucho más sencillo y rápido (suele poder hacerse por internet en la web del Ayuntamiento correspondiente), aunque es muy recomendable contar un arquitecto o ingeniero que acredite el cumplimiento de la normativa y la idoneidad de la actividad.

Para solicitar la licencia de apertura, lo primero que debemos de tener presente es el tipo de actividad que vamos a desarrollar en el local. En este sentido, se distinguen dos tipos de actividades:

- **Inocuas:** aquellas que se considera que no generan molestias, impacto medioambiental ni riesgo para bienes o personas.

- **Calificadas:** aquellas consideradas como molestas, insalubres, nocivas y/o peligrosas (hostelería, actividades industriales, determinados comercios y servicios).

Muchas actividades, sobre todo las calificadas, requieren de permisos especiales y/o un informe técnico por un ingeniero o arquitecto.

Los pasos más habituales a seguir para la tramitación de una licencia de apertura son:

- Informe técnico de licencia de apertura.
- Supervisión y certificación del proyecto por el Colegio Oficial.
- Pago de tasas municipales.
- Declaración responsable firmada por el propietario del establecimiento.
- Solicitud de licencia de apertura, proyecto técnico y resguardo abono de tasas municipales.
- Visita del técnico del Ayuntamiento.

Una vez realizados todos estos trámites, la resolución y entrega de la licencia de actividad puede tardar todavía varios meses dependiendo del Ayuntamiento (podría llegar incluso al año).

Es precisamente esta demora, unos de los problemas más habituales con el que se encuentran muchos empresarios. Durante este tiempo, normalmente tienen que asumir costes recurrentes (por ejemplo, gastos de alquiler) sin poder generar ingresos.

Por ello, la práctica habitual de muchos empresarios, no exenta de riesgos, es empezar a funcionar una vez que se ha presentado la solicitud, eso sí, habiendo asegurado de que se cumplen todos los requisitos necesarios para desarrollar la actividad ya que, de lo contrario, se tendría que cerrar o subsanar las deficiencias detectadas, además de recibir una sanción por parte del

Ayuntamiento. Todo ello, aparte del riesgo de tener cualquier accidente o percance en el local mientras no se ha concedido la licencia.

> **CONSEJO DEL EXPERTO**
>
> *"Cuando vayas a alquilar un local comercial, y antes de firmar el contrato de alquiler, asegúrate de que vas a poder desarrollar tu actividad. Puedes hacerlo solicitando el informe de compatibilidad urbanística positivo.*
>
> *Sino lo haces, te puedes encontrar con haber alquilado un local en el que no puedes desarrollar tu actividad."*
>
> **Carles Cornejo, CFA – Asesor en DAEM**

EL CASO DE VALERIA

Valeria decidió dar un vuelco a su vida profesional, dejó su trabajo como administrativa para iniciar su aventura empresarial abriendo una pequeña cafetería y tienda de alimentación para veganos. Conjuntamente con un inversor (socio capitalista), constituyó una sociedad limitada para el desarrollo de la actividad.

Encontró el "local ideal" para ello y no se lo pensó dos veces firmando el contrato de alquiler, en nombre de la sociedad, obligándose a cumplir un mínimo de un año de contrato.

Una vez firmado el contrato, empezó su aventura con arquitectos e ingenieros para iniciar las obras y obtener las licencias correspondientes. Debido a diversos problemas con el local y después de meses peleándose con la administración, no obtuvo la licencia de apertura.

Fue en este punto cuando acudió a nosotros en busca de ayuda y la ayudamos a reorientar su negocio. Actualmente el negocio le funciona bien, pero, si hubiera revisado este aspecto antes, se hubiera ahorrado muchos disgustos.

Traspaso de licencias

Muchas veces, la opción de hacer el traspaso de un establecimiento es la más rápida, a veces la más cómoda, aunque no siempre es la más económica.

Esta es una opción no exenta de riesgos si no tenemos en cuenta una serie de premisas:

- En primer lugar, tenemos que comprobar que el establecimiento no tiene abierto ningún expediente de infracción urbanística, de quejas de vecinos o de algún tipo de infracción municipal.
- En segundo lugar, tenemos que comprobar que, en este establecimiento, no se hayan hecho modificaciones, sin legalizar, respecto de la licencia vigente.

Es imprescindible hacer estas dos comprobaciones, de lo contrario podemos tener sorpresas desagradables al cabo de cierto tiempo.

Para saber si el establecimiento tiene algún tipo de infracción o expediente municipal, es necesario acudir al Ayuntamiento correspondiente y preguntarlo en los Servicios Técnicos, o en los Servicios de Inspección. Esta visita nos servirá también para verificar que el establecimiento está en condiciones de ser traspasado, en casi todos los ayuntamientos hay una condición de traspaso: que el local no tenga expedientes de inspección en curso o de infracción urbanística con el Ayuntamiento.

Para saber si el establecimiento ha hecho modificaciones sin legalizar hay que pedir, en los Servicios Técnicos o en el archivo de ese Ayuntamiento, los planos de concesión de la licencia. El siguiente paso es comparar los últimos planos de licencia con la realidad (mediante visita física) para comprobar que no se hayan hecho modificaciones que no se hayan legalizado.

24 Inscripción en registros oficiales

Por ley, las empresas están obligadas a notificar a la Agencia Española de Protección de datos la posesión de ficheros con datos de carácter personal (en el Anexo II encontrarás más información referente a la Ley de Protección de datos).

En caso de tener patentes, modelos, diseños industriales, marca, rótulos o nombres comerciales que deseamos proteger, podemos hacer una solicitud de reserva en el Registro de Propiedad Industrial correspondiente.

En el caso querer proteger nuestra marca o nombre comercial, podemos hacer la solicitud de reserva de marca o nombre comercial se realiza en la Oficina Española de Patentes y Marcas (OEPM) en su página web https://www.oepm.es/es/index.html

El registro de una marca o un nombre comercial otorga a la empresa el derecho exclusivo a impedir que terceros comercialicen productos o servicios idénticos o similares con el mismo signo distintivo.

25 Trámite electrónico o CIRCE

El Centro de Información y Red de Creación de Empresas (CIRCE) es un sistema que ofrece la posibilidad de realizar los trámites de constitución de la sociedad limitada por medios telemáticos, a excepción de la firma de escritura pública ante notario que necesariamente se trata de una actividad presencial.

Podrás realizar el alta tú mismo o través de los Puntos de Acceso al Emprendedor (PAE) donde se encargan de facilitar la creación de nuevas empresas, el inicio efectivo de su actividad y su desarrollo, a través de la prestación de servicios de información, tramitación de documentación, asesoramiento, formación y apoyo a la financiación empresarial.

Los PAE pueden depender de entidades públicas o privadas, colegios profesionales, organizaciones empresariales o cámaras de comercio. Estos centros firman un convenio con el Ministerio de Industria, Comercio y Turismo para poder actuar como tales.

La Dirección General de Industria y de la Pequeña y Mediana Empresa dispone de un buscador para localizar el PAE que más le convenga al emprendedor. Por ejemplo, la asesoría DAEM es uno de estos PAE (www.daem.es).

En cualquier caso, deberás de cumplimentar el Documento Único Electrónico (DUE) el cual permite presentar conjuntamente el alta en Hacienda y en la Seguridad Social ajustándose a los tiempos marcados por Ley.

Antes de cumplimentar el Documento Único Electrónico (DUE), el emprendedor deberá realizar las siguientes actuaciones:

- **Reserva de la Denominación Social:** solicitar al Registro Mercantil Central la certificación negativa de la denominación social de la futura sociedad. Este trámite es posible realizarlo a través de la web del Registro Mercantil central:

https://www.rmc.es/privado/CertificacionesDenominaciones.aspx

Una vez obtenido el certificado, se debe adjuntar copia al realizar el DUE.

- **Aportación del Capital Social:** en el momento de cumplimentar el DUE, sólo es necesario indicar el importe de capital, participación de cada socio y, si se trata de aportaciones no dinerarias, una breve descripción del bien aportado y su valor. La acreditación de las aportaciones dinerarias, la tendremos que solicitar a la entidad bancaria igualmente y nos la solicitará la notaría en día de la firma.

El resto de trámites necesarios para la puesta en marcha de la sociedad están incluidos en el DUE:

Estatutos sociales

En la cumplimentación del DUE podemos acogernos a unos estatutos sociales estándares o podemos aportar los nuestros.

Agencia tributaria

En el momento en el que se envía el DUE, también se comunica el inicio de actividad del empresario individual a la Administración Tributaria competente, mediante el envío de la Declaración Censal. Además, se tramitan tanto el NIF provisional como el NIF definitivo (a posteriori de la firma ante notario).

Seguridad Social

El DUE se envía a la Tesorería General de la Seguridad Social o al Instituto Social de la Marina (TGSS/ISM) según corresponda a tu caso. Una vez recibido, estos organismos generan:

- Los Códigos de Cuenta de Cotización.
- La afiliación del empresario y el alta del empresario en el Régimen Especial de Trabajadores Autónomos (RETA).

- La afiliación y el alta de los trabajadores, si los hubiere.
- La TGSS/ISM devuelve al STT-CIRCE los Códigos y números correspondientes.

Con el DUE se realiza un encuadramiento previo en el Régimen de Seguridad Social correspondiente en función de los datos introducidos, facilitando considerablemente la realización de los trámites que competen a la Tesorería General de la Seguridad Social y al Instituto Social de la Marina.

Trámites complementarios

Por otro lado, si se han proporcionado los datos necesarios cuando se ha cumplimentado el DUE, es posible realizar los siguientes trámites complementarios:

- Inscripción de ficheros de carácter personal en la Agencia Española de protección de datos.
- Solicitud de reserva de Marca o Nombre Comercial en la Oficina Española de Patentes y Marcas.
- Solicitud de Licencias en el Ayuntamiento: en aquellos ayuntamientos que colaboran con CIRCE o están adheridos al proyecto Emprende en 3, se podrá realizar la solicitud de licencias o la declaración responsable en función del tipo de actividad de la empresa.
- Comunicación de los contratos de trabajo al Servicio Público de Empleo Estatal (SEPE): este trámite consiste en realizar la legalización o alta de los contratos de trabajo de los trabajadores por cuenta ajena, si los hubiera.

Trámites no incluidos

Existen una serie de trámites necesarios para constituir la figura del Empresario individual que todavía no están cubiertos por CIRCE:

- La comunicación de la apertura del Centro de Trabajo (trámite incluido en el procedimiento telemático únicamente para la Región de Murcia) en caso de tener contratados trabajadores.

- Inscripción, en su caso, en otros organismos oficiales y/o registros.

Documentación e información necesaria para cumplimentar el DUE

Documentación:

- Número de D.N.I. del empresario y de los trabajadores (si los hubiera). En el caso de extranjeros sin DNI, NIE Comunitario o NIE y permiso de residencia y trabajo por cuenta propia.

- Número de la Seguridad Social del administrador o administradores y de los trabajadores, si los hubiera.

- Si el socio está casado: DNI o NIE del cónyuge y régimen del matrimonio.

- Para contratación de trabajadores: contrato o acuerdo de contratación o autorización para cursar el alta en la Seguridad Social.

Información necesaria:

- Epígrafe IAE (Actividades Económicas).

- Código de actividad según la Clasificación Nacional de Actividades Económicas (CNAE).

- Datos del domicilio de la empresa y de la actividad empresarial (incluido: metros cuadrados del lugar de la actividad, código postal y teléfono).

- Para adscripción a la Seguridad Social de los socios: base de cotización elegida, Mutua de IT (incapacidad temporal) y si optará a la cobertura por accidente de trabajo y enfermedad profesional (AT-EP). Además, se deberá de adjuntar el formulario SEPA de domiciliación de cuotas.

PARTE IV: Ponte en marcha

Una vez presentado el DUE, podrás consultar a través de internet y previa autentificación, el estado del expediente. Además de poder recibir, si lo deseas, notificaciones a tu teléfono móvil.

Estos trámites electrónicos son cada vez más comunes, sobre todo después de la pandemia de la Covid-19 que ha hecho más evidente la necesidad de digitalizar ciertos trámites administrativos. Todo ello ayudando a descongestionar las oficinas tanto de la Seguridad Social como de la Agencia Tributaria.

26 Trámite habitual a través de gestorías y asesorías

Lo más habitual, es acudir a un gestor para que realice todos los trámites por ti y te asesore en todo este proceso. La ventaja principal de buscar asesoramiento es que eliminas el riesgo de realizar incorrectamente una gestión o de no realizarla por desconocimiento.

En este sentido, si la asesoría con la que trabajas es punto PAE, como por ejemplo DAEM, el trámite es todavía más ágil tal y como hemos visto en el capítulo anterior.

Cuando acudimos a un gestor el procedimiento más habitual es el siguiente:

- Reunión inicial para entender tus necesidades y dónde el gestor recopilará toda la documentación e información que necesita.
- Alta en la seguridad social.
- Alta censal en Hacienda.
- Alta en el Régimen de Operadores Intracomunitarios (en caso que se prevea operativa intracomunitaria).
- Resto de trámites opcionales según tu actividad (licencias de ayuntamientos, alta de trabajadores, etc.).

Adicionalmente deberás de obtener el certificado electrónico de la sociedad. Hay asesorías que actúan como oficinas emisoras y pueden emitir directamente certificados digitales, lo que simplifica mucho la gestión pues evita desplazamientos y citas previas en la Agencia Tributaria o en la Seguridad Social. Por ejemplo, la asesoría DAEM es una de estas oficinas emisoras (www.daem.es).

PARTE IV: Ponte en marcha

> ⚠️ **CONSEJO DEL EXPERTO**
>
> *"Todas las empresas tienen el imperativo legal de disponer de certificado digital. Y relacionarse con la Seguridad Social (sistema RED) y con la Agencia Tributaria (Sede Electrónica), entre otros organismos, de forma telemática mediante el uso de dicho certificado digital.*
>
> *Si lo que te preocupa es pedir cita previa y desplazarte a la Agencia Tributaria o a la Seguridad Social, acude a una gestoría que actúe como oficina emisora de certificados electrónicos pues ellos mismos te podrán validar tu identidad y emitirte el certificado.*
>
> **Jordi Company - Asesor fiscal en DAEM**

PARTE V: El papel de Hacienda en tu aventura empresarial

¡Conoce a tu principal "socio"!

Una vez iniciada tu aventura empresarial, debes de conocer en profundidad a tu "socio" principal: la Agencia Estatal de Administración Tributaria (Agencia Tributaria o AEAT).

Sí, he dicho socio... Pues la Agencia Tributaria estará presente en todas las operaciones que realices y se llevará gran parte del pastel.

Por definición, la Agencia Estatal de Administración Tributaria (AEAT) es la entidad de la Administración General del Estado español encargada de la gestión del sistema tributario y aduanero estatal.

Como empresarios, tendremos que aprender a convivir con las palabras: IRPF, IVA, gastos deducibles, gasto no deducible, retención, factura con IVA, factura exenta de IVA, entre otros conceptos...

Todos estos conceptos tienen una gran repercusión en el desarrollo de la actividad de tu empresa y deberás de conocer cuál es el rol de tu empresa en cada uno de ellos. Velar por el cumplimiento de las obligaciones fiscales de la sociedad es uno de los aspectos más importantes a tener presente en la gestión de tu sociedad y los administradores son los garantes ello.

27 Impuesto sobre Sociedades (IS)

El Impuesto sobre Sociedades (también conocido por sus siglas IS) es el tributo que grava los beneficios que las empresas obtienen por su actividad a lo largo del ejercicio fiscal (típicamente coincide con el año natural, aunque no tiene por qué).

El Impuestos sobre Sociedades (IS) es a las personas jurídicas (empresas) lo que el Impuesto sobre la Renta de Personas Físicas (IRPF) es a las personas físicas. Por lo general, las empresas lo declaran en la declaración del impuesto sobre sociedades (modelo 200) y las personas físicas en la declaración de la renta (modelo 100).

El IS es un tributo de carácter directo y personal que grava la renta (beneficio) de las sociedades y demás entidades jurídicas residentes en todo el territorio español.

> ⚠️ **CONSEJO DEL EXPERTO**
>
> *"Están obligados a presentar la declaración del Impuesto de Sociedades todas las sociedades limitadas, con independencia de que hayan desarrollado o no actividades durante el período impositivo y de que hayan obtenido o no rentas."*
>
> **Carles Cornejo, CFA – Asesor en DAEM**

Periodo impositivo y plazo de declaración

El período impositivo en el IS coincidirá con el ejercicio económico de la entidad, que no excederá de 12 meses, siendo su devengo el último día del período impositivo. Lo más habitual es coincidir con el año natural, de 1 de enero a 31 de diciembre, aunque no tiene porqué.

El plazo para presentar la declaración del IS finalizará a los 25 días naturales siguientes a los seis meses posteriores a la conclusión del período impositivo.

En caso de coincidir el periodo impositivo con el año natural, la conclusión del ejercicio fiscal sería el 31 de diciembre por lo que, la liquidación del impuesto de sociedades se deberá de realizar entre el 1 y el 25 de julio del año siguiente.

> ⚠ **CONSEJO DEL EXPERTO**
>
> *"Cuando liquidemos la sociedad, también deberemos de presentar el IS. En este caso los plazos variarán y dependerán del momento en que se considera extinguida la sociedad.*
>
> *A estos efectos, se entiende producida la extinción cuando tenga lugar el asiento de cancelación de la sociedad en el Registro Mercantil, estando, en consecuencia, obligada a presentar la declaración del IS en el plazo de los 25 días naturales siguientes a los seis meses posteriores a dicho asiento de cancelación."*
>
> **Carles Cornejo, CFA – Asesor en DAEM**

Cálculo del impuesto

El impuesto de sociedades se calcula, como cualquier otro impuesto, por el producto entre la base imponible y el tipo impositivo (por lo general, el 25%).

La principal fuente para calcular la base imponible proviene de la contabilidad de la empresa donde se registran todas las operaciones del ejercicio.

El resultado contable, a grandes rasgos, proviene de substraer de ventas e ingresos las compras y gastos devengados en el ejercicio. No obstante, el resultado contable de la empresa no siempre coincidirá con el resultado fiscal o base imponible del impuesto sobre sociedades.

La base imponible del IS se obtendrá corrigiendo el resultado contable (con una serie de ajustes extracontables positivos o negativos tanto de carácter temporal como permanente:

- **Compensación de pérdidas**: se minorará con la compensación de bases imponibles negativas (pérdidas) de periodos impositivos anteriores.

PARTE V: El papel de Hacienda en tu aventura empresarial

Cuando una sociedad presenta pérdidas y el resultado del IS es negativo, la Agencia Tributaria no abona cantidad alguna (salvo los pagos a cuenta que haya realizado de lo que hablaremos más adelante). Por lo que existe un mecanismo para que el contribuyente pueda compensar estas pérdidas con beneficios futuros.

Para los períodos impositivos iniciados a partir del 1 de enero de 2015, se podrán compensar las bases imponibles negativas (ejercicios en lo que la empresa tenga pérdidas) con las rentas positivas de los períodos impositivos siguientes sin límite temporal.

 CONSEJO DEL EXPERTO

"Para poder compensar pérdidas de ejercicios anteriores a futuro es imprescindible conservar la documentación acreditativa (contabilidad y facturas) de las pérdidas durante los primeros 10 años (a contar desde el día siguiente a aquel en que finalice el plazo establecido para presentar la declaración o autoliquidación correspondiente al período impositivo en que se generó el derecho a su compensación). Pues es el periodo de tiempo que tiene la Administración para iniciar un procedimiento de comprobación de bases imponibles negativas.

Transcurrido dicho plazo, será suficiente con acreditar las bases imponibles negativas (cuya compensación se pretenda) mediante la liquidación o autoliquidación del IS y la contabilidad, con acreditación de su depósito en el Registro Mercantil"

Manel Cornejo - Asesor en DAEM

- **Gastos no deducibles (permanente)**: se corregirá por gastos no deducibles fiscalmente que deberán corregir el resultado contable de la empresa, tales como multas, sanciones y donativos, así como también el gasto o ingreso derivado de la contabilización del propio IS.

- **Excesos amortizaciones o dotaciones (temporales)**: posibles excesos de amortización contable sobre la fiscalmente deducible, así como también a los excesos resultantes de la dotación contable a ciertas provisiones como la provisión por posibles insolvencias de deudores y la provisión por responsabilidades.

Una vez calculada la base imponible, quedará determinar qué tipo aplicaremos. Por lo general, se aplica el tipo del 25% aunque existen otros tipos y deducciones que veremos en este capítulo.

Pagos fraccionados (modelo 202)

Al igual que sucede con el IRPF y los autónomos (a expresión de profesionales que apliquen retenciones), las sociedades también deben de realizar pagos fraccionados del impuesto sobre sociedades a través del modelo 202.

Los pagos fraccionados consisten en una autoliquidación para anticipar recursos a la Hacienda Pública a cuenta del impuesto definitivo.

Los pagos fraccionados forman, junto con las retenciones y los ingresos a cuenta, los denominados pagos a cuenta. No obstante, a diferencia de las retenciones, la obligación de los pagos fraccionados es del propio contribuyente a través de una autodeclaración.

En los 20 primeros días naturales de abril, octubre y diciembre, los sujetos pasivos del IS están obligados a efectuar un pago fraccionado a cuenta de la cuota definitiva del IS del ejercicio.

Asimismo, es importante señalar que los pagos fraccionados tienen la consideración de deuda tributaria, a efectos de la aplicación de posibles infracciones, sanciones e intereses de demora.

Hay dos modalidades para determinar la base de los pagos fraccionados:

- **Modalidad aplicable con carácter general:** el pago fraccionado se calcula aplicando el 18% sobre la cuota íntegra del último período impositivo cerrado. cuyo plazo reglamentario de declaración estuviese vencido el primer día de los 20 naturales de los meses de abril, octubre o diciembre minorada por las deducciones y bonificaciones a las que tenga derecho el sujeto pasivo y por las retenciones e ingresos a cuenta.

PARTE V: El papel de Hacienda en tu aventura empresarial

Lo más habitual, para ejercicios fiscales cerrados el 31 de diciembre, se utilizará la cuota íntegra del último impuesto de sociedades presentado en el mes de julio para el cálculo del pago fraccionado de los siguientes meses de abril, octubre y diciembre. Por consiguiente, para sociedades de nueva creación, con ejercicio fiscal coincidiendo con año natural, no se presentará liquidación a cuenta del impuesto de sociedades hasta el mes de abril del año siguiente al de su constitución.

En línea con lo anterior, si el último período impositivo tiene una duración inferior al año, se toma igualmente la parte proporcional de la cuota de períodos impositivos anteriores, hasta completar un período de 12 meses.

En cualquier caso, si el resultado es cero o negativo, no existe obligación de presentar la declaración.

- **Modalidad opcional (obligatoria si el importe neto de la cifra de negocios es superior a 6.000.000 €):** el pago fraccionado se calcula sobre la Base Imponible del periodo de los 3, 9 u 11 primeros meses de cada año natural deduciendo las bonificaciones, las retenciones e ingresos a cuenta practicados, así como los pagos fraccionados efectuados.

Se aplican las siguientes reglas para el cálculo del pago fraccionado:

- o Importe neto de la cifra de negocios no haya superado 10.000.000 € durante los 12 meses anteriores a la fecha en que se inicie el periodo impositivo: el porcentaje a aplicar es 5/7 por el tipo de gravamen redondeado por defecto. (Si aplican el tipo general: 17%).
- o Importe neto de la cifra de negocios sea al menos de 10.000.000 € durante los 12 meses anteriores a la fecha en que se inicie el periodo impositivo: el porcentaje a aplicar es 19/20 por el tipo de gravamen redondeado por exceso. (Si aplican el tipo general: 24%).

Si el período impositivo no coincide con el año natural, se toma como base imponible la de los días transcurridos desde el inicio del período impositivo hasta el día anterior al inicio de los períodos señalados anteriormente (31 de marzo, 30 de septiembre y 30 de noviembre). En estos casos, el pago fraccionado es a cuenta de la liquidación correspondiente al período impositivo que esté en curso el día anterior al inicio de cada uno de los citados períodos.

Se opta por esta segunda modalidad presentando el modelo 036 de declaración censal, en febrero del año a partir del cual debe surtir efectos, siempre que el período impositivo al que se refiere la citada opción coincida con el año natural; si no, el plazo será el de 2 meses a contar desde el inicio de dicho período impositivo o dentro del plazo comprendido entre este inicio y la finalización del plazo para efectuar el primer pago fraccionado correspondiente al referido período impositivo cuando este último plazo fuera inferior a 2 meses.

Incentivos fiscales para entidades de nueva creación

Si vas a constituir una sociedad de nueva creación y no se trata de una continuidad de otra actividad ya sea como empresario individual o con otra sociedad, estás de enhorabuena pues podrás beneficiarte de un incentivo fiscal en el IS para empresas de nueva creación.

Este incentivo consiste en un tipo impositivo del IS del 15% por la base imponible comprendida entre 0 y 300.000 euros y del 20% para el resto de la base imponible.

Este incentivo se aplicará en el primer periodo impositivo en que la base imponible resulte positiva y en el periodo siguiente. Cuando el período impositivo tenga una duración inferior al año, la parte de base imponible que tributará al tipo del 15 por ciento será la resultante de aplicar a 300.000 euros la proporción en la que se hallen el número de días del período impositivo entre 365 días, o la base imponible del período impositivo cuando esta fuera inferior.

Por tanto, si la sociedad presenta pérdidas en el primer (o primeros años) de actividad no se computará a efectos de iniciar el cómputo de periodos para aplicar este incentivo. Por otro lado, si en el período impositivo inmediato siguiente al primero en que tenga base imponible positiva, la empresa tuviese pérdidas (una base imponible negativa), no se podrá aplazar la aplicación del tipo reducido.

Los requisitos para aplicar este incentivo son los siguientes:

- Que se trate de entidades de nueva creación.
- Que la entidad realice una actividad económica (se excluyen por tanto entidades patrimoniales).
- Que la actividad económica no hubiera sido realizada con carácter previo por otras personas o entidades vinculadas conforme a lo dispuesto en el artículo 18 LIS y transmitida, por cualquier título jurídico, a la entidad de nueva creación.
- Que la actividad económica no hubiera sido ejercida, durante el año anterior a la constitución de la entidad, por una persona física que ostente una participación, directa o indirecta, en el capital o en los fondos propios de la entidad de nueva creación superior al 50%.

Además, los socios de la sociedad de reciente creación también podrán optar a una deducción en su declaración de la renta (IRPF). Concretamente, de una deducción del 30 % de las cantidades invertidas en la empresa de nueva o reciente creación, tanto en el momento de su constitución como en las ampliaciones de capital que se realicen en los tres años siguientes, con el límite de 60.000 euros anuales como base de la deducción.

No obstante, esta deducción está condicionada a que el Socio:

- No viniera realizando la misma actividad que la realizada por la entidad de nueva creación.
- No tenga una participación que supere el 40 % del capital social de la entidad o de sus derechos de voto, tanto de forma directa como indirecta.
- Se mantenga la inversión por un plazo superior a tres años e inferior a doce años.

Además, el importe de los fondos propios de la sociedad no podrá ser superior a 400.000 euros en el inicio del periodo impositivo de la misma en que el socio adquiera las acciones o participaciones.

En caso de poder aplicar esta deducción, será necesario que la sociedad expida una certificación indicando que se cumplen los requisitos establecidos en el artículo 68.1.2° de la Ley del IRPF.

Régimen especial aplicable a las empresas de reducida dimensión (ERD)

La Ley del IS establece un régimen especial que contiene una serie de incentivos fiscales para las empresas de reducida dimensión, teniendo como objetivo la reducción de la tributación efectiva de estas empresas.

A tal efecto, se considera que una empresa es de reducida dimensión cuando en el período impositivo inmediato anterior el importe neto de su cifra de negocios hubiera sido inferior a 10 millones de euros. En el caso en el que el período impositivo inmediato anterior hubiese tenido una duración inferior al año (por ejemplo, el ejercicio de constitución de la empresa), o la actividad se hubiese desarrollado durante un plazo también inferior, el importe neto de la cifra de negocios se elevará al año.

Para el cómputo de la cifra neta de negocios, se tienen en cuenta componentes tanto positivos como negativos:

- **Componentes positivos:**
    o Las ventas y prestaciones de servicios derivados de la actividad ordinaria de la empresa.
    o Las entregas de bienes y prestaciones de servicios que efectúe la empresa a cambio de activos no monetarios o como contraprestación de servicios que representan gastos para ella.
    o La parte de las subvenciones otorgadas en función de las unidades de producto vendidas y que forma parte de su precio de venta.

- **Componentes negativos:**
    - Las devoluciones de ventas.
    - Los rappels sobre ventas o prestaciones de servicios.
    - Los descuentos comerciales que se efectúen en los ingresos objeto de cómputo en la cifra anual de negocios.

No obstante, lo expuesto anteriormente, los incentivos fiscales establecidos para este tipo de entidades serán aplicables en los tres periodos impositivos inmediatos y siguientes a aquel periodo impositivo en que la entidad alcance la referida cifra de negocios de 10.000.000 de euros, siempre que las mismas hayan cumplido las condiciones para ser consideradas como de reducida dimensión tanto en aquel periodo como en los dos periodos impositivos anteriores a este último.

Entre los incentivos fiscales podemos citar:

- **Libertad de amortización para inversiones generadoras de empleo:**

Los elementos nuevos del inmovilizado material y de las inversiones inmobiliarias, afectos a actividades económicas, podrán ser amortizados libremente siempre que, durante los 24 meses siguientes a la fecha del inicio del período impositivo en que los bienes adquiridos entren en funcionamiento, la plantilla media total de la empresa se incremente respecto de la plantilla media de los 12 meses anteriores, y dicho incremento se mantenga durante un período adicional de otros 24 meses.

La cuantía de la inversión que podrá beneficiarse del régimen de libertad de amortización será la que resulte de multiplicar la cifra de 120.000 euros por el referido incremento calculado con dos decimales.

En el supuesto de que se incumpliese la obligación de incrementar o mantener la plantilla se deberá proceder a ingresar la cuota íntegra que hubiere correspondido a la cantidad deducida en exceso más los intereses de demora correspondientes. El ingreso de la cuota íntegra y de los intereses de demora se realizará conjuntamente con la autoliquidación correspondiente al período impositivo en el que se haya incumplido una u otra obligación.

- **Amortización acelerada:**

  Los elementos nuevos del inmovilizado material y de las inversiones inmobiliarias, así como los elementos del inmovilizado intangible, afectos en ambos casos a actividades económicas, puestos a disposición del contribuyente en el período impositivo en el que tenga la consideración de empresa de reducida dimensión, podrán amortizarse en función del coeficiente que resulte de multiplicar por 2 el coeficiente de amortización lineal máximo previsto en las tablas de amortización oficialmente aprobadas.

  Los elementos del inmovilizado intangible calificados ahora mercantilmente como activos de vida útil definida, a que se refiere el apartado 2 del artículo 12 de la LIS, cuya vida útil no pueda estimarse de manera fiable, así como el caso del fondo de comercio, podrán deducirse en un 150 % del importe que resulte deducible de aplicar para ellos lo establecido en el citado apartado 2 del artículo 12 de la LIS.

- **Reserva de nivelación:**

  La reserva de nivelación consiste en minorar la base imponible positiva hasta el 10% de su importe hasta un máximo de 1 millón de euros.

  Si el período impositivo tuviera una duración inferior a un año, el importe de la minoración no podrá superar el resultado de multiplicar 1 millón de euros por la proporción existente entre la duración del período impositivo respecto del año. Esta minoración se tendrá en cuenta a los efectos de determinar los pagos fraccionados.

  El objetivo de esta reserva es compensar anticipadamente pérdidas futuras de la sociedad. De esta manera no se tributa por parte de los beneficios actuales a la espera que en ejercicios futuros se obtengan bases imponibles negativas que van a compensar estas bases positivas actuales.

  Las reducciones aplicadas se van sumando a las bases imponibles negativas de los periodos sucesivos siguientes, durante un máximo de 5 años.

PARTE V: El papel de Hacienda en tu aventura empresarial

Transcurrido dicho plazo, sino se llega a compensarse la reserva de nivelación con bases imponibles negativas, se sumará el importe pendiente de la reducción en el periodo en el que concluya el plazo límite.

- **Pérdidas por deterioro de los créditos por insolvencias de deudores:**

Se permite una dotación general, y sin necesidad de justificación, de un máximo del 1% del saldo de los deudores existentes a la conclusión del período impositivo.

Para más información al respecto de aspectos contables y de amortizaciones, consultar el capítulo 29 (Contabilidad diaria) de este libro.

28 Impuesto sobre el Valor Añadido (IVA)

La Sociedad Limitada estará sujeta al Impuesto sobre el Valor Añadido (IVA) siempre y cuando la actividad que desarrolle esté sujeta a dicho impuesto.

A diferencia del Impuesto sobre Sociedades, que grava directamente la actividad empresarial, el IVA es un impuesto indirecto que recae sobre el consumo y grava las entregas de bienes y prestaciones de servicios realizadas por empresarios y profesionales, las adquisiciones intracomunitarias (dentro del mercado único de la Unión Europea) y las importaciones de bienes.

La sociedad que realice entregas de bienes o prestaciones de servicios repercutirá el tipo impositivo del IVA (el general del 21%, el reducido del 10% o el superreducido del 4%) que corresponda al importe de la operación, salvo que esté exenta o no sujeta (que se determinan por la propia ley de IVA).

Por consiguiente, la sociedad no solo va a pagar los impuestos que te corresponden personalmente por tu actividad (Impuesto Sobre Sociedades) sino que se realizará una labor de recaptación de impuestos para el estado que gravan el consumo mediante el IVA, además, como veremos más adelantes, también hará lo mismo con otro impuesto, el Impuesto sobre la Renta de Personas Físicas (IRPF).

En la operativa habitual del negocio, el IVA estará presente:

- Debemos de añadirlo a nuestras facturas para que nuestros clientes lo paguen. El denominado IVA repercutido o IVA devengado.

- Lo pagamos cuando adquirimos productos o servicios de terceros. El denominado IVA soportado.

Todo ello con la única finalidad de ingresarlo en la Agencia Tributaria, haciendo una labor pura de intermediación.

> **CONSEJO DEL EXPERTO**
>
> *"Debemos de tener muy presente que el IVA que ingresamos de clientes no nos pertenece y deberemos de ingresarlo en la Agencia Tributaria. Un error muy común es no tener presente la partida de IVA y, llegado el momento de liquidarlo, no se disponen de recursos.*
>
> *Si tu empresa ingresa más de lo que gasta, probablemente tendrá que ingresar IVA a Hacienda."*
>
> **Sergi Cornejo - Asesor en DAEM**

Uno de los problemas más habituales de las empresas radica en saber si podemos deducirnos el IVA soportado de ciertos gastos pues muchas veces en las Pymes, sobre todo aquellas empresas familiares, se tiende a mezclar gastos personales con gastos del negocio. Aunque puedes consultar el capítulo 25 de este libro que hemos dedicado a ello, aquí puedes encontrar requisitos y condiciones generales que deben cumplir los gastos para poder deducirte el IVA:

- Deben estar vinculados a la actividad económica que desarrolla la empresa.

- Deben estar debidamente justificados (por ejemplo, con la correspondiente factura).

- Deben encontrarse correctamente registrados en la contabilidad y en los libros correspondientes.

Tipos de IVA

En España existen tres tipos de IVA en función de la actividad a desarrollar:

- General 21%.
- Reducido 10%.
- Superreducido 4%.

Los tipos reducido y superreducido se aplican exclusivamente a las operaciones enumeradas expresa y limitativamente por la ley. Las demás operaciones se gravan al tipo general.

Las principales actividades que, por regla general, aplican el IVA Reducido (10%) son:

- Hostelería, balnearios, restaurantes y, en general, el suministro de comidas y bebidas para consumir en el acto (a excepción de bebidas alcohólicas y tabaco).
- Agua apta para el consumo humano, animal o para el riego.
- Flores, plantas, semillas, bulbos, esquejes, etc.
- Los servicios efectuados en favor de titulares de explotaciones agrícolas, forestales o ganaderas (plantación, siembra, injertado, abonado, cultivo y recolección, cría, guarda y engorde de animales, etc.). Se excluyen las cesiones de uso o disfrute y el arrendamiento de bienes.
- Servicios de recogida, almacenamiento, transporte, valorización o eliminación de residuos, limpieza de alcantarillados públicos y desratización, y la recogida de aguas residuales.
- Los transportes de viajeros y sus equipajes.
- La entrada a bibliotecas, archivos, centros de documentación, museos, galerías de arte, pinacotecas.
- Los espectáculos deportivos de carácter aficionado.
- Exposiciones y ferias de carácter comercial.
- Las ejecuciones de obras de renovación y reparación realizadas en viviendas (con algunas excepciones que irían al 21%).
- Los arrendamientos con opción de compra de viviendas, incluidas un máximo de 2 plazas de garaje y anexos.

Las principales actividades que, por general, aplican el IVA Superreducido (4%) son:

PARTE V: El papel de Hacienda en tu aventura empresarial

- Productos: pan común, harinas panificables, leche, queso, huevos, frutas, verduras, hortalizas, legumbres, tubérculos y cereales.

- Libros, periódicos y revistas que no contengan únicamente publicidad y los suplementos que se entreguen de forma conjunta. Se entenderá que los libros, periódicos y revistas contienen fundamentalmente publicidad cuando más del 75% de los ingresos que proporcionen a su editor se obtengan por este concepto.

- Medicamentos de uso humano.

- Los vehículos para personas con movilidad reducida y las sillas de ruedas para uso exclusivo de personas con discapacidad.

- Los vehículos destinados a usarse como autotaxis o autoturismos especiales para el transporte de personas con discapacidad en silla de ruedas, así como los vehículos a motor que transporten habitualmente a este tipo de usuarios o con movilidad reducida.

- Las prótesis, ortesis e implantes internos para personas con discapacidad.

- Las viviendas de protección oficial de régimen especial o de promoción pública, incluidos los garajes y anexos que estén en el mismo edificio.

- Los servicios de reparación de los vehículos y de las sillas de ruedas para personas con discapacidad y los servicios de adaptación de autotaxis y autoturismos anteriores.

- Los arrendamientos con opción de compra de edificios o partes de los mismos destinados solo a viviendas de protección oficial de régimen especial o de promoción pública.

- Los servicios de teleasistencia, ayuda a domicilio, centro de día y de noche y atención residencial a las personas en situación de dependencia.

 CONSEJO DEL EXPERTO

"Si tienes dudas sobre qué régimen de IVA aplica a tus productos o servicios, consúltalo con la propia Agencia Tributaria o con tu asesor. "

María José - Asesor contable en DAEM

EL CASO DE JULIA

Construcciones Giménez SL se dedica a las pequeñas reparaciones y reformas de viviendas y siempre ha aplicado el tipo reducido del 10% pues la mayor parte de su coste es mano de obra de los operarios que contrata. No obstante, en una obra de un apartamento de lujo en la que los materiales subieron más del 40% del importe total (que según la ley de IVA debería haber repercutido un IVA del 21%) siguió tributando al 10%, obra que además supuso la gran mayoría de sus ingresos ese ejercicio y le originó una comprobación por la que tuvo que abonar, de su bolsillo, el 11% de infra tributación.

Regímenes de IVA

Existen diferentes maneras de liquidar el IVA, las cuales listamos a continuación:

- **Régimen general de IVA:** aplicado en general a todos os sujetos pasivos del IVA, siempre y cuando no corresponda ningún régimen especial o haber renunciado al régimen simplificado (no aplicable a sociedades limitadas).

- **Régimen simplificado:** no aplica a sociedades limitadas por lo que no entraremos en detalle en este libro. Se aplica en caso de tributación en IRPF por estimación objetiva.

    Para más información puedes consultar el libro **"Guía práctica del autónomo"** de esta misma colección.

- **Regímenes especiales:** existen otros regímenes en función de la actividad que enumeramos a continuación.

PARTE V: El papel de Hacienda en tu aventura empresarial

- o Régimen especial de la agricultura, ganadería y pesca.
- o Régimen especial de los bienes usados, objetos de arte, antigüedades y objetos de colección.
- o Régimen especial aplicable a las operaciones con oro de inversión.
- o Régimen especial de las agencias de viaje.
- o Régimen especial de recargo de equivalencia.
- o Regímenes especiales aplicables a los servicios de telecomunicaciones, de radiodifusión o de televisión y a los prestados por vía electrónica.
- o Régimen especial del grupo de entidades.
- o Régimen especial del criterio de caja.

Aunque queda fuera del alcance de este libro profundizar en cada uno de estos regímenes especiales (en el Anexo III encontrarás más información referente a los diferentes regímenes especiales del IVA).

 CONSEJO DEL EXPERTO

"En caso de que creas que puedes acceder a alguno de los Regímenes especiales de IVA, compruébalo con la Agencia Tributaria o con tu asesor."

María José - Asesor contable en DAEM

El Recargo de equivalencia

El recargo de equivalencia es un régimen especial del IVA que afecta a los comerciantes minoristas. A las sociedades limitadas no les es de aplicación este régimen, aunque es importante conocerlo pues nos podemos encontrar con algún cliente al que sí le aplique.

Este régimen es de aplicación obligatoria en el caso de autónomos, comerciantes minoristas que cumplen con las siguientes condiciones:

- La actividad económica la realizan por su cuenta comprando bienes para después venderlos. Estos bienes no se pueden fabricar, modificar, tratar, ni transformar.

- El 80 % de las operaciones totales de las ventas realizadas durante el año anterior tienen que haber sido a clientes que no sean empresarios o profesionales.

- No desarrollan ni venden los siguientes productos o servicios: automóviles, embarcaciones y buques, aviones y demás aeronaves, joyas, peleterías, arte, bienes usados, aparatos de avicultura y apicultura, productos petrolíferos, maquinaria de uso industrial, materiales de construcción, minerales (excepto el carbón), metales no manufacturados y oro de inversión.

A los autónomos en este régimen se les simplifica la gestión del IVA pues no deben de presentar su declaración trimestral ya que, por cada compra que hacen, pagan directamente a su proveedor un recargo de IVA que varía en función del producto que vende.

Si tenemos clientes que cumplen estas características, deberemos de incluir en la factura de los productos que vendamos la cuantía del IVA correspondiente más el recargo de equivalencia que corresponda. Seremos nosotros quienes, mediante la presentación de nuestro modelo 303, ingresemos a Hacienda el IVA correspondiente de los productos que nuestro cliente venderá al consumidor final.

El recargo de equivalencia a aplicar, en función del tipo de IVA del producto o servicio es de:

- IVA 21%: recargo del 5,2%.

- IVA 10%: recargo de 1,4%.

- IVA 4%: recargo de 0,5%.

- Tabaco: recargo del 1,75%.

Aunque nuestro cliente no informará sobre esta casuística en caso de que deba de aplicarse, Si sospechamos que un cliente pues estar en recargo de equivalencia, es mejor asegurarse antes de emitir la factura pues somos nosotros quienes emitiremos la factura.

> ⚠️ **CONSEJO DEL EXPERTO**
>
> *"Si la venta se realiza fuera de España a otro miembro de la Unión Europea, deberás darte de alta como operador intracomunitario y operar de forma habitual en estos casos: las facturas que emitas a tu cliente (si éste también está registrado como operador intracomunitario) no llevará ni IVA ni recargo de equivalencia. Si fuera el caso, deberías de presentar el modelo 349 que registra todas las operaciones realizadas con operadores intracomunitarios."*
>
> ***Sergi Cornejo - Asesor en DAEM***

Liquidación de IVA (modelo 303)

El autónomo, mediante el modelo 303, declara tanto el IVA soportado (por compras) como el repercutido (por ventas).

El resultado de restar al IVA repercutido, el IVA soportado, es el importe a ingresar en Hacienda en cada declaración.

Existen una serie de limitaciones del derecho a deducir IVA soportado, estableciendo que no se entenderán afectos directa y exclusivamente a la actividad empresarial o profesional, entre otros:

- Los bienes que se destinen habitualmente a dicha actividad y a otras de naturaleza no empresarial ni profesional por períodos de tiempo alternativos.

- Los bienes o servicios que se utilicen simultáneamente para actividades empresariales o profesionales y para necesidades privadas.

- Los bienes o derechos que no figuren en la contabilidad o registros oficiales de la actividad empresarial o profesional.

- Los bienes y derechos adquiridos que no se integren en el patrimonio empresarial o profesional.

- Los bienes destinados a ser utilizados en la satisfacción de necesidades personales o particulares de los empresarios o profesionales, de sus familiares o del personal dependiente de los mismos, con excepción de los destinados al alojamiento gratuito en los locales o instalaciones de la empresa del personal encargado de la vigilancia y seguridad de los mismos, y a los servicios económicos y socio-culturales del personal al servicio de la actividad.

El problema al que se enfrentan muchos empresarios radica en aquellos bienes de utilización mixta (o que Hacienda presupone de utilización mixta) como puede ser un vehículo.

Salvo en los casos de liquidación mensuales (que repasaremos en el siguiente apartado), las fechas de liquidación del IVA en Régimen General serán las siguientes en función de las fechas de devengo:

- Primer trimestre. Se liquida entre el día 1 a 20 de abril.

- Segundo trimestre. Se liquida entre el día 1 a 20 de julio.

- Tercer trimestre. Se liquida entre el día 1 a 20 de octubre.

- Cuarto trimestre. Se liquida entre el día 1 a 30 de enero del año siguiente.

Debemos de tener en cuenta que si se queremos domiciliar los pagos de IVA en nuestra cuenta bancaria deberemos de hacerlo, por regla general, antes del día 15 de cada periodo de liquidación, salvo el mes de enero que será el día 25 (en el Anexo V encontrarás más información referente el calendario fiscal de la sociedad limitada).

Si, por lo contrario, no deseamos domiciliar o se nos ha pasado el plazo para ello, también se puede pagar directamente en el banco. Aunque no es necesario llevar al banco el modelo tributario en cuestión y se puede tramitar por la banca electrónica, sí que van a solicitar una serie de datos que debemos

PARTE V: El papel de Hacienda en tu aventura empresarial

de tener presente como: el modelo tributario (303 en el caso del IVA), el ejercicio, el periodo, el NIF, la razón social de la empresa y el importe exacto del ingreso.

 CONSEJO DEL EXPERTO

"Si se nos ha pasado el plazo de presentación del IVA, y de cualquier modelo tributario, debemos darnos prisa en corregir el error antes de que Hacienda nos avise. Si pagamos antes de que la Administración nos reclame no tendremos sanción administrativa, sí que nos aplicarán unos recargos en función el tiempo que tardemos en hacerlo (e intereses de demora si tardamos más de 12 meses). En caso de que sea Hacienda quien nos lo reclame, el recargo oscilará entre el 5% y el 20% (más intereses de demora), además de una sanción que puede alcanzar, en los casos más graves, el 150% del importe no ingresado."

Jordi Company - Asesor fiscal en DAEM

En la liquidación del IVA, el resultado puede ser:

- **Positivo**: debemos de ingresar el dinero en Hacienda por lo que, en caso de domiciliación bancaria, nos lo cargarán el último día de presentación de impuestos (día 20 de cada mes o el día 30 en caso de enero). En caso de no domiciliar, nos lo cargarán en el mismo momento en que realicemos el pago voluntario.

- **Negativo**: resulta un saldo a nuestro favor y podemos solicitar una compensación. De esta manera, tendremos ese dinero "guardado" para el siguiente trimestre y podremos restarlo de la cantidad que toque pagar.

No obstante, si en los siguientes trimestres el IVA sigue saliendo negativo, iremos acumulando un saldo a nuestro favor que, en el caso de que deseemos recuperarlo antes de poder compensarlo, podemos solicitar la devolución de IVA.

La devolución solo la podremos solicitar si, en el último trimestre del año, el IVA sigue saliendo a nuestro favor y lo haremos con la presentación del modelo 303 del cuarto trimestre (en el mes de enero del año siguiente) y la Agencia Tributaria tiene un plazo máximo de 6 meses, a contar desde el último día del periodo voluntario del mes que se presente, para efectuar la devolución (a partir del cual se devengaran intereses a favor del contribuyente).

- **Resultado cero:** el resultado de la liquidación sale neutro. En este caso, debemos de presentar igualmente el modelo 303 aunque el resultado sea cero pues es una obligación formal que no podemos eludir.

> ⚠️ **CONSEJO DEL EXPERTO**
>
> *"Cuando solicitemos la devolución del IVA tenemos que tener presente tres aspectos fundamentales: primero, sólo lo podremos hacer 1 vez al año (entre el 1 y el 30 de enero); segundo, es más que probable que Hacienda inicie una comprobación en la que nos solicitarán libro registro de facturas emitidas y recibidas; y, tercero, el abono de este saldo no es inmediato, Hacienda tiene un plazo de 6 meses para ello a partir del último día de presentación oficial del plazo voluntario (30 de enero). A partir de ese momento se empiezan a devengar intereses a nuestro favor (3,75% de tipo anual en 2022). "*
>
> *María José - Asesor contable en DAEM*

EL CASO DE FRANCISCA

Peluquería Francisca SL, que explota un salón de peluquería, realizó fuertes inversiones durante el mes de enero de 2017, primer ejercicio de su actividad, acumulando un IVA a su favor de alrededor de 30.000 euros. No fue hasta enero de 2018 cuando pudo solicitar la devolución de ese IVA, en aquel momento la cantidad a su favor había disminuido ligeramente hasta los 27.000 euros (gracias a la compensación que había realizado en el segundo y tercer trimestre de 2017 y al resultado de la liquidación del cuarto).

No obstante, la Agencia Tributaria no efectuó la devolución hasta el 31 de julio de 2018 (plazo máximo sin generar intereses a favor de Peluquería Francisca SL), 18 meses más tarde de haber realizado el fuerte desembolso inicial, pasando, además, por un proceso de comprobación.

Durante todo este periodo, la sociedad tuvo problemas financieros, pues contaba con ese dinero de margen para su operativa diaria, hasta que le recomendamos solicitar una línea de crédito bancaria con lo que se quedó más tranquila, sabiendo además que era un problema puntual de liquidez a la espera de la devolución.

IVA mensual

Las sociedades que facturen más de 6 millones de euros (en el ejercicio anterior) estarán obligadas a presentar mensualmente la declaración de IVA el día 20 de cada mes (Régimen de Devolución Mensual del IVA o REDEME) y, además, a registrar de manera cuasi inmediata en la web de la Agencia Tributaria el libro registro de IVA (Suministro Inmediato de Información o SII).

Por otro lado, muchas empresas desconocen la opción de poder adherirse al REDEME de manera voluntaria. Puede ser interesante hacerlo si se pretende evitar el coste financiero que representa el diferimiento en la percepción de las devoluciones (recordemos que sólo se pueden solicitar una vez al año), especialmente cuando:

- Hay periodos en los que se realizan fuertes inversiones.
- Al inicio de una actividad cuando se tienen más gastos que ingresos.
- Por la propia actividad de la empresa (por ejemplo, exportación), se genera más IVA soportado que devengado (repercutido).

Para poder entrar en este sistema, deberás de dar de alta a la empresa en el REDEME y presentar mensualmente el modelo 340 de Declaración Informativa de operaciones en libros de registro de IVA que incluye una lista con todas las facturas emitidas y recibidas, a excepción de si se está inscrita en el sistema de Suministro Inmediato de Información (SII) por el que se informa de manera cuasi inmediata los libros registros de IVA a la Agencia Tributaria.

Entre las ventajas de este sistema encontramos:

- Mayor liquidez, pues es posible recuperar el IVA mensualmente cuando la declaración resulta con saldo a nuestro favor (en lugar de anualmente cuando las declaraciones son trimestrales).

- Evitar errores en facturas, pues el hecho de tener que presentar la declaración mensualmente permite detectar y corregir errores rápidamente lo que reduce posibles sanciones.

Entre los inconvenientes de este sistema encontramos:

- Mayor carga administrativa y, por lo tanto, mayores costes, pues se deben de presentar declaraciones de IVA mensuales en lugar de trimestrales (modelo 303), además de la obligación de presentar el libro registro de IVA (modelo 340). Por no hablar de aquellos obligados al SII que requiere una comunicación constante con la Agencia Tributaria.

- Menor liquidez en caso de resultado a favor de Hacienda, pues en lugar de pagar a Hacienda trimestralmente se hará el abono mensual.

Es importante evaluar bien el equilibrio entre beneficios e inconvenientes de este sistema. Si bien es cierto que es un método pensado más para grandes empresas que además tienen actividad exportadora elevada, se encuentran en un proceso de fuertes inversiones o tienen diferentes tipos de IVA de manera habitual (un soportado mayor que el repercutido).

Por otro lado, no todas las sociedades pueden acogerse al REDEME, solo los que cumplan los siguientes requisitos:

- Estar al corriente de sus obligaciones tributarias

- No encontrarse en alguno de los supuestos que podrían dar lugar a la baja cautelar en el registro de devolución mensual o a la revocación del número de identificación fiscal.

- No haber sido excluido del Registro en los 3 años previos al de presentación de solicitud de alta.

Si la empresa cumple estos requisitos puede hacer su declaración de IVA mensual. Para ello deberás solicitar la inscripción en el registro en el mes de noviembre (para aplicación al año siguiente), mediante la presentación de la declaración censal 036. En el caso de no haberlo presentado en noviembre, podrás igualmente solicitar su inscripción en el registro durante el plazo de presentación de las declaraciones-liquidaciones periódicas. Esto significa que, si queremos inscribirnos, deberemos presentar el modelo 036 entre el 1 y el día 20 del mes en el que debemos presentar la correspondiente liquidación de IVA.

El plazo para resolver sobre la solicitud de inscripción es de tres meses, rigiendo el silencio negativo, es decir, si no recibes ninguna notificación, puedes entender desestimada la solicitud.

Declaración anual (modelo 390)

Además de las declaraciones trimestrales, tenemos la obligación de presentar anualmente, entre el 1 y el 30 de enero, una declaración informativa con el resumen anual del IVA, incluyendo el total de las operaciones sujetas a este impuesto durante todo el ejercicio, independientemente de la cantidad declarada.

Es muy importante que esta declaración informativa cuadre con las cuatro declaraciones presentadas del modelo 303 durante el ejercicio pues cualquier incoherencia será motivo de comprobación por parte de la Agencia Tributaria.

Declaración informativa (modelo 347)

De la misma manera que en el modelo 390, tenemos la obligación de presentar la declaración informativa anual correspondiente al Modelo 347.

En este caso se trata de informar de operaciones de la empresa con terceros cuando el volumen de la operativa con ellos sea superior durante todo el ejercicio a 3.005,06 euros, tanto por facturas emitidas como recibidas. Esta declaración se presenta entre el día 1 a 28 de febrero del año siguiente.

29 Impuesto Sobre la Renta de Personas Físicas (IRPF)

A pesar de que las sociedades limitadas no están sujetas al Impuesto de la Renta de las Personas Físicas (IRPF), es importante conocer este impuesto pues es altamente probable que nos lo encontremos en la operativa diaria de la empresa cuando contratemos o realicemos operaciones comerciales con personas físicas, también con las operaciones con los socios o administradores de la empresa (por ejemplo, el reparto de dividendos o el pago de retribuciones).

El Impuesto sobre la Renta de las Personas Físicas es un tributo de carácter personal y directo que grava, según los principios de igualdad, generalidad y progresividad, la renta de personas físicas de acuerdo con su naturaleza y sus circunstancias personales y familiares.

Es el tributo más común al que estamos sujetos todos los residentes españoles que generamos rendimientos económicos, afecta a personas físicas, empresarios, profesionales y miembros de entidades en régimen de atribución de rentas.

Estas rentas se clasifican en función del origen mediante el cual han sido obtenidas:

- **Rendimientos del trabajo:** todas las contraprestaciones (dinerarias o en especie), que deriven del trabajo personal o de la relación laboral o estatutaria y no tengan el carácter de rendimientos de actividades económicas. Por ejemplo, sueldos y salarios.

- **Rendimientos del capital inmobiliario:** todos los rendimientos que se deriven del arrendamiento de inmuebles propiedad del contribuyente (incluida cesión de derechos de uso o derechos reales), siempre y cuando no se hallen afectos a actividades económicas realizadas por el propio contribuyente. Por ejemplo, rendimientos de alquiler de una vivienda propiedad del contribuyente y no afectos a su actividad económica.

- **Rendimientos del capital mobiliario:** todas las contraprestaciones que provengan de elementos patrimoniales (incluidos bienes o derechos) de naturaleza mobiliaria propiedad del contribuyente, siempre y cuando no se hallen afectos a actividades económicas realizadas por el mismo. Por ejemplo, dividendos sobre acciones de una sociedad limitada del que el contribuyente es accionista.

- **Rendimientos de actividades económicas:** rendimientos que, procediendo del trabajo personal y del capital conjuntamente (o de uno solo de estos factores) supongan por parte del contribuyente la ordenación por cuenta propia de medios de producción y de recursos humanos, o de uno de ambos, con la finalidad de intervenir en la producción o distribución de bienes o servicios.

- **Imputaciones de rentas:** rentas que se deben incluir en la base imponible por ser propietario o titular de un derecho real de disfrute sobre determinados bienes y derechos. Por ejemplo, la atribución del 50% del rendimiento de una Comunidad de Bienes de la que el contribuyente es titular del 50%.

- **Ganancias y pérdidas patrimoniales:** las variaciones en el valor del patrimonio del contribuyente que se pongan de manifiesto con ocasión de cualquier alteración en la composición de aquél, salvo que se califiquen como rendimientos.

En este libro, nos centraremos en la obligación de retener que tendrá nuestra empresa al realizar operaciones con personas físicas.

Los casos más habituales nos los encontramos cuando pagamos a profesionales que colaboran con nosotros, pagamos a empleados que trabajan para nosotros (trabajares en plantilla), retribuimos a los administradores de la empresa, pagamos alquileres (cuando el propietario es persona física) o repartimos dividendos a los socios de la empresa.

PARTE V: El papel de Hacienda en tu aventura empresarial

> ⚠ **CONSEJO DEL EXPERTO**
>
> *"Si deseas saber más sobre este impuesto y su sujeción en el caso de empresarios individuales o autónomos, recomiendo el libro de esta misma colección: Guía práctica del autónomo."*
>
> ***Carles Cornejo - Asesor en DAEM***

Retenciones e ingresos a cuenta

El IRPF es un impuesto que se devenga normalmente (salvo en caso de fallecimiento del contribuyente) el día 31 de diciembre de cada año natural (periodo impositivo). Es, en la declaración anual de la renta (presentada a partir del 1 abril del siguiente año), el momento en que se calcula el importe final del impuesto.

No obstante, la Agencia Tributaria tiene establecido un mecanismo para anticipar un pago a cuenta del impuesto, a través de retenciones y pagos fraccionados del IRPF.

Las retenciones de IRPF se definen como cantidades que son sustraídas por el pagador de determinadas rentas para ingresarlas directamente en la Administración Tributaria, como anticipo de la cuota definitiva del impuesto (que se calcula en la declaración anual de la renta). Ejemplos típicos son las retenciones que practica una empresa a las nóminas de sus empleados (que se declaran en el modelo 111) y las retenciones que practica una empresa al abonar el alquiler de un local cuyo propietario es una persona física (que se declaran en el modelo 115).

En este sentido y, similar a las retenciones en nómina a trabajadores por cuenta ajena, cuando un autónomo ejerce una actividad profesional y emite una factura, incluirá una retención que será ingresada por el pagador de la factura directamente en hacienda a cuenta del IRPF del autónomo, declarándolo en el modelo 111 (de la misma manera que una empresa lo hace en nombre de sus trabajadores).

Las rentas sometidas a retención o ingreso a cuenta son, principalmente, las siguientes:

- **Rendimientos del trabajo**
- **Rendimientos derivados de actividades económicas (actividades profesionales)**
- **Rendimientos del capital mobiliario:** con carácter general, el tipo de retención será del 19%. Por ejemplo, dividendos.
- **Ganancias patrimoniales:** El tipo de retención será del 19%.
- **Otras rentas:** arrendamientos de inmuebles (19%), premios en metálico (19%), etc.

Retenciones e ingresos a cuenta a trabajadores, profesionales o empresarios (modelos 111 y 190)

En caso de que tengamos trabajadores en nómina o colaboremos con profesionales o empresarios sujetos a retención, deberemos de aplicar la retención que corresponda en los pagos que les hagamos para ingresarlos directamente a Hacienda.

El tipo de retención a aplicar dependerá de la situación personal de nuestros empleados o colaborador:

- **Rendimientos del trabajo (trabajadores):** será el resultado de aplicar al total de las retribuciones que se satisfagan a cada empleado el tipo de retención que corresponda, atendiendo a sus circunstancias personales. No obstante, el tipo de retención no podrá ser inferior al 2% para contratos o relaciones de duración inferior al año ni inferior al 15% para relaciones laborales especiales de carácter dependiente. Por ejemplo, los sueldos y salarios de los trabajadores que trabajen para la sociedad.

PARTE V: El papel de Hacienda en tu aventura empresarial

Los tramos de IRPF para el ejercicio 2022 que hay que aplicar para la base de la renta general son los siguientes:

Tramos IRPF	Tipo estatal	Tipo autonómico [1]	Tipo total
Hasta 12.450 euros	9,5%	9,5%	19%
De 12.450 20.200 euros	12%	12%	24%
De 20.200 a 35.200 euros	15%	15%	30%
De 35.200 a 60.000 euros	18,5%	18,5%	37%
De 60.000 euros a 300.000 euros	22,5%	22,5%	45%
Más de 300.000 euros	24,5%	22,5%	47%

1) En la columna de "tipo autonómico" figuran los tipos aplicables a los contribuyentes por IRPF que no residen en España. Los contribuyentes que residen en territorio español deberán sustituirlos por la escala que haya aprobado la comunidad autónoma en que tenga que declarar.

- **Rendimientos derivados de actividades económicas (actividades profesionales):** con carácter general, el tipo de retención será del 15%.

  En caso de inicio de una actividad profesional, en el año de inicio y en los dos siguientes, será del 7%. Por ejemplo, factura de un notario o de un abogado.

Para declarar estas operaciones deberemos de rellenar el modelo tributario 111.

Estas declaraciones deben de presentarse entre los días 1 y 20 de los meses de abril (para el primer trimestre del año), julio (segundo trimestre) y octubre (tercer trimestre). La declaración correspondiente al cuarto trimestre hay que presentarla entre los días 1 y 30 de enero del año natural siguiente.

 CONSEJO DEL EXPERTO

"Si tienes trabajadores, pero no retienes cantidad alguna deberás igualmente presentar el modelo 111"

Jordi Company - Asesor fiscal en DAEM

Además, anualmente es necesario presentar una declaración informativa sobre las retenciones practicadas a través del modelo 190. Estas declaraciones no resultan en ninguna liquidación, son informativas pero obligatorias. El plazo para presentarlas es el mes de enero del año siguiente.

En el Anexo V encontrarás más información referente el calendario fiscal.

Un aspecto que genera mucha confusión es el hecho de que el obligado a practicar la retención e ingresarla en Hacienda es el pagador y el emisor de una factura no está obligado a informar en ella si está sometida o no a retención, ni del porcentaje que se debe retener.

Por lo tanto, es importante revisar bien la situación de los acreedores y proveedores con los que trabajamos pues, si no aplicamos bien la retención en las facturas que pagamos, Hacienda pueda reclamarnos cantidades no abonadas con los correspondientes recargos.

> ⚠ **CONSEJO DEL EXPERTO**
>
> *"Por regla general, si recibes una factura por la prestación de servicios revisa el tipo de retención, pues:*
>
> *-Si te aplican un 15% no deberías de tener problemas;*
>
> *-Si te aplican el 7%, solicita el modelo 036 a tu proveedor y, si la fecha de emisión de la factura está dentro de los primeros tres ejercicios desde el inicio de su actividad, es correcta;*
>
> *-Si te aplican el 1% y tu proveedor es un transportista, es correcto;*
>
> *-Si no te aplican retención, deberías de comprobar también el modelo 036 de tu proveedor, en concreto, revisa la página correspondiente al IRPF donde debería figurar la obligación de presentar el modelo 130 (pagos a cuenta)."*
>
> **Jordi Company - Asesor fiscal en DAEM**

A diferencia de lo señalado anteriormente, cuando se trate de empresas cuyo volumen de operaciones supere los 6.010.121,04 al año, la declaración de las cantidades retenidas y de los ingresos a cuenta deberá presentarse en los 20 primeros días naturales de cada mes (excepto la declaración correspondiente al mes de julio, que puede presentarse del 1 de agosto al 20 de septiembre), correspondiendo la declaración al mes natural anterior.

Además, como retenedores se tiene la obligación de emitir una certificación acreditativa de la retención o ingreso a cuenta practicado, antes de la apertura del plazo de declaración de la renta (normalmente el 1 de abril). No hacerlo puede acarrear una sanción.

Retenciones e ingresos a cuenta de arrendamiento o subarrendamiento de inmuebles urbanos (modelos 115 y 180)

En el caso de que la sociedad sea alquiler un local comercial u oficina a un arrendador (propietario) persona física será necesario aplicar una retención a cuenta del IRPF en los pagos de la renta de alquiler, siempre que sean inmuebles urbanos.

El tipo de retención a aplicar, por carácter general, es del 19% y, para declarar estas operaciones, deberemos de rellenar el modelo tributario 115.

Si el arrendador es un particular y aunque no se haya especificado la retención IRPF en la factura de alquiler, igualmente se debe de practicar retención y presentar el modelo 115.

En cambio, no estarás obligado a retener:

- El alquiler de las viviendas que la empresa pagan a sus trabajadores (como retribución en especie);
- Los arrendamientos financieros en modalidad leasing;
- Los alquileres que no superen los 900€ anuales a un mismo arrendador;
- Cando el arrendador entregue un certificado de exención por parte de Hacienda al estar incluido en algunos de los epígrafes del grupo 861 cuya cuota de IAE no sea cero.

Estas declaraciones deben de presentarse entre los días 1 y 20 de los meses de abril (para el primer trimestre del año), julio (segundo trimestre) y octubre (tercer trimestre). La declaración correspondiente al cuarto trimestre hay que presentarla entre los días 1 y 30 de enero del año natural siguiente.

Además, anualmente es necesario presentar una declaración informativa sobre las retenciones practicadas a través del modelo 180. Estas declaraciones no resultan en ninguna liquidación, son informativas pero obligatorias. El plazo para presentarlas es el mes de enero del año siguiente.

 CONSEJO DEL EXPERTO

"Cuando una persona física te emita una factura de alquiler sin retención, solicita el certificado de exención al propietario del inmueble.

En caso de aplicar retención, asegúrate de aplicarla correctamente sobre el propietario y no sobre el administrador de fincas."

Jordi Company - Asesor fiscal en DAEM

EL CASO DE CLARA ABOGADOS SL

Clara Abogados SL tiene una oficina alquilada a un particular. No obstante, no tiene contacto con el propietario pues paga el alquiler a través de un administrador de fincas que lleva la gestión de la oficina.

Clara Abogados SL declara trimestralmente, a través del modelo 115, las retenciones practicadas del 19% sobre el alquiler. No obstante, introduce los datos del administrador de fincas en lugar de los del propietario. Al emitir el certificado anual de retenciones y enviarlo al administrador de fincas, Clara Abogados SL se da cuenta del error y presenta una complementaria rectificando el error.

Al igual que ocurre con el modelo 111, cuando se trate de empresas cuyo volumen de operaciones supere los 6.010.121,04 al año, la declaración de las cantidades retenidas y de los ingresos a cuenta deberá presentarse en los 20 primeros días naturales de cada mes (excepto la declaración correspondiente al mes de julio, que puede presentarse del 1 de agosto al 20 de septiembre), correspondiendo la declaración al mes natural anterior.

Retenciones e ingresos a cuenta de determinados rendimientos del capital mobiliario o determinadas rentas (modelos 123 y 193)

En el caso de que la sociedad realice pagos en concepto de determinados rendimientos del capital mobiliario deberán también practicar retención.

Los rendimientos de capital mobiliario son aquellos que tienen carácter patrimonial de naturaleza mobiliaria, es decir, que no están relacionados con la actividad económica del contribuyente. El caso más común es el pago de dividendos a los accionistas de la sociedad o el pago de intereses de préstamos no bancarios a acreedores de la sociedad.

El tipo de retención a aplicar, por carácter general, es del 19% y, para declarar estas operaciones, deberemos de rellenar el modelo tributario 123.

Estas declaraciones deben de presentarse entre los días 1 y 20 de los meses de abril (para el primer trimestre del año), julio (segundo trimestre) y octubre (tercer trimestre). La declaración correspondiente al cuarto trimestre hay que presentarla entre los días 1 y 30 de enero del año natural siguiente.

Además, anualmente es necesario presentar una declaración informativa sobre las retenciones practicadas a través del modelo 193. Estas declaraciones no resultan en ninguna liquidación, son informativas pero obligatorias. El plazo para presentarlas es el mes de enero del año siguiente.

Al igual que ocurre con los modelos 111 y 115, cuando se trate de empresas cuyo volumen de operaciones supere los 6.010.121,04 al año, la declaración de las cantidades retenidas y de los ingresos a cuenta deberá presentarse en los 20 primeros días naturales de cada mes (excepto la declaración correspondiente al mes de julio, que puede presentarse del 1 de agosto al 20 de septiembre), correspondiendo la declaración al mes natural anterior.

30 El Impuesto sobre Actividades Económicas (IAE)

El Impuesto sobre Actividades Económicas (IAE) grava a las personas físicas (autónomos), personas jurídicas (sociedades) y entidades sin personalidad jurídica (sociedades civiles y comunidades de bienes) que realicen, en territorio nacional, actividades empresariales, profesionales y artísticas; salvo las agrícolas, las ganaderas dependientes, las forestales y las pesqueras.

Están exentos del IAE (aunque realicen actividades económicas):

- Las personas físicas.

- Las sociedades, entidades sin personalidad jurídica y los contribuyentes por el Impuesto sobre la Renta de No Residentes (IRNR) con un importe neto de cifra de negocio inferior a 1.000.000 de euros del penúltimo año anterior al del devengo del impuesto, con carácter general.

- Los sujetos pasivos que inicien el ejercicio de su actividad en territorio español, durante los dos primeros periodos impositivos.

En cualquier caso, e independientemente de la exención al pago del impuesto, deberemos de declarar todas las actividades económicas que desarrolle la sociedad (puede ser más de una), así como, en su caso, la relación de los establecimientos o locales en los que las llevemos a cabo, mediante la declaración censal (modelo 036).

31 Gastos fiscalmente deducibles

Es muy importante conocer los criterios por los que podremos deducirnos gastos en el ejercicio de la actividad de nuestra empresa. Un defecto en los gastos que deducimos implica un incremento de la carga impositiva y un exceso puede generar indeseables sanciones y recargos por parte de la Agencia Tributaria.

Los gastos deducibles son los gastos que la empresa realiza para desarrollar su actividad y que Hacienda permite contabilizar en las declaraciones del IVA y de Impuesto sobre Sociedades (IS). Los requisitos que deben cumplir los gastos para tener la consideración fiscal de deducibles son:

- Que estén vinculados a la actividad económica desarrollada, esto es, que sean necesarios y exclusivos de la propia actividad.

- Que se encuentren justificados, es decir, debemos de conservar la factura o el ticket.

- Que se hallen registrados en la contabilidad o en los libros registro que con carácter obligatorio deben llevar las sociedades que desarrolla la actividad económica.

 CONSEJO DEL EXPERTO

"Para que sea deducible, un gasto tiene que ser necesario y con afectación exclusiva a la actividad de forma obvia. Si te genera dudas, seguramente no lo será y, ante la duda, Hacienda siempre barre para casa."

María José - Asesor contable en DAEM

Debemos de diferenciar la deducibilidad en IS, que afectará al cálculo del rendimiento neto sobre el que calcularemos el IS a pagar, de la deducibilidad de IVA, que nos afectará a la declaración de IVA en el periodo en el que tengamos el gasto como mayor IVA soportado.

PARTE V: El papel de Hacienda en tu aventura empresarial

Dentro de los gastos deducibles podemos destacar los siguientes:

Consumos de explotación

Compras de mercaderías, materias primas y demás adquisiciones corrientes de bienes efectuadas a terceros, consumidas en el ejercicio fiscal.

Ejemplo para un despacho de abogados: material de oficina como papel o cartuchos de impresora.

Sueldos y salarios

Retribuciones a los empleados por sueldos, pagas extraordinarias, dietas y asignaciones por gastos de viaje, retribuciones en especie (incluido el ingreso a cuenta siempre que no se haya repercutido a los perceptores). Incluido nuestro salario (si tuviéramos asignado uno).

Ejemplo para un despacho de abogados: salario bruto de un ayudante.

Seguridad Social a cargo de la empresa

La Seguridad Social a cargo de la empresa.

Ejemplo para un despacho de abogados: seguridad social a cargo de la empresa de un ayudante.

 CONSEJO DEL EXPERTO

"Es primordial separar bien la operativa de la empresa de las finanzas personales, aunque se trate de una sociedad unipersonal."

Sergi Cornejo - Asesor en DAEM

Arrendamientos y cánones

Gastos originados por el alquiler de bienes muebles o inmuebles, así como las cantidades satisfechas por el derecho de uso de patentes, marcas y demás manifestaciones de la propiedad industrial.

Ejemplo para un despacho de abogados: la factura de alquiler de la oficina donde desarrolla su actividad.

Suministros

Abastecimientos cuyo consumo y facturación es efectuada a partir de los datos suministrados por contadores (agua, electricidad, gas, etc.) o compañías de telecomunicaciones (teléfono fijo, móvil, wifi, etc.).

El caso del teléfono móvil conlleva bastante controversia. El móvil corporativo que contemple uso laboral y personal será gasto para la empresa y retribución en especie para el trabajador, al menos en parte.

Ejemplo para un despacho de abogados: los recibos de agua, luz, electricidad y teléfono fijo de la oficina.

Reparaciones y conservación

Gastos para el sostenimiento del inmovilizado, no incluyéndose los de ampliación y mejora (que se consideran inversiones amortizables).

Se entiende por reparación el proceso por el que se vuelve a poner en condiciones de funcionamiento un elemento del inmovilizado. Por su parte, la conservación tiene por objeto mantener el activo en buenas condiciones de funcionamiento, manteniendo su capacidad productiva.

Ejemplo para un despacho de abogados: reparación de un ordenador.

Servicios de profesionales independientes

Importe que se satisface a los profesionales por los servicios prestados a la empresa.

Comprende los honorarios de economistas, abogados, auditores, notarios, especialistas informáticos, así como las comisiones de agentes mediadores independientes.

Ejemplo en un despacho de abogados: gestoría que le prepara las declaraciones de impuestos.

Marketing y publicidad

Todo lo que se invierta en marketing y publicidad para que el negocio crezca puede ser contabilizado como gasto deducible: anuncios en Google, folletos, catálogos, etc.

Ejemplo en un despacho de abogados: anuncios en Google AdWords para promocionar sus servicios.

Gastos de representación

Este es de los puntos que mayor controversia genera. Se consideran gastos de atención a clientes y proveedores y los regalos que se entregan en nombre del negocio (por ejemplo, camisetas, bolígrafos o calendarios corporativos).

Estos gastos son deducibles, pero solo pueden sumar un máximo del 1% de la facturación del negocio.

Ejemplo en un despacho de abogados: regalo de bolígrafos personalizados a clientes.

Dietas y alojamientos

El concepto de las dietas es otro de los puntos que más problemas y controversia genera, éstos incluyen las consumiciones realizadas en hoteles, bares, restaurantes y estaciones de servicio.

Son gastos muy habituales y resulta difícil distinguirlos de un gasto personal. Por ejemplo, resulta difícil distinguir entre una cena de trabajo con una cena entre amigos. Por este motivo, Hacienda los controla constantemente.

Para evitar problemas y que no haya duda de que son gastos deducibles legítimos, puedes aplicar las siguientes claves que ayudarán en una posible comprobación:

- Paga con tarjeta de crédito asociada a una cuenta a nombre de la empresa en la que sólo registres tus gastos empresariales.

- Solicita factura a nombre de la empresa. En establecimientos de hostelería y restauración es habitual recibir facturas simplificadas, que son perfectamente válidas, pero solicita que la expidan a nombre de la empresa siempre que puedas. Si no fuera posible obtener la factura a tu nombre, conserva el ticket (factura simplificada).

- En el caso de dietas de trabajadores, incluirlo en la nómina del trabajador. Y tener presente que estará exento de IRPF los siguientes importes por trabajador desplazado: 26,67 euros al día si está en territorio español (54,34 euros al día en caso de pernoctación fuera de casa), 48,08 euros al día si se desplaza al extranjero (91,35 euros al día en caso de pernoctación fuera de casa).

- En el caso de gastos de alojamiento en hoteles y apartamentos turísticos, aunque no exista un importe específico marcado por Hacienda, busca la coherencia entre ingresos y gastos y relaciona todos los gastos con sus ingresos correspondientes.

Ejemplo en un despacho de abogados: 25 euros (+IVA) de gastos de comidas y 90 euros (+IVA) de una noche de hotel de un desplazamiento nacional para visitar a un cliente a quien se le factura una minuta de 1.500 euros (+IVA).

Desplazamientos y viajes

Los desplazamientos en taxi o transporte público para acudir a una reunión o realizar visitas de trabajo, también son desgravables. Es importante para su debida justificación, como con el resto de conceptos, conservar siempre el ticket o factura.

Los gastos de viaje a otras ciudades, ya sea en coche, tren, autobús o avión también son deducibles, tanto del IVA como del IRPF.

Ejemplo para un despacho de abogados: billetes de tren de ida y vuelta para visitas a un cliente nacional.

Vehículo y kilometraje

Los gastos derivados de la compra o el uso de turismos, remolques, ciclomotores y motocicletas se consideran deducibles, tanto del IVA como del IRPF.

En estos casos, resulta muy difícil demostrar el grado de utilización personal frente al profesional por lo que, por norma general, se presume un 50% de deducción (salvo prueba en contrario), siempre y cuando se demuestre que se utiliza con fines profesionales y exista cierta proporcionalidad entre ingresos y la actividad desarrollada y los gastos del vehículo (un abogado que ingrese, por el ejercicio de su profesión, 2.000 euros de media al mes difícilmente podrá justificar la utilización de un vehículo de gama alta valorado en 70.000 euros).

No obstante, se presumen afectos a la actividad al 100% los casos de vehículos mixtos, autoescuela, vigilancia, y los utilizados por los fabricantes en ensayos o pruebas, así como los utilizados en los desplazamientos profesionales de los representantes y agentes comerciales.

En la misma proporción serán deducibles los bienes accesorios, peajes, combustibles, carburantes, lubricantes, servicios de aparcamiento, renovaciones y reparaciones de estos vehículos.

Ejemplo para un despacho de abogados: deducción del 50% de los gastos de renting de un turismo de gama media que utiliza tanto para fines personales como profesionales, así como el 50% de las reparaciones, aparcamientos y combustibles asociados. En este caso, se puede demostrar que se utiliza el vehículo para desplazamientos habituales de sus trabajadores para visitar clientes y a acudir a juzgados, de lo contrario no se podría deducir cantidad alguna.

Seguros

Todos los seguros relacionados con la actividad profesional como el seguro de responsabilidad civil y seguros materiales se consideran gastos deducibles.

En cuanto a los seguros de responsabilidad civil, serán deducibles al 100% siempre y cuando estén asociados a la actividad económica que desempeñe el empresario.

Ejemplo para un despacho de abogados: seguro de responsabilidad civil del negocio.

Gastos financieros

Los gastos de comisiones de tarjetas, cuentas o transferencias, o los intereses generados por préstamos y créditos también son deducibles, siempre y cuando tengan relación con la actividad empresarial.

Ejemplo para un despacho de abogados: intereses y comisiones bancarias generadas en la cuenta que tiene separada para el desarrollo de su actividad profesional.

Bienes de inversión y amortizaciones

En los bienes de inversión, es decir, aquellos que su disfrute se realizará durante más de un año, la deducción en el IS se hará en la medida en que se vayan a utilizar en el desarrollo de actividades empresariales o profesionales, o, lo que es lo mismo, en proporción a la afectación.

Son bienes de inversión aquellos que por su naturaleza o función estén normalmente destinados a ser utilizados por un periodo de tiempo superior a un año y cuyo valor de adquisición supere los 3.005,06 euros. Por ejemplo, maquinaria, equipos informáticos, mobiliario de oficina, etc.

Estos bienes tienen una vida útil y se van deteriorando con el tiempo, por lo que, en lugar de deducir directamente el gasto en el momento de su adquisición, se deduce poco a poco a lo largo de su vida útil, lo que se conoce como amortización fiscal del bien.

En estos casos, la amortización únicamente se aplica para la deducción en IRPF, no afecta al IVA que se trata un IVA soportado en una adquisición más.

Para conocer en detalle la vida útil y la amortización fiscal anual permitida por la Agencia Tributaria en función del tipo de bien, revisa la tabla en el Anexo VI.

Ejemplo para un despacho de abogados: 200 euros al mes de un ordenador portátil que compró hace dos años por un importe de 1.000 euros (más 210 euros de IVA). Se aplican 200 euros anuales de amortización durante 5 años en lugar de deducir directamente los 1.000 euros en el momento de la compra cuando sí se aplicó directamente el IVA soportado de 210 euros en la declaración de ese periodo.

> **CONSEJO DEL EXPERTO**
>
> *"Debemos tener especial cuidado en una serie de gastos que Hacienda controla continuamente y no suele permitir su deducibilidad (salvo que la actividad lo justifique) como son la compra de joyas y alhajas; vehículos de alta gama; alimentos, bebidas y tabaco; los espectáculos y servicios de carácter recreativo y los destinados a atenciones a clientes o terceras personas; así como los servicios de desplazamiento o viajes, hostelería y restauración salvo que estén justificados con los correspondientes ingresos"*
>
> ***Jordi Company - Asesor fiscal en DAEM***

Gastos no deducibles

Como gastos no deducibles más comunes se pueden indicar los siguientes:

- Multas, sanciones y recargos.

- Donativos y liberalidades. En todo caso, se aplicará la deducción en función del tipo de donación o liberalidad siempre mediante la justificación del certificado fiscal emitido por la entidad a la que se ha realizado la aportación.

- Pérdidas del juego.

- Gastos realizados con personas o entidades residentes en paraísos fiscales.

- IVA soportado que resulte deducible en la declaración de IVA.

PARTE V: El papel de Hacienda en tu aventura empresarial

Limitación de pagos en efectivo

Desde hace años, la Agencia Tributaria, en su lucha contra el fraude fiscal, controla nuestros ingresos y nuestros gastos.

En este sentido, desde el 11 de julio de 2021, existe limitación de pagos en efectivo a partir de una cuantía igual o superior a 1.000 euros (o su contravalor en moneda extranjera) por operación, siempre que alguna de las partes intervinientes en las operaciones actúe en calidad de empresario o profesional. En el caso de pagos entre particulares, el límite es de 2.500 euros, aunque previsiblemente no tardarán en aprobar medidas para reducirlo.

Por tanto, con nuestra empresa, no podremos realizar operaciones que involucren pagos o cobros en efectivos cuyo importe exceda de dicha cuantía, siempre que actuemos en el marco de la actividad económica.

No obstante, quedan excluidos o exceptuados de la limitación de los pagos en efectivo los siguientes casos:

- Pagos o ingresos realizados en entidades de crédito; y
- En caso de que el pagador sea una persona física no residente en España y que, además, no sea empresario o profesional, el límite de los pagos en efectivo se incrementará a 10.000 euros.

En este sentido, para el cálculo de las cuantías máximas citadas se sumarán los importes de todas las operaciones o pagos en que se hayan podido fraccionar las entregas de bienes o prestaciones de servicios.

Es importante remarcar que esta limitación se aplica a la operación, no al pago en efectivo en sí. Es decir, si tenemos que pagar una operación de 1.200 euros y pagamos en efectivo 300, estaríamos incumpliendo la norma.

El incumplimiento de las limitaciones a los pagos en efectivo es constitutivo de infracción administrativa, de la que responden de forma solidaria tanto el pagador como el receptor. La infracción será grave y la base de la sanción será la cuantía pagada en efectivo en las operaciones de importe igual o superior a 1.000 euros o 10.000 euros, o su contravalor en moneda extranjera, según se trate de uno u otro de los supuestos que se recogen en la normativa, siendo la sanción una multa del 25% de la base de la sanción.

Información facilitada por entidades bancarias a la Agencia Tributaria

La ley establece que los bancos deben informar sobre las siguientes operaciones referidas a ingresos, retiradas y traspasos, así como sobre las personas que las realizan:

- Transacciones con billetes de 500 euros, independientemente de la cuantía de la operación.

- Operaciones que superen los 10.000 euros.

- Pagos y cobros por más de 3.000 euros en metálico, independientemente de la forma de ingreso en la cuenta (ya sea por ventanilla o cajero automático).

- Préstamos y créditos por más de 6.000 euros.

La entidad financiera informará de las personas que llevan a cabo las operaciones, la cuantía y también el número de cuenta y sus titulares. Estos datos no sólo serán accesibles por la Hacienda española, sino que cualquier estado comunitario podrá cruzar la información que posee sobre residentes en el extranjero.

Además, las entidades financieras informan anualmente a la Agencia Tributaria el saldo medio y el saldo final de las cuentas bancarias (cualquiera que sea su saldo) a 31 de diciembre de cada ejercicio

Por último, Hacienda puede solicitar los movimientos de cuentas bancarias sobre las que recaigan sospechas en cuanto al origen del dinero o si sus movimientos son sospechosos.

Justificación de gastos

Para poder deducir todos estos gastos debemos de poder justificarlos y, la única manera posible, es mediante una factura.

La factura puede ser completa o simplificada, en cualquier caso, siempre tiene que incluir, como mínimo, los siguientes datos:

- Número de factura.
- Fecha de emisión de la factura.
- Datos del proveedor: nombre/razón social, DNI/NIF y domicilio fiscal.
- Descripción del bien o servicio adquirido.
- Precio del bien o servicio adquirido libre de impuestos (base imponible).
- Porcentaje de IVA aplicado.
- Porcentaje de retención de IRFF aplicado (si fuera el caso).

El problema radica cuando, por la razón que fuera, no se dispone de factura o la factura es incompleta (por ejemplo, cuotas mensuales de la seguridad social, cuotas de colegios profesionales, seguros, gastos de transporte, taxi, etc.) en cuyo caso deberemos de conservar, por lo menos, ticket o recibo que justifique el pago realizado.

En estos casos, podremos deducirnos el gasto a efectos de Impuesto sobre Sociedades, pero sin disponer de una factura a nuestro nombre, no podremos recuperar el IVA soportado que pasará a incrementar el gasto total deducible en Impuesto sobre Sociedades.

En resumen:

- **Gastos con factura (incluyendo nuestros datos fiscales):** podremos descontar el IVA de nuestros gastos para pagar menos en la declaración de IVA (modelo 303). También podremos contabilizar la base imponible del gasto (sin el IVA) para pagar menos IS en la declaración anual.

- **Gastos sin factura (con ticket):** podremos descontar el importe total (base imponible más IVA) en la declaración de IS, pero no incluiremos el IVA soportado en nuestra declaración de IVA.

PARTE VI: Las obligaciones contables y mercantiles

A diferencia de los autónomos, las sociedades mercantiles como la sociedad limitada tienen una serie de obligaciones adicionales en materia contable y mercantil.

En este sentido, encontramos, por un lado, la obligación de llevar una contabilidad ajustada al Código de Comercio. Por otro lado, encontramos una serie de obligaciones mercantiles pues será necesario presentar en el registro mercantil que corresponda al domicilio de la sociedad una serie de libros de contabilidad (el libro diario y el libro de inventarios y cuentas).

Además, tendrás que tener presente todos los derechos y obligaciones tanto de los socios de la sociedad como del órgano de administración.

32 Contabilidad diaria

Toda sociedad limitada debe llevar una contabilidad ordenada, ajustada al Código de Comercio, que permita el seguimiento cronológico de todas sus operaciones y la elaboración periódica de balances e inventarios.

La definición teórica de "contabilidad" dice que es el sistema de control y registro de los gastos e ingresos y demás operaciones económicas que se realizan en un negocio, empresa o entidad. Su objetivo es proporcionar información de confianza sobre los resultados de la sociedad. Asimismo, también sirve para facilitar la toma de decisiones empresariales.

Para elaborar la contabilidad de una empresa, debemos de acudir al Plan General de Contabilidad (PGC) que aporta homogeneidad a todas las contabilidades de todas las actividades empresariales en España. Este plan recoge una serie de criterios y pasos a seguir de forma obligada por la sociedad para presentar sus estados contables (cuenta de resultados, balance de situación y memoria) frente a terceros.

En resumen, la contabilidad nos sirve para tener toda la información bien organizada, saber de dónde vienen las entradas y salidas de dinero o capital de la empresa y sirve, a través de un criterio homogéneo, presentar la información a terceros.

Aunque este libro no pretende ser un libro didáctico para aprender a realizar la contabilidad de nuestra empresa (para ello existen una gran variedad de otros recursos a nuestro alcance), repasaremos las normas y principios básicos de la contabilidad que, como empresarios, debemos de tener muy presentes. Además, veremos cómo podemos utilizar la contabilidad más allá del mero cumplimiento normativo para apoyar el proceso de análisis y toma de decisiones empresariales.

PARTE VI: Las obligaciones contables y mercantiles

Normas básicas para evitar el fraude

En la lucha contra el fraude contable, existen una serie de normas básicas que debe cumplir la contabilidad de la empresa:

- Cualquier asiento o entrada contable debe ser continuada, es decir, no pueden existir saltos entre ellas.

- La contabilidad debe de ser completa y de estar basado en el tiempo en que ocurrió el movimiento a contabilizar.

- Debe de estar organizada de manera factual, es decir, basado en hechos y no en suposiciones.

- Es diaria. Eso no significa que se tenga que realizar todos los días, pero sí que debe contabilizarse cada movimiento de acuerdo al día en que se haya producido.

- No se puede eliminar ningún movimiento registrado.

- Tiene que estar legalmente archivada y organizada y no puede haber ningún asiento sin su correspondiente recibo, factura o documento.

Principios contables

Los principios contables son las normas esenciales sobre las que debe estar basada la contabilidad de la sociedad según el Plan General Contable (PGC):

- Empresa en funcionamiento:

    Se considerará, salvo prueba en contrario, que la gestión de la empresa continuará en un futuro previsible, por lo que la aplicación de los principios y criterios contables no tiene el propósito de determinar el valor del patrimonio neto a efectos de su transmisión global o parcial, ni el importe resultante en caso de liquidación.

- Devengo:

    Los efectos de las transacciones o hechos económicos se registrarán cuando ocurran, imputándose al ejercicio al que las cuentas anuales se refieran, los gastos y los ingresos que afecten al mismo, con independencia de la fecha de su pago o de su cobro.

Este principio es importante pues se puede dar el caso que tengamos un gran beneficio contable que no se vea reflejado en la tesorería.

- Uniformidad:

La legislación contable permite utilizar diferentes criterios para contabilizar las transacciones o hechos económicos. Este principio exige que estos criterios no se puedan modificar sin más, sino que se requiera realizar un análisis del impacto del cambio de criterio contable en la memoria anual de la empresa.

- Prudencia:

Las transacciones o hechos económicos deban ser contabilizados de forma prudente en caso de incertidumbre. Esto implica que no se puedan contabilizar beneficios futuros hasta que el negocio no se perfeccione de forma definitiva. Por otro lado, este principio también implica que los riesgos deben ser contabilizados ya sea en la memoria anual o en provisiones para futuras pérdidas.

- No compensación:

Salvo que una norma disponga de forma expresa lo contrario, no podrán compensarse las partidas del activo y del pasivo o las de gastos e ingresos, y se valorarán separadamente los elementos integrantes de las cuentas anuales.

- Importancia relativa:

Se admitirá la no aplicación estricta de algunos de los principios y criterios contables cuando la importancia relativa en términos cuantitativos o cualitativos de la variación que tal hecho produzca sea escasamente significativa y, en consecuencia, no altere la expresión de la imagen fiel. Las partidas o importes cuya importancia relativa sea escasamente significativa podrán aparecer agrupados con otros de similar naturaleza o función.

En los casos de conflicto entre principios contables, deberá prevalecer el que mejor conduzca a que las cuentas anuales expresen la imagen fiel del patrimonio, de la situación financiera y de los resultados de la empresa.

Cuenta de resultados

La cuenta de pérdidas y ganancias, también denominada cuenta de resultados, es un estado contable que recoge el resultado que una empresa ha obtenido durante un periodo de tiempo determinado. En él se reflejan las diferentes partidas de ingresos (ganancias) y gastos (pérdidas) derivadas de las operaciones realizadas por la empresa. La diferencia entre ingresos y gastos nos darán el resultado económico del ejercicio.

Los ingresos o beneficios son las operaciones cuyos resultados provocan un incremento del valor patrimonial de la empresa. Los gastos o pérdidas son las operaciones cuyos resultados provocan una disminución del valor patrimonial de la empresa.

La cuenta de resultados no sólo debe proporcionar información sobre el valor del resultado económico de la empresa, sino que también sobre las causas de este resultado.

Para conocer en detalle cómo se construye la cuenta de pérdidas y ganancias y qué cuentas contables lo componen, revisa el Anexo VII (Estados contables) y el Anexo XVIII (Cuadro de cuentas).

Balance de situación

El balance de situación es un estado contable que recoge el valor y la situación de los distintos elementos patrimoniales que componen la empresa, representado en una matriz. Se encuentra dividido en tres grandes bloques:

- **Activo** (lado izquierdo de la matriz): el conjunto de bienes y derechos con los que cuenta la empresa. Dentro del activo se pueden distinguir los activos corrientes o circulantes (saldos en cuentas bancarias, materias primas o stock de producto, etc.) y activos no corrientes (inmuebles, maquinaria, etc.).

- **Pasivo** (lado derecho de la matriz): el conjunto de fuentes de financiación, tanto propias como ajenas, que utiliza la empresa para financiar su activo. Dentro del pasivo se puede distinguir el pasivo corriente o circulante (deudas a corto plazo, deudas a empleados de nóminas, impuestos a pagar, etc.) y el pasivo no corriente (deudas a largo plazo).

- **Patrimonio neto** (lado derecho de la matriz): todos los elementos que constitución la financiación propia de la empresa (incluyendo las aportaciones de sus socios). La diferencia entre el activo y el pasivo nos da el patrimonio neto de la empresa. Dentro del patrimonio neto encontramos fundamentalmente los fondos propios (el dinero que aportan los socios más los beneficios que haya generado a lo largo de los años y no haya distribuido entre sus socios).

A diferencia de la cuenta de pérdidas y ganancias que recoge los resultados de la empresa durante un periodo de tiempo, el balance de situación nos indica la situación financiera de la compañía en un momento determinado, podríamos decir que el balance de situación es la fotografía de la empresa en un momento determinado de sus activos (lo que tengo) frente a sus pasivos y patrimonio neto (lo que debo).

 CONSEJO DEL EXPERTO

"El balance de situación permite analizar la salud financiera de la compañía. Para solicitar cualquier tipo de financiación bancaria nos van a solicitar el balance de situación de nuestra empresa. Incluso clientes y proveedores pueden llegar a solicitarlo para determinar la salud de sus colaboradores.

Por otro lado, es una herramienta muy útil para facilitar la toma de decisiones empresariales, anticipar potenciales problemas financieros y nos facilitará la interacción con terceros."

Carles Cornejo - Asesor en DAEM

Como veremos en el siguiente capítulo, existen diferentes modelos de balance, aunque, en este libro, nos centraremos en el de PYMES.

Para conocer en detalle cómo se construye el balance de situación y qué cuentas contables lo componen, revisa el revisa el Anexo VII (Estados contables) y el Anexo XVIII (Cuadro de cuentas).

Contabilidad de costes o analítica

Como hemos visto, la contabilidad nos puede servir como herramientas para la toma de decisiones empresariales, en una función que va mucho más allá del puro cumplimiento normativo.

En este sentido, encontramos la contabilidad de costes o la contabilidad analítica interna de la empresa.

La contabilidad de costes, también conocida como contabilidad analítica, es una técnica contable que tiene como finalidad crear un sistema de información que permita conocer cuál es el coste (y la rentabilidad) de los productos fabricados o de los servicios ofrecidos. Consiste en realizar una imputación razonable de costes directos e indirectos a los servicios o productos vendidos que permite conocer con mayor detalle el coste de producción de cada producto o servicio, poder calcular así su rentabilidad individualizada y facilitar la toma de decisiones de la dirección de la empresa.

Existen dos tipos de imputación de costes:

- **Imputación directa:** es el más sencillo de todos pues se identifica claramente el coste de compras de materias primas y servicios consumidos directamente imputables a la unidad de costes o centro concreto. Se trata de los costes directos, aquellos que pueden medirse y asignarse de forma inequívoca a un producto concreto o servicio (por ejemplo, en la fabricación de mascarillas sería el coste del tejido o el coste de las gomas de sujeción).

- **Imputación indirecta:** son la parte que razonablemente corresponda a los costes indirectamente imputables al producto o servicio. Se trata de los costes indirectos, afectados por diferentes procesos que no permiten una medición exacta viable de la cantidad consumida para la fabricación de cada producto o prestación de cada servicio (por ejemplo, alquiler de la fábrica donde, además de la producción de mascarillas, de producen otros componentes como pantallas sanitarias).

> ⚠️ **CONSEJO DEL EXPERTO**
>
> *"Si tienes más de una líneas o familia de productos y/o servicios, diferentes centros de producción o puntos de venta o trabajas por proyectos, te recomiendo que valores la posibilidad de implementar una contabilidad analítica.*
>
> *Ello te permitirá determinar qué puntos de ventas son más rentables (quizás tendrás que cerrar alguno…), qué proyectos están rentando más (quizás te darás cuenta a qué clientes debes cuidar más…), qué centros de producción están soportando la mayoría de costes de producción (quizás encontrarás un foco de problemas o punto dónde revisar con lupa todo el proceso y sus costes)."*
>
> **Carles Cornejo - Asesor en DAEM**

Ratios contables y financieros

Las ratios contables, también denominados ratios financieros, son una herramienta eficaz para conocer la situación de nuestra empresa. La evaluación y ajuste de estas ratios nos permite controlar las finanzas del negocio al detalle, gestionar la empresa y tomar decisiones acertadas.

Matemáticamente, un ratio financiero es la relación (o ratio) entre dos variables. Cada ratio tiene una interpretación y significado específico y la evolución de cada uno de ellos nos sirve, además, para detectar tendencias en el tiempo.

PARTE VI: Las obligaciones contables y mercantiles

Existen diversos tipos de ratios financieros, cada empresa debe adoptar los que se ajusten más a su sector o necesidades concretas. De manera genérica, diferenciamos cuatro tipos de ratios financieros:

- **Ratios de gestión o actividad:** los ratios de gestión o actividad sirven para detectar la efectividad y la eficiencia en la gestión de la empresa. Es decir, cómo funcionaron las políticas de gestión de la empresa relativas a las ventas al contado, las ventas totales, los cobros y la gestión de inventarios.

- **Ratios de rentabilidad:** los ratios de rentabilidad sirven para comparar los resultados de la empresa con distintas partidas del balance o de la cuenta de pérdidas y ganancias. Miden el nivel de eficiencia en la utilización de los activos de la empresa en relación a la gestión de sus operaciones.

- **Ratios de solvencia:** los ratios de solvencia informan acerca del nivel de endeudamiento de una empresa en relación a su patrimonio neto.

- **Ratios de liquidez:** los ratios de liquidez son índices que miden la capacidad de la empresa para afrontar los compromisos de pago a corto plazo. Son una herramienta que sirve para controlar la tesorería y ayuda a prever si se podrán atender a esos pagos con los recursos actuales

Para conocer en detalle los ratios más comunes en cada una de estas tipologías, así como la manera de calcularos e interpretarlos, revisa el Anexo IX.

Obligaciones de facturación

En cuanto a facturación deberemos de tener presente lo siguiente:

- Existen dos tipos de facturas: completas y simplificadas (que sustituyen a los antiguos "tickets").

- Es obligatorio entregar factura cuando el destinatario sea otra empresa/empresario o un profesional; en las entregas intracomunitarias y en las exportaciones. Además de a cualquier particular que lo solicite.

- Todas las facturas, tanto físicas como electrónicas, deben de conservarse garantizando siempre su autenticidad e integridad, por lo menos durante el periodo de prescripción (por lo general, 4 años).

- Deben contener una serie de información mínima, en función de si es completa o simplificada, que se dirán a continuación.

Las facturas completas, y sus copias, contendrán los datos que se citan a continuación:

- Indicar la palabra "Factura". Es obligatorio, por muy obvio que parezca, incluir de forma bien visible la palabra "Factura" en el documento. Principalmente sirve para diferenciarla de otros documentos como los presupuestos, albaranes o incluso otro tipo de factura (rectificativa, recapitulativa...).

- En facturas rectificativas, la referencia de la factura rectificada y del detalle de lo que se modifica.

- Número y serie. La numeración de las facturas emitidas dentro de cada serie será correlativa. Se podrán expedir facturas mediante series separadas cuando existan razones que lo justifiquen y, entre otros supuestos, cuando el obligado a su expedición cuente con varios establecimientos o se realicen operaciones de distinta naturaleza.

- Fecha de su expedición.

- Nombre y apellidos, razón o denominación social completa del expedidor y del destinatario de las operaciones.

- NIF y domicilio tanto del que emite la factura como de su destinatario.

- Descripción de las operaciones, con todos los datos necesarios para la determinación de la base imponible incluyendo el precio unitario, así como cualquier descuento o rebaja que no esté incluido en dicho precio unitario.

PARTE VI: Las obligaciones contables y mercantiles

- Los tipos impositivos aplicados a las operaciones y cuota tributaria que deberán consignarse por separado.

- La fecha en que se hayan efectuado las operaciones que se documentan o en la que, en su caso, se haya recibido el pago anticipado, siempre que se trate de una fecha distinta a la fecha de expedición de la factura.

- Información Registro Mercantil del emisor de la factura (solo en el caso de sociedades). Ejemplo: Inscrito en el Registro Mercantil de Barcelona: Tomo 5296620, Folio 293, Página B 396325, Inscripción 1.

- En el supuesto de que la operación que se documenta en una factura esté exenta del Impuesto, una referencia a las disposiciones correspondientes. Ejemplos: entrega intracomunitaria de bienes exenta de IVA de acuerdo con el artículo 25 de la Ley 37/1992 del IVA y exportación exenta de IVA de acuerdo con el artículo 21 de la Ley 37/1992 del IVA.

- Cuando el sujeto pasivo del Impuesto sea el adquirente o el destinatario de la operación, la mención "inversión del sujeto pasivo".

- En caso de aplicación de los siguientes regímenes especiales, la mención "régimen especial de las agencias de viajes", "régimen especial de los bienes usados", "régimen especial de los objetos de arte" o "régimen especial de las antigüedades y objetos de colección" o "régimen especial del criterio de caja".

- Cuando se incluyen varias operaciones en la misma factura debe especificarse por separado la parte de base imponible de cada una de ellas cuando se incluyan las siguientes operaciones: exentas y otras en las que no se dan dichas circunstancias, en las que el sujeto pasivo del IVA es su destinatario y otras en las que no se dan esta circunstancia o sujetas a diferentes tipos del IVA.

Por lo que refiere a las facturas simplificadas (los antiguos "Tickets"), contendrán los datos que se citan a continuación:

- Deberá aparecer el texto "Factura Simplificada".

- En facturas rectificativas, la referencia de la factura rectificada y del detalle de lo que se modifica.

- Numeración correlativa y, en su caso, serie de la factura.

- Fecha de expedición.

- Fecha de operación siempre que se trate de una distinta a la de la expedición de la factura simplificada.

- Número de Identificación Fiscal, nombre y apellidos, razón o denominación social completa del obligado a su expedición.

- Identificación del tipo de bienes o servicios entregados o prestados.

- Tipo de IVA aplicado.

- Especificación por separado del desglose de la base imponible y el IVA correspondiente en caso de que en una misma factura se hayan aplicado diferentes tipos de IVA.

- Contraprestación total.

Existen otros elementos que, aunque opcionales, recomendamos desde un punto de vista de agilidad administrativa:

- Forma de pago: efectivo, transferencia bancaria (indicar número de cuenta), pago con tarjeta, etc.

- Fecha de vencimiento: la ley (Ley de Morosidad 15/2010) establece que debería fijarse en un máximo de 60 días, aunque, por defecto suele ser 30 días o al contado. Es útil indicar la fecha exacta de vencimiento de cada factura y, en caso de tener que reclamar judicialmente su cobro, nos ayudará en el proceso judicial.

- Observaciones.

33 Libros contables y cuentas anuales

Prescindiendo de aquellos libros que pueden resultar exigidos por la normativa mercantil o fiscal que luego veremos (capítulos 31 y 32 respectivamente), desde un punto de vista puramente contable, se exige la llevanza de los siguientes libros:

- **Libro diario:** que registra, de forma cotidiana, todas las operaciones relativas a la contabilidad de la empresa de una forma diaria o cronológica (de ahí su nombre). Se elabora por cada ejercicio económico de la sociedad, normalmente coincide con el año natural. Se inicia con el registro de la situación inicial de la empresa (asiento de apertura), recoge las operaciones del año, y se cierra con un registro de la situación final del año (asiento de cierre).

- **Libro de inventarios y cuentas anuales:** recoge la situación inicial de la empresa, su evolución (al menos trimestral) mediante balances de sumas y saldos (muestra el balance de todas las cuentas de la empresa en un momento determinado), el inventario final de la empresa y, además, un conjunto de informes contables que se denominan "Cuentas Anuales". A continuación, entraremos en más detalle sobre las "Cuentas Anuales".

Una contabilidad ajustada al Código de Comercio y al Plan General Contable requiere que además de estos libros se lleve también un Libro Mayor, si bien este libro no es obligatorio legalizarlo puesto que recoge la misma información que el libro diario, pero en distinto formato.

Libros de inventarios y cuentas anuales

Las sociedades limitadas están obligadas a formular cuentas anuales al cierre de su ejercicio económico.

El Plan General de Contabilidad (PGC) establece cuatro tipos de modelos de Cuentas Anuales, según el mayor o menor grado de información que contienen y la dimensión de la empresa: ordinarias, abreviabas, PYME y microempresa.

En este libro nos centraremos en los dos últimos, cuyos límites para poder acogerse a ellos son:

- Modelo PYME: activo total menor o igual a 2.850.000 euros; cifra de negocios ("ventas") menor o igual a 5.700.000 euros y número de personas empleadas menor o igual a 50 empleados.

- Modelo microempresa: activo total menor o igual a 1.000.000 euros; cifra de negocios ("ventas") menor o igual a 2.000.000 euros y número de personas empleadas menor o igual a 10 empleados.

La principal ventaja en acogerse a estas modalidades es la simplificación de las cuentas y el hecho de no tener que presentar en estado adicional (estado de flujos de efectivo).

Las cuentas anuales deben de contener los siguientes documentos:

- El balance de situación.

- Cuenta de Pérdidas y ganancias.

- Memoria del ejercicio: explicación y detalle de los anteriores.

- Informe medioambiental.

- Documento informativo de acciones/participaciones propias.

- Declaración de titularidad real.

- Informe de auditoría (en caso de auditar), el informe de gestión, y el informe relativo a información no financiera.

Las sociedades obligadas a auditarse también incluirán el Estado de Flujos de Efectivo (solo estarán obligadas a formularlo aquellas empresas que deban presentar el balance en su modelo normal y, por tanto, quedan eximidas las empresas que puedan presentar el modelo abreviado).

PARTE VI: Las obligaciones contables y mercantiles

Cuentas consolidadas

En el caso de grupos de sociedades, toda sociedad dominante está obligada a formular las cuentas anuales y el informe de gestión consolidados, es decir, debe elaborar unas cuentas anuales únicas que engloben los datos de todo el grupo de sociedades, sintetizando en una visión única la situación patrimonial, económica y financiera correspondiente a las cuentas de diferentes empresas que están interrelacionadas.

El grupo de sociedades existe desde el momento en que una sociedad mercantil -la dominante ejerce el dominio sobre otra u otras sociedades -las dependientes. En particular, se presumirá que existe control en los siguientes casos:

- Cuando la sociedad dominante posee la mayoría de los derechos de voto sobre la dependiente, o

- Cuando la dominante detenta la facultad de nombrar o destituir a la mayoría de los miembros del órgano de administración de la dependiente, o

- Cuando la dominante puede disponer, en virtud de acuerdos celebrados con otros socios, de la mayoría de los derechos de voto sobre la dependiente, o

- Cuando la dominante haya nombrado, exclusivamente con sus votos, a la mayoría de los miembros del órgano de administración de la dependiente que desempeñen su cargo en el momento en que deban formularse las cuentas consolidadas y durante los dos ejercicios inmediatamente anteriores.

Existen algunas excepciones a esta regla general como en los casos en los que, la fecha de cierre del ejercicio de la sociedad obligada a consolidar, el conjunto de las sociedades del grupo pueda formular cuentas abreviadas.

Auditoría de cuentas

También puede ocurrir que las cuentas anuales de la sociedad deben estar verificadas por un auditor. Deberán someterse en todo caso a la auditoría de cuentas las empresas o entidades, cualquiera que sea su naturaleza jurídica, que durante dos ejercicios consecutivos superen al menos dos de los tres límites que indicamos a continuación:

- Total activo: 2.850.000 euros
- Importe Neto Cifra de Negocios: 5.700.000 euros
- Número medio de trabajadores: 50.

Aunque el criterio anteriormente expresado sea el más frecuente, existen otros supuestos de auditoría obligatoria, por ejemplo:

- Las sociedades que durante un ejercicio social hubiesen recibido subvenciones o ayudas con cargo a los presupuestos de las Administraciones Públicas o a fondos de la Unión Europea, por un importe total acumulado superior a 600.000€. Estas sociedades, deberán someter a auditoría las Cuentas Anuales correspondientes a dicho ejercicio y a los ejercicios en que se realicen las operaciones o ejecuten las Inversiones correspondientes a las citadas subvenciones o ayudas.

- Las sociedades que durante un ejercicio económico hubiesen realizado obras, gestión de servicios públicos, suministros, consultoría y asistencia y servicios a las Administraciones Públicas, por un importe total acumulado superior a 600.000€, y éste represente más del 50% del importe neto de su cifra anual de negocios. Estas sociedades deberán someter a auditoría las cuentas anuales de dicho ejercicio social y del siguiente.

Finalmente, algunas sociedades están obligadas a auditarse por razón de la actividad a la que se dedican como es el caso de:

- Las sociedades que emitan acciones cotizadas en bolsa.

PARTE VI: Las obligaciones contables y mercantiles

- Las sociedades que emitan obligaciones en oferta pública.

- Las sociedades que sean intermediarios financieros.

- Las sociedades que tengan actividad aseguradora dentro de los límites que reglamentariamente se establezcan.

En el caso de una empresa que no esté obligada a someter sus cuentas anuales a una auditoría de cuentas, y los socios consideren conveniente efectuar dicha revisión, éstos pueden solicitar al Registrador mercantil del domicilio social el nombramiento de un auditor, siempre que representen al menos un 5% del capital social y que no hayan transcurrido tres meses desde la fecha de cierre del ejercicio. Los honorarios del mismo irán a cargo de la sociedad. La solicitud será válida y la auditoría exigible exclusivamente para el ejercicio en cuestión.

Los grupos de sociedades que formulen cuentas anuales consolidadas están sometidos a auditoría obligatoria. La junta general de la sociedad dominante designará a los auditores de cuentas.

Adicionalmente, cualquier empresa puede ser auditada de forma voluntaria si así lo deciden sus órganos gestores, no existiendo ningún tipo de restricción a esta práctica en el ámbito de la Ley.

⚠ **CONSEJO DEL EXPERTO**

"Dentro de las gestiones de cierre contable y fiscal, incluya un punto más: la evaluación de si cumple con los límites de auditoría y por lo tanto, está obligado a auditarse.

Muchas veces, los administradores no se percatan de que tienen obligación legal de auditar la empresa hasta que reciben la notificación del Registro Mercantil indicándoles que no se puede proceder al depósito de las cuentas anuales porque, estando obligadas a auditarse, no acompañan el correspondiente informe de auditoría."

Sergi Cornejo - Asesor mercantil en DAEM

34 Libros mercantiles

Además de los libros de contabilidad cuya llevanza resulta obligatoria, las sociedades de responsabilidad limitada están obligadas a llevar un libro registro actas y un libro registro de socios.

Libro de Actas

En el libro de actas han de constar todos los acuerdos tomados por las juntas generales de la sociedad, tanto ordinarias como extraordinarias, así como los acuerdos tomados por los demás órganos colegiados de la misma (consejo de administración, etc.). La sociedad puede llevar un Libro de Actas para cada uno de estos órganos.

Las actas deben ser redactadas por el secretario y firmadas por el secretario y el presidente de la reunión. Se debe expresar los datos de la convocatoria, constitución del órgano colegiado, resumen de los asuntos debatidos, intervenciones de las que se haya solicitado constancia, acuerdos adoptados, resultados de las votaciones y modo de aprobación del acta.

Libro de Socios

En el libro registro de socios debe constar la titularidad originaria y las sucesivas transmisiones, tanto voluntarias como forzosas, de las participaciones sociales, así como la constitución de derechos reales y otros gravámenes sobre las mismas indicando la identidad y domicilio del titular de la participación y del derecho o gravamen.

Además, debemos tener en cuenta que para las sociedades de responsabilidad limitada unipersonal (SLU) al tener un único socio debe registrar los acuerdos con éste en el Libro de Contratos del Socio Único.

PARTE VI: Las obligaciones contables y mercantiles

> ⚠️ **CONSEJO DEL EXPERTO**
>
> *"No olvidar legalizar anualmente los libros de actas y, en caso de cambios durante el ejercicio, el de socios. Además, su llevanza debe ser obligatoriamente por medios electrónicos"*
>
> ***Sergi Cornejo - Asesor mercantil en DAEM***

Debemos de tener presente que:

- Los libros, correspondencia, documentación y justificantes concernientes a la sociedad, debidamente ordenados, deben conservarse durante un plazo de seis años, a partir del último asiento realizado en los libros.

- En caso de cese en la actividad, tendremos igualmente la obligación de conservar los libros y demás documentación de la empresa por el plazo mencionado de seis años.

- Si el empresario falleciera durante este periodo, esta obligación recaerá sobre sus herederos.

- En caso de disolución de sociedades, serán sus liquidadores los obligados a cumplir con el deber de conservar la documentación.

35 Libros fiscales

Además de los libros anteriores, las sociedades limitadas sujetas al Impuesto del Valor Añadido (IVA) deben llevar los siguientes libros:

- Libro registro de facturas expedidas / emitidas.
- Libro registro de facturas recibidas.
- Libro registro de bienes de inversión.
- Libro registro de operaciones intracomunitarias (en caso de haberlas).

En el registro de facturas (tanto emitidas como recibidas) se anotarán para cada una: el número y serie, la fecha de factura y de las operaciones, nombre del cliente o proveedor, la base imponible, el tipo impositivo y la cuota tributaria.

Las facturas emitidas deberán de ser correlativas en número (dentro de cada serie) y las recibidas se registrarán en el orden en que se hayan recibido, pero siempre dentro del periodo de liquidación que les corresponda.

Las operaciones intracomunitarias se deben registrar en el plazo de siete días a partir del inicio del transporte o expedición de los bienes o servicios que relacionan.

Adicionalmente a los libros registro, debemos de conservar durante el tiempo de prescripción (por lo general, cuatro años), en su formato original (se permite el formato electrónico), todas las facturas, copias, justificantes, recibos u otros documentos acreditativos. Todo ello con el fin de, en caso de ser requeridos, ponerlos a disposición de la Agencia Tributaria.

36 Legalización de libros y cuentas anuales

Desde 2013, todos los libros que obligatoriamente deben llevar los empresarios. Todos ellos deben de ser cumplimentados en formato electrónico.

Por lo general, a excepción de las cuentas anuales que tienen un tratamiento diferenciado que veremos, deberemos de legalizar estos libros telemáticamente en el Registro Mercantil correspondiente al domicilio social de la empresa antes de que transcurran los cuatro meses siguientes a la fecha de cierre del ejercicio. A efectos prácticos, si el ejercicio económico de nuestra empresa coincide con el año natural (como es el caso de la gran mayoría de PYMES), la fecha límite para legalizar los libros será el 30 de abril del año siguiente. Voluntariamente, se pueden legalizar libros de detalle de actas o grupo de actas de periodicidad inferior a la anual a los efectos de poder acreditar de forma fehaciente el hecho y la fecha de su legalización.

Para ello se puede utilizar cualquier programa informático que luego, para confeccionar los libros, se transforma en un pdf, word, etc., soportado por el programa LEGALIA del Registro Mercantil que se puede descargar en la WEB: www.registradores.org

 CONSEJO DEL EXPERTO

"Muchos empresarios subestiman la importancia de la legalización de los libros de contabilidad. No obstante, en el caso de inspección fiscal, se nos puede requerir el justificante de presentación.

No pases por alto esta obligación pues el no disponer de los libros de contabilidad debidamente legalizados puede acarrear sanciones tributarias o puede dificultar una posible venta de tu empresa a un tercero a futuro (pues se probablemente el comprador verificará el cumplimiento de la empresa con todas sus obligaciones)."

Jordi Company - Asesor fiscal en DAEM

Legalización de Cuentas Anuales

Pese a que la contabilidad de las empresas es confidencial, es algo que interesa, no solo a los socios, sino también a terceros, como trabajadores o proveedores. Por ello es necesario legalizar las cuentas anuales y depositarlas en el registro mercantil para que puedan ser accesibles por estos terceros.

- **Plazo de formulación de las cuentas anuales:** los administradores de la sociedad disponen de un plazo de tres meses desde la fecha de cierre del ejercicio para formular las cuentas anuales y, además, el informe de gestión y la propuesta de aplicación del resultado. Teniendo en cuenta que la fecha de cierre del ejercicio suele coincidir con el año natural, podemos decir que el plazo para la formulación de las cuentas anuales comprende los tres primeros meses del año, es decir, hasta el día 31 de marzo.

- **Aprobación de las cuentas anuales:** la junta general de socios (en el caso de las sociedades de responsabilidad limitada) o de accionistas (en el caso de las sociedades anónimas) debe de aprobar las cuentas anuales, en el plazo de seis meses desde la fecha de cierre del ejercicio. Por lo tanto, toda sociedad debe convocar junta general de socios o accionistas por lo menos una vez al año. Esta es la llamada junta general ordinaria, que debe celebrarse dentro de los primeros seis meses del ejercicio y sirve para aprobar las cuentas, censurar la gestión del administrador y resolver sobre la aplicación del resultado.

- **Depósito de cuentas:** se obliga a las sociedades mercantiles a depositar las cuentas anuales en el Registro Mercantil del domicilio social en un plazo de 30 días desde su aprobación.

El depósito de las cuentas anuales comprende la presentación de los siguientes documentos:

- Solicitud firmada por el presentante.
- Certificación del acuerdo de aprobación de las cuentas por parte de la junta general.

PARTE VI: Las obligaciones contables y mercantiles

- Un ejemplar de las cuentas anuales.

- Un ejemplar del informe de gestión, en los casos en que sea necesario.

- Un ejemplar del informe de los auditores de cuentas si la sociedad está obligada a ello según luego veremos.

- Un ejemplar del documento relativo a los negocios sobre acciones propias cuando la sociedad esté obligada a formularlo.

Existen diferentes formas para cumplir esta obligación que son, básicamente, el soporte papel o informático. Pueden presentarse de forma presencial, a través de correo o bien a través de procedimientos telemáticos.

 CONSEJO DEL EXPERTO

"El incumplimiento de la obligación de depositar en el Registro Mercantil las cuentas anuales, puede dar lugar a la imposición de una sanción a la sociedad por parte del Instituto de Contabilidad y Auditoría de Cuentas. Además, la falta de depósito conlleva el cierre del registro, es decir, no tendrán acceso al registro las escrituras referentes a la sociedad, con algunas excepciones contempladas expresamente por la Ley (P. e.: cese o dimisión de administradores, revocación de poderes y disolución de la sociedad)."

Sergi Cornejo - Asesor mercantil en DAEM

A modo resumen y, a efectos prácticos, si el ejercicio económico termina el 31 de diciembre:

- **31 de marzo:** plazo límite para que el órgano de administración formule las cuentas anuales (3 meses después del cierre del ejercicio económico).

- **30 de junio:** plazo límite para que la junta se accionistas apruebe las cuentas anuales formuladas por el órgano de administración (6 meses después del cierre del ejercicio económico).

- **30 de julio:** plazo límite para depositar las cuentas anuales en el Registro Mercantil que corresponda al domicilio social de la sociedad dentro de los primeros 30 días siguientes a su aprobación.

37 Derechos de los socios

En una sociedad limitada, la condición de socio integra un conjunto de derechos y obligaciones.

Las obligaciones se reducen, prácticamente, a una sola: efectuar el desembolso de las acciones que hayan suscrito. Por el contrario, los derechos son más numerosos y se suelen clasificar en tres grupos: derechos económicos, derechos políticos y derechos mixtos.

Derechos políticos

Los derechos políticos de los socios son todos aquellos no económicos que detallamos a continuación:

- **Derecho de asistencia a la junta general:** derecho de asistencia a la junta general ya sea personalmente o representado.

- **Derecho de información:** derecho, en los términos establecidos por la ley, a recibir información sobre la marcha de los asuntos sociales. Además, los socios que posean más de un 5% de participación en el capital social de la sociedad, tienen la facultad de inspeccionar la contabilidad societaria, por sí mismos o asistidos por un experto.

- **Derecho de voto:** toda participación social da derecho a la admisión de un voto.

    No obstante, aunque no es habitual en PYMEs, cabe tener presente que existe la posibilidad de emitir participaciones sin voto y participaciones de voto plural.

    Las sociedades limitadas pueden emitir participaciones sin derecho a voto, por un importe nominal no superior a la mitad del capital. A cambio de no tener derecho a voto, estos títulos dan derecho a un dividendo preferente. También tienen preferencia de cobro en los casos de reducción del capital por pérdidas y en los casos de liquidación de la sociedad.

PARTE VI: Las obligaciones contables y mercantiles

Asimismo, es válida la emisión de participaciones de voto plural. En cambio, no podrán emitirse acciones que de forma directa o indirecta alteren la proporcionalidad entre el valor nominal y el derecho de voto o el derecho de preferencia.

 CONSEJO DEL EXPERTO

"Existen ciertas excepciones al derecho a voto que debemos de tener presentes. El socio no podrá ejercer el derecho de voto correspondiente a sus participaciones cuando se trate de adoptar un acuerdo que:

- le autorice a transmitir participaciones de las que sea titular, que le excluya de la sociedad;

- le libere de una obligación o le conceda un derecho;

- la sociedad decida anticiparle fondos, concederle créditos o préstamos, prestar garantías en su favor o facilitarle asistencia financiera;

- siendo administrador, el acuerdo se refiera a la dispensa de la prohibición de competencia o al establecimiento con la sociedad de una relación de prestación de cualquier tipo de obras o servicios."

Sergi Cornejo - Asesor mercantil en DAEM

- **Derecho a impugnar acuerdos sociales:** derecho de todo accionista a solicitar que se declare la invalidez de los acuerdos adoptados por la junta general, debido a un defecto sustancial en su forma o contenido.

Podrán ser impugnados, según las normas y dentro de los plazos que establece la ley, los acuerdos de la junta que sean contrarios a la ley, se opongan a los estatutos o lesionen, en beneficio de uno o varios accionistas o terceros, los intereses de la sociedad.

En este sentido se distinguen dos tipos de nulidades. Los acuerdos nulos son aquellos contrarios a las normas imperativas de la ley. Los acuerdos anulables son aquellos que se opongan a los estatutos o lesionen, en beneficio de uno o varios accionistas o de terceros, los intereses de la sociedad.

La acción de impugnación de los acuerdos nulos caducará en el plazo de un año. La acción de impugnación de los acuerdos anulables caducará a los cuarenta días naturales.

Derechos económicos

El derecho económico por excelencia es el derecho al dividendo. El dividendo es la parte de beneficios obtenidos por la sociedad que la junta general acuerda repartir.

La existencia de beneficios no obliga a la junta a repartir dividendos. No obstante, una vez se ha acordado dicho reparto, el derecho del socio se concreta en un derecho de crédito concreto contra la sociedad.

El plazo máximo para el abono completo de los dividendos será de doce meses a partir de la fecha del acuerdo de la junta general para su distribución.

El derecho al dividendo prescribe a los cinco años contados desde el día en que pudo procederse al cobro.

 CONSEJO DEL EXPERTO

"El reparto de dividendos está sujeto a ciertos condicionamientos legales.

La sociedad únicamente podrá repartir dividendos cuando el patrimonio neto contable sea igual a la cifra de capital.

Además, es obligatorio destinar una parte de beneficios a reservas (la llamada reserva legal) y puede ser que los estatutos fijen la obligación de otras reservas (reservas voluntarias)."

Sergi Cornejo - Asesor mercantil en DAEM

En 2011 se introdujo una reforma parcial de la Ley de Sociedades de Capital en la que se establecía un derecho de separación del socio en caso de falta de distribución de un dividendo mínimo por las sociedades siempre que se cumplieran determinados requisitos.

PARTE VI: Las obligaciones contables y mercantiles

Existe, desde 2021¹, un derecho otorgado a los socios en caso de falta de distribución de un dividendo mínimo por las sociedades siempre que se cumplieran determinados requisitos, con lo que se pretende incrementar la protección de las minorías en las sociedades de capital.

El derecho de separación por no reparto de dividendos establece que, a partir del quinto ejercicio a contar desde la inscripción en el Registro Mercantil de la sociedad, el socio que hubiera votado a favor de la distribución de los beneficios sociales tendrá derecho de separación en el caso de que la junta general no acuerde la distribución como dividendo de, al menos, un tercio de los beneficios obtenidos durante el ejercicio anterior, que sean legalmente repartibles.

El plazo para el ejercicio del derecho de separación será de un mes a contar desde la fecha en que se hubiera celebrado la junta general ordinaria de socios.

El propósito de este derecho es evitar que este derecho económico se vulnere si, año tras año, la junta general, a pesar de existir beneficios, acuerda no repartirlos.

> **CONSEJO DEL EXPERTO**
>
> *"Debemos de tener presente el derecho de separación en caso de no reparto en la redacción de estatutos sociales.*
>
> *En concreto, si el reparto de beneficios se regula en esos estatutos de forma contraria a lo establecido en el precepto. Es decir, se trata de un derecho que podrá ser renunciado o no ejercido por el socio minoritario cuando se dé el supuesto de hecho previsto en la norma, pero que, en ningún caso, dado el carácter esencial del derecho al dividendo, puede ser renunciado anticipadamente en los estatutos de la sociedad."*
>
> **Sergi Cornejo - Asesor mercantil en DAEM**

No obstante, lo anterior, cabe destacar las siguientes

- Se prevé expresamente la posibilidad de modificar o suprimir este derecho de separación por vía estatutaria, siendo necesario el consentimiento unánime de todos los socios, salvo que se reconozca el derecho de separación a los socios que no voten a favor del acuerdo de modificación estatutaria.

  Si no es excluido por pacto, transcurrido el quinto ejercicio contado desde la inscripción en el Registro Mercantil de la sociedad, el socio que hubiera hecho constar en el acta su protesta por la insuficiencia de los dividendos reconocidos tendrá derecho de separación en el caso de que la junta general no acordara la distribución como dividendo de, al menos, el 25% de los beneficios obtenidos durante el ejercicio anterior que sean legalmente distribuibles siempre que se hayan obtenido beneficios durante los 3 ejercicios anteriores.

- El derecho de separación no surgirá si el total de los dividendos distribuidos durante los últimos 5 años equivale, por lo menos, al 25% de los beneficios legalmente distribuibles registrados en dicho periodo. Todo ello, sin perjuicio del ejercicio de las acciones de impugnación de acuerdos sociales y de responsabilidad que pudieran corresponder.

- Para la supresión o modificación de la causa de separación a que se refiere el punto anterior, será necesario el consentimiento de todos los socios, salvo que se reconozca el derecho a separarse de la sociedad al socio que no hubiera votado a favor de tal acuerdo.

- Cuando la sociedad estuviere obligada a formular cuentas consolidadas, deberá reconocerse el mismo derecho de separación al socio de la dominante, si la junta general de la citada sociedad no acordara la distribución como dividendo de al menos el 25% de los resultados positivos consolidados atribuidos a la sociedad dominante del ejercicio anterior, siempre que sean legalmente distribuibles y, además, se hubieran obtenido resultados positivos consolidados atribuidos a la sociedad dominante durante los tres ejercicios anteriores.

- Además de los accionistas de sociedades cotizadas, tampoco podrán separarse por esta causa los socios de:

- o sociedades cuyas acciones se negocien en un sistema multilateral de negociación.
- o Sociedades en concurso de acreedores o en situación "preconcursal" que hayan iniciado negociaciones con sus acreedores, comunicando este hecho al juzgado competente.
- o Sociedades que hayan alcanzado acuerdos de refinanciación irrescindibles según la legislación concursal y
- o Sociedades anónimas deportivas.

Por último, hay que señalar que la norma se ocupa de establecer expresamente que, aun cuando no procediese ejercitar el derecho de separación por falta de distribución o reparto insuficiente de dividendos, quedaría abierta la posibilidad de impugnar acuerdos sociales que impliquen atesorar injustificadamente beneficios repartibles, así como ejercitar las acciones de responsabilidad que pudieran corresponder.

Derecho mixto

Se conoce con este nombre al derecho de suscripción o asunción preferente, que es el derecho que corresponde al socio de suscribir acciones o participaciones que emita la sociedad, en casos de aumento de capital, para mantener siempre su participación en el mismo.

38 Obligaciones de los socios

Como avanzado en el capítulo anterior, la principal obligación del socio es la de desembolsar el precio de las acciones que ha suscrito.

La suscripción no es más que la compra de las acciones (o suscripción en el caso de constitución de la sociedad o ampliación de capital) y el desembolso equivaldría al pago del precio (o desembolso de las cantidades fijadas en la constitución de la sociedad o ampliación de capital).

> **CONSEJO DEL EXPERTO**
>
> *"En la sociedad de responsabilidad limitada, todas las participaciones deben estar suscritas y desembolsadas desde el primer momento. No cabe la posibilidad de dejar pendiente de desembolso las participaciones como sí es posible, con limitaciones, en el caso de las sociedades anónimas."*
>
> **Sergi Cornejo - Asesor mercantil en DAEM**

El desembolso de las acciones puede hacerse mediante aportaciones dinerarias o no dinerarias:

- **Aportaciones dinerarias:** donde el control de la aportación corresponde a una entidad bancaria que, como requisito previo a la constitución de la sociedad, debe emitir un certificado acreditativo del ingreso efectuado por los socios, en una cuenta corriente abierta a nombre de la empresa en constitución, del precio o valor de sus aportaciones.

  No obstante, desde 2018 no es necesario acreditar la realidad de las aportaciones dinerarias en la constitución de sociedades de responsabilidad limitada si los fundadores manifiestan en la escritura que responderán solidariamente frente a la sociedad y frente a los acreedores sociales de la realidad de las mismas.

- **Aportaciones no dinerarias**: en las sociedades limitadas, las aportaciones no dinerarias serán objeto de valoración por el propio

PARTE VI: Las obligaciones contables y mercantiles

aportante. No será necesario aportar un informe elaborado por uno o varios expertos independientes con competencia profesional, designados por el registrador mercantil del domicilio social, como sí ocurre con las sociedades anónimas.

> **CONSEJO DEL EXPERTO**
>
> *"Se debe de ser rigoroso en la valoración de las aportaciones no dinerarias, aún y cuando no sea necesario un informe de un experto independiente.*
>
> *Los fundadores, las personas que ostentaran la condición de socio en el momento de acordarse el aumento de capital y quienes adquieran alguna participación desembolsada mediante aportaciones no dinerarias, responderán solidariamente frente a la sociedad y frente a los acreedores sociales, de la realidad de dichas aportaciones y del valor que se les haya atribuido en la escritura."*
>
> **Sergi Cornejo - Asesor mercantil en DAEM**

Adicionalmente existe lo posibilidad de añadir otras obligaciones, sujetas a acuerdo en los estatutos o pacto de socios, a cierta clase de participaciones. Se trata de las denominadas prestaciones accesorias.

Estas prestaciones accesorias, típicamente se trata de obligaciones de hacer o no hacer. Por ejemplo: la asistencia técnica, la abstención de realizar determinadas actividades competidoras con el objeto social o, incluso, la de trabajar para la sociedad creando así una clase de acciones o participaciones reservadas a socios trabajadores.

39 Transmisión de la condición de socio

La participación en la sociedad limitada, es una parte alícuota del capital que confiere a su titular la condición de socio, así como el conjunto de derechos y obligaciones que se derivan de tal status y que hemos visto anteriormente.

No obstante, a diferencia de las acciones de las sociedades anónimas, la participación de la sociedad limitada no tiene el carácter de valor negociable y no puede ser incorporada a título alguno. Esta diferencia encuentra su origen en la propia naturaleza de la sociedad limitada, uno de cuyos elementos caracterizadores es la restricción a la libre transmisibilidad de las participaciones.

La sociedad anónima es, por su propio concepto, una sociedad abierta cuyo capital está dividido en acciones que son títulos valores, en principio, libremente transmisibles. Por el contrario, la sociedad limitada es una sociedad cerrada o familiar que siempre implica un control sobre la entrada o salida de los socios.

Como consecuencia de lo anterior, en las participaciones sociales, no cabe el endoso y cualquier transmisión debe ser efectuada en documento público, delante de notario o fedatario público, y registrada en el libro registro de socios.

40 Junta general de accionistas

El principal órgano de la sociedad es la junta general, que no es más que la reunión de todos los socios.

La Ley requiere que los socios se reúnan por lo menos una vez al año, necesariamente dentro de los seis primeros meses del ejercicio. Esta es la llamada junta general ordinaria que tiene por objeto aprobar cuentas, resolver sobre la aplicación del resultado y censurar la gestión de la sociedad. Cualquier otra junta distinta será extraordinaria.

Se conoce con el nombre de junta universal aquella junta que se celebra sin necesidad de haber sido convocada, puesto que a ella asisten todos los socios, que representan el 100% del capital, y todos, por unanimidad, deciden celebrar junta.

Sin embargo, la regla general es que la junta sea convocada. Existen, además, otros requisitos referidos a la celebración de la junta general que, en términos generales hacen referencia:

Convocatoria de la junta general

La junta general será convocada por los administradores y, en su caso, por los liquidadores de la sociedad.

Los administradores convocarán la junta general siempre que lo consideren necesario o conveniente para los intereses sociales, y en todo caso, en las fechas o periodos que determinen la ley y los estatutos.

Los administradores deberán convocar la junta general cuando lo soliciten uno o varios socios que representen, al menos, el cinco por ciento del capital social, expresando en la solicitud los asuntos a tratar. En este caso, la junta general deberá ser convocada para su celebración dentro de los dos meses siguientes a la fecha en que se hubiere requerido notarialmente a los administradores para convocarla, debiendo incluirse necesariamente en el orden del día los asuntos que hubiesen sido objeto de solicitud.

Si la junta general ordinaria o las juntas generales previstas en los estatutos o, en su caso, la junta que hubiera sido solicitada por la minoría, no fueran convocadas dentro del correspondiente plazo legal o estatutariamente establecido, podrá serlo, a solicitud de cualquier socio, por el juez de lo mercantil del domicilio social, y previa audiencia de los administradores.

El órgano de administración deberá convocar la junta general con una antelación mínima de 15 días con respecto a la fecha prevista para su celebración.

La junta general será convocada mediante anuncio publicado en la página web de la sociedad si ésta hubiera sido creada, inscrita y publicada en el Boletín Oficial del Registro Mercantil. Cuando la sociedad no hubiere acordado la creación de su página web o todavía no estuviera ésta debidamente inscrita y publicada, la convocatoria se publicará en el "Boletín Oficial del Registro Mercantil" y en uno de los diarios de mayor circulación en la provincia en que esté situado el domicilio social. En sustitución de esta forma de convocatoria, los estatutos podrán establecer que la convocatoria se realice por cualquier procedimiento de comunicación individual y escrita, que asegure la recepción del anuncio por todos los socios en el domicilio designado al efecto o en el que conste en la documentación de la sociedad. En el caso de socios que residan en el extranjero, los estatutos podrán prever que sólo serán individualmente convocados si hubieran designado un lugar del territorio nacional para notificaciones.

Celebración de la junta

Salvo disposición contraria de los estatutos, la junta general se celebrará en el término municipal donde la sociedad tenga su domicilio. Si en la convocatoria no figurase el lugar de celebración, se entenderá que la junta ha sido convocada para su celebración en el domicilio social.

La asistencia a la junta general puede ser personal o por medio de representación, siendo suficiente para acreditarla un escrito, sin necesidad de que sea en documento público, aunque debe ser especial para cada junta.

Además de los socios, a la junta general asistirán los administradores de la Sociedad. Los estatutos podrán autorizar u ordenar la asistencia de directores, gerentes, técnicos y demás personas que tengan interés en la buena marcha de los asuntos sociales. Por último, el presidente de la junta general podrá autorizar la asistencia de cualquier otra persona que juzgue conveniente. La junta, no obstante, podrá revocar dicha autorización.

Adopción de acuerdos

Como regla general, los acuerdos sociales se adoptan por mayoría de los votos válidamente emitidos, siempre que representen al menos un tercio de los votos correspondientes a las participaciones sociales en que se divida el capital social, sin computar los votos en blanco.

No obstante, existen dos limitaciones a esta mayoría:

- El aumento o la reducción del capital, y cualquier otra modificación de los estatutos sociales, requerirán el voto favorable de más de la mitad de los votos correspondientes a las participaciones en que se divida el capital social.

- La autorización a los administradores para que se dediquen, por cuenta propia o ajena, al mismo, análogo o complementario género de actividad que constituya el objeto social; la supresión o la limitación del derecho de preferencia en los aumentos del capital; la transformación, la fusión, la escisión, la cesión global de activo y pasivo y el traslado del domicilio al extranjero, y la exclusión de socios requerirán el voto favorable de, al menos, dos tercios de los votos correspondientes a las participaciones en que se divida el capital social.

> **CONSEJO DEL EXPERTO**
>
> *"Respetando lo que establece la ley en términos de mayorías, podemos regular algunos asuntos determinados en los estatutos exigiendo un porcentaje de votos favorables superior al establecido por la ley, sin llegar a la unanimidad.*
>
> *Los estatutos podrán exigir, además de la proporción de votos legal o estatutariamente establecida, el voto favorable de un determinado número de socios"*
>
> **Sergi Cornejo - Asesor mercantil en DAEM**

Acta de la junta

A nivel formal, todos los acuerdos sociales deberán constar en acta. El acta deberá ser aprobada por la propia junta al final de la reunión o, en su defecto, y en el plazo de quince días, por el presidente de la junta general y dos socios interventores, uno en representación de la mayoría y otro por la minoría.

> **CONSEJO DEL EXPERTO**
>
> *"En casos en los que existen discrepancias entre socios o entre socios y el órgano de administración de la sociedad, las juntas generales pueden requerir de la presencia de un notario.*
>
> *En este sentido, los administradores podrán requerir la presencia de notario para que levante acta de la junta general y estarán obligados a hacerlo siempre que, con cinco días de antelación al previsto para la celebración de la junta, lo soliciten socios que representen, al menos, el cinco por ciento del capital social (uno por ciento en el caso de sociedades anónimas). En este caso, los acuerdos sólo serán eficaces si constan en acta notarial."*
>
> **Sergi Cornejo - Asesor mercantil en DAEM**

41 Órgano de administración

Las sociedades, como las personas jurídicas, tienen reconocida capacidad jurídica y capacidad de obrar. No obstante, al tratarse de una ficción jurídica, es decir, al no ser personas de carne y hueso, necesitan de órganos para que actúen en su nombre y las representen.

A pesar de que el órgano deliberante, quien toma las decisiones, es la junta general, es necesario un órgano que las ejecute. Este órgano es el órgano de administración.

Los administradores son, pues, quienes representan a la sociedad y se encargan de su gestión. Esta representación abarca, en principio, todos los actos comprendidos en el objeto social delimitado en los estatutos. Por actos comprendidos en el objeto social debe entenderse todos aquellos ordenados al desarrollo y ejecución directa o indirecta de las actividades que lo integran.

 CONSEJO DEL EXPERTO

"Los poderes de los administradores también pueden limitarse por estatutos, aunque cuanto más limitados, más compleja será la operativa diaria de la empresa.

Otra cosa bien distinta es la potestad de que, además de la representación orgánica de los administradores, éstos pueden conferir voluntariamente, en nombre de la sociedad, a otra u otras personas físicas o jurídicas para la representación de la misma con una serie de limitaciones (o no).

Este tipo de poderes voluntarios suelen conferirse a personas que ocupan cargos directivos dentro de la sociedad como gerentes o directores generales."

Sergi Cornejo - Asesor mercantil en DAEM

Modos de organizar la administración de la sociedad

Existen diversos modos de organizar la administración de la sociedad:

- **Administrador único:** quien necesariamente tendrá el poder de representación de la sociedad.

- **Administradores mancomunados:** a quienes el poder de representación les corresponde conjuntamente y, en consecuencia, solo podrá ser ejercido con la concurrencia de la voluntad de ambos.

- **Administradores solidarios:** a quienes el poder de representación corresponde a cada uno de ellos, pudiendo ejercerlo indistintamente.

- **Consejo de administración:** que surgirá cuando la administración se confíe a tres o más personas. En este caso el poder de representación recae en el presidente del consejo. Asimismo, es posible que el consejo delegue facultades en un o más administradores como administradores solidarios.

Todo acuerdo que altere el modo de organizar la administración de la sociedad, constituya o no modificación de los estatutos sociales, se consignará en escritura pública y se inscribirá en el Registro Mercantil.

Capacidad para ser administrador

Salvo disposición contraria de los estatutos, para ser nombrado administrador no se requiero la condición de socio.

PARTE VI: Las obligaciones contables y mercantiles

> **CONSEJO DEL EXPERTO**
>
> *"Siempre deberá de haber una persona física detrás de la función de administrador a pesar de que el cargo de administrador puede recaer en una persona jurídica.*
>
> *En este caso, se designa a una sola persona natural para el ejercicio permanente de las funciones propias del cargo. La revocación de su representante por la persona jurídica administradora no producirá efecto en tanto no designe a la persona que le sustituya."*
>
> ***Sergi Cornejo - Asesor mercantil en DAEM***

No pueden ser administradores:

- los menores de edad no emancipados,
- los judicialmente incapacitados,
- las personas inhabilitadas conforme a la Ley Concursal mientras no haya concluido el período de inhabilitación fijado en la sentencia de calificación del concurso,
- los condenados por delitos contra la libertad, contra el patrimonio o contra el orden socioeconómico, contra la seguridad colectiva, contra la Administración de Justicia o por cualquier clase de falsedad, así como aquéllos que por razón de su cargo no puedan ejercer el comercio; ni
- los funcionarios al servicio de la Administración pública con funciones a su cargo que se relacionen con las actividades propias de las sociedades de que se trate, los jueces o magistrados y las demás personas afectadas por una incompatibilidad legal.

Nombramiento y aceptación del cargo

La competencia para el nombramiento de los administradores corresponde a la junta de socios sin más excepciones que las establecidas en la ley.

El nombramiento de los administradores surtirá efecto desde el momento de su aceptación, con independencia de su inscripción en el Registro Mercantil.

El cargo de administrador, una vez aceptado, se inscribirá en el Registro Mercantil haciendo constar la identidad de los nombrados y, en relación a los administradores que tengan atribuida la representación de la sociedad, si pueden actuar por sí solos o necesitan hacerlo conjuntamente.

Los administradores podrán ser separados de su cargo en cualquier momento por la junta general aun cuando la separación no conste en el orden del día.

42 Responsabilidades de los administradores

Son deberes de los administradores:

- Desempeñar el cargo con la diligencia de un ordenado empresario.

- Desempeñar el cargo como un representante leal en defensa del interés social, entendido como interés de la sociedad, y cumplirán los deberes impuestos por las leyes y los estatutos.

- No utilizar el nombre de la sociedad ni invocar su condición de administradores de la misma para la realización de operaciones por cuenta propia o de personas a ellos vinculadas.

- No realizar, en beneficio propio o de personas a él vinculadas, inversiones o cualesquiera operaciones ligadas a los bienes de la sociedad, de las que haya tenido conocimiento con ocasión del ejercicio del cargo, cuando la inversión o la operación hubiera sido ofrecida a la sociedad o la sociedad tuviera interés en ella, siempre que la sociedad no haya desestimado dicha inversión u operación sin mediar influencia del administrador.

- Comunicar al consejo de administración y, en su defecto, a los otros administradores o, en caso de administrador único, a la junta general cualquier situación de conflicto, directo o indirecto, que pudieran tener con el interés de la sociedad.

- No dedicarse, por cuenta propia o ajena, al mismo, análogo o complementario género de actividad que constituya el objeto social, salvo autorización expresa de la sociedad, mediante acuerdo de la junta general.

- Guardar secreto de las informaciones de carácter confidencial, aun después de cesar en sus funciones. Estando obligados a guardar reserva de las informaciones, datos, informes o antecedentes que conozcan como consecuencia del ejercicio del cargo, sin que las mismas puedan ser comunicadas a terceros o ser objeto de divulgación cuando pudiera tener consecuencias perjudiciales para el interés social.

> **CONSEJO DEL EXPERTO**
>
> *"Es importante cumplir con los deberes y obligaciones del cargo de administrador pues responderán, frente a la sociedad, frente a los socios y frente a los acreedores sociales, del daño que causen por actos u omisiones contrarios a la ley o a los estatutos o por los realizados incumpliendo los deberes inherentes al desempeño del cargo."*
>
> ***Sergi Cornejo - Asesor mercantil en DAEM***

Información contable y financiera

La contabilidad y las cuentas anuales deben redactarse con claridad y mostrar la imagen fiel del patrimonio, de la situación financiera y de los resultados de la empresa. De la situación patrimonial de la empresa pueden derivarse una serie de obligaciones para el administrador, especialmente en casos en los que la sociedad está descapitalizada o tiene pérdidas.

Descapitalización de la sociedad

La legislación mercantil marca unos parámetros para proteger a terceros que tengan intereses en la sociedad. De esta manera, si el patrimonio neto de la empresa es inferior a la mitad del capital social la sociedad incurre en causa de disolución.

En este caso, el órgano de administración está obligado a convocar junta general de la sociedad para adoptar las medidas necesarias.

La solución a este estado requiere que los fondos propios tengan de nuevo el valor que exige la Ley de Sociedades de Capital. Esto se consigue logrando la entrada de nuevos fondos en la sociedad. Generalmente, se puede hacer de dos maneras distintas:

- Con una ampliación del capital social. Esto implica asistir a notaría.

PARTE VI: Las obligaciones contables y mercantiles

- Con una aportación de los socios para sanear las pérdidas. Esto se puede articular mediante un préstamo participativo que puede otorgar cualquiera de los socios. La ventaja en este caso es que no es necesario acudir a notaría y podría devolverse en cualquier momento en cuanto la propia compañía generase esos recursos. No obstante, los préstamos participativos deben de cumplir una serie de requisitos formales (entre los que se encuentra una contraprestación en función de los resultados de la empresa).

En ambos casos, el objetivo es aumentar los fondos propios de la compañía. Alternativamente, si no podemos reequilibrar la situación patrimonial vía fondos propios, deberemos:

- Iniciar la vía concursal donde, si el deterioro de la solvencia no es muy agudo, podemos intentar alcanzar un Convenio de Acreedores que permita una salida ordenada de las deudas y la viabilidad de la empresa.

- En último término, si la situación es insostenible habrá que ir a liquidación siguiendo las normas concursales. Se pagan las deudas en el orden de prelación regulado hasta donde alcancen los activos.

En caso de no hacerlo, es decir si la junta general no adopta los acuerdos pertinentes para reestablecer el equilibrio entre el patrimonio y el capital social, los administradores, para evitar responsabilidades, tienen obligación de solicitar judicialmente la reducción del capital, la declaración del concurso o la disolución de la sociedad, según el caso.

> **CONSEJO DEL EXPERTO**
>
> *"Los administradores (o administrador) responderán solidariamente del cumplimiento de las obligaciones sociales posteriores al acaecimiento de la causa legal de disolución en caso de que no convoquen la junta general de la sociedad o no soliciten judicialmente la disolución judicial de la empresa, en los casos en los que la junta no haya acordado hacerlo, existiendo causa legal para ello, cuando el patrimonio de la sociedad sea inferior a la mitad del capital social.*
>
> *El plazo que tiene para ello, es decir, para convocar la junta o solicitar la disolución judicial, es de dos meses desde que son conocedores de etas circunstancias, típicamente desde la fecha de formulación de cuentas."*
>
> **Sergi Cornejo - *Asesor mercantil en DAEM***

Obligaciones en caso de insolvencia

En los casos de insolvencia, los administradores tienen la obligación de promover la declaración de concurso en el plazo de dos meses desde que hubieran conocido o debido conocer el estado de insolvencia.

Se entiende que se encuentra en situación de insolvencia, la sociedad que no puede cumplir regularmente con sus obligaciones corrientes. Son indicios de insolvencia, que permiten a los acreedores solicitar el concurso de su deudor:

- El sobreseimiento general en el pago corriente de las obligaciones del deudor.

- La existencia de embargos que afecten de una manera general al patrimonio del deudor.

- El alzamiento o la liquidación apresurada o ruinosa de sus bienes por el deudor.

- El incumplimiento generalizado de obligaciones tributarias, de pago de cuotas de la seguridad social o falta de pago de salarios y demás retribuciones derivadas de las relaciones de trabajo durante tres meses consecutivos.

PARTE VI: Las obligaciones contables y mercantiles

 CONSEJO DEL EXPERTO

"No cumplir con las obligaciones en caso de insolvencia complica mucho un concurso posterior de la sociedad pues conlleva la imposibilidad de presentar la propuesta anticipada de convenio en el concurso y, además, una presunción de dolo o culpa grave de cara a la calificación del concurso."

Sergi Cornejo - *Asesor mercantil en DAEM*

43 Obligaciones adicionales en caso de unipersonalidad

Como hemos visto anteriormente, las Sociedades Unipersonales son aquellas que en las que la totalidad de las participaciones pertenecen a un solo socio, sea persona natural (física) o jurídica (otra sociedad).

Dada esta peculiaridad, la protección de intereses de terceros y, muy especialmente, de los acreedores en estas situaciones de unipersonalidad, se establece un régimen de transparencia a fin de que la sociedad unipersonal se manifieste como tal en el tráfico, evitando confusiones a los terceros que se relacionen con ella:

- **Publicidad Registral:** la adquisición de la unipersonalidad, ya sea de forma originaria (constitución) o sobrevenida, la pérdida de la condición de sociedad unipersonal o los cambios de socio único, se deben hacer constar en el Registro Mercantil, en un plazo de seis meses desde la fecha en la que se produzcan dichas circunstancias, expresando la identidad del socio único.

  Para su inscripción es necesaria escritura pública que, en el caso de la unipersonalidad originaria, coincidirá con la de constitución. En los demás casos la escritura ha de ser otorgada por quienes tienen la facultad de elevar a públicos los acuerdos sociales.

  El socio único responderá de las deudas sociales si, pasados seis meses desde la adquisición por la sociedad del carácter unipersonal, tal circunstancia no ha sido inscrita en el Registro mercantil.

- **Documentación comercial:** en tanto subsista la situación de unipersonalidad la sociedad ha de hacer constar tal circunstancia en la documentación social y en los anuncios que la misma haya de publicar.

- **Libro registro de contratos celebrados entre el socio único y la sociedad unipersonal:** todos los contratos celebrados entre la sociedad y el socio único deberán hacerse constar por escrito y transcribirse en un libro registro especial, que debe ser legalizado antes de su utilización

PARTE VI: Las obligaciones contables y mercantiles

conforme a lo dispuesto para los Libros de Actas, y cumplimentado con claridad, por orden de fechas, sin espacios en blanco, interpolaciones, tachaduras o raspaduras. Además, estos contratos se deben mencionar en la memoria anual.

La falta de trascripción en el libro registro y de referencia en la memoria anual de dichos contratos, traerá como consecuencia que los mismos no sean oponibles a la masa en caso de insolvencia provisional o definitiva de la sociedad.

PARTE VII: La Seguridad Social del autónomo societario

¡Pide tus bonificaciones a la Seguridad Social!

Una vez te has familiarizado con el régimen fiscal al que te vas a enfrentar, es momento de conocer en detalle las claves de la Seguridad Social para autónomos societarios pues, más allá de tus obligaciones, puedes beneficiarte de bonificaciones y reducciones en cuota, así como de las numerosas prestaciones que ofrece el sistema de Seguridad Social español.

La seguridad social es el sistema de protección que toda sociedad proporciona a sus ciudadanos para asegurar el acceso a la asistencia médica y garantizar la seguridad de ingresos en casos como jubilación, desempleo, enfermedad, invalidez, accidentes del trabajo, maternidad o pérdida del sostén de la familia (entre otras casuísticas). Todo ello estructurado como un "seguro" pues primero es necesario aportar al sistema (contribuir) para, en caso de ser necesario, recibir sus beneficios o prestaciones.

Es de vital importancia conocer bien cuáles son sus claves para poder, no solo cumplir con tus obligaciones y evitar sorpresas desagradables, sino también solicitar los beneficios que te puede ofrecer este sistema.

PARTE VII: La Seguridad Social del autónomo societario

44 Introducción a la Seguridad Social

El nivel contributivo del sistema español de la Seguridad Social se organiza en diversos regímenes, en los cuales se integran aquellas personas que, ejerciendo una actividad profesional, están incluidos en su campo de aplicación:

- **Régimen General (RGSS):** compuesto por los trabajadores por cuenta ajena. Es el caso más habitual pues se incluyen, por lo general, todas aquellas personas que trabajan por cuenta de otra.

- **Regímenes Especiales:** establecidos en aquellas actividades en que, por su naturaleza, sus peculiares condiciones de tiempo y lugar o por la índole de sus procesos productivos, se hiciere preciso separarlas del Régimen General para la adecuada aplicación de los beneficios de la Seguridad Social. Entre ellos, destaca el Régimen especial de los trabajadores por cuenta propia o autónomos (RETA), el Régimen especial de la Seguridad social de trabajadores del mar y el Régimen de empleados Públicos, civiles y militares.

En lo que respecta a las empresas con entidad jurídica propia (sociedades mercantiles) deben de encuadrar a sus socios y/o trabajadores en el régimen correspondiente:

- El autónomo titular y/o administrador de la sociedad típicamente se encuadra en el RETA (aunque con ciertas excepciones).

- En caso de contratar a trabajadores a su cargo, éstos se dan de alta en la Seguridad Social en el Régimen General.

Para más información al respecto del encuadramiento de los socios y/o administradores de las sociedades en la Seguridad Social, repasar el capítulo 19.

Además, las sociedades mercantiles deben de inscribirse como tales en la seguridad social por lo que se le asigna un Código de Cuenta de Cotización (CCC).

45 Régimen Especial de Trabajadores Autónomos (RETA)

La cotización en el Régimen de Autónomos tiene por finalidad proporcionar coberturas a los trabajadores autónomos como las que tienen los trabajadores asalariados por cuenta ajena en el Régimen General.

Variación de datos

Si alguno de los datos facilitados en el alta o afiliación cambia, por cualquier circunstancia, se deben de comunicar dentro del plazo de los 3 días naturales siguientes al cambio. Esta comunicación debe de hacerse en la misma Dirección Provincial o Administración de la Tesorería General en la se realizó la afiliación.

Los cambios más habituales son:

- **Solicitud de cambio de base de cotización:** se puede cambiar hasta cuatro veces al año la base de cotización dentro de los límites mínimo y máximo que les resulten aplicables en cada ejercicio. Para ello se debe de solicitar a la Tesorería General de la Seguridad Social, con las siguientes fechas efectivas:
    - 1 de abril, si la solicitud se formula entre el 1 de enero y el 31 de marzo.
    - 1 de julio, si la solicitud se formula entre el 1 de abril y el 30 de junio.
    - 1 de octubre, si la solicitud se formula entre el 1 de julio y el 30 de septiembre.
    - 1 de enero del año siguiente, si la solicitud se formula entre el 1 de octubre y el 31 de diciembre.
- **Solicitud de revalorización de base de cotización:** se puede solicitar que la base se incremente automáticamente en el mismo porcentaje en que se aumenta la base máxima de cotización. Aunque, en ningún caso, la base de cotización podrá ser superior al límite máximo que pudiera

afectar al autónomo en cuestión. Esta opción tiene su fecha de efectos, se haya solicitado de manera simultánea al alta o posteriormente, el día 1 de enero del año siguiente a la fecha de presentación de la solicitud.

La renuncia a esta revalorización podrá hacerse durante todo el año natural, con efectos a partir del día 1 de enero del año siguiente al de la solicitud.

Tipo de cotización

Las cantidades a ingresar a la Seguridad Social, llamadas cuotas, se calculan aplicando el tipo de cotización (o porcentaje) a la base de cotización.

El tipo general, para el ejercicio 2022, es del 30,60% que incluye:

Tipos de cotización RETA (% sobre bases) -2022	
Contingencias comunes (CC)	28,30%
Contingencias profesionales	1,3% (0,66% de Incapacidad Temporal o IT y 0,64% de incapacidad permanente, muerte y supervivencia o IMS)
Protección por cese de actividad	0,90%
Formación profesional	0,10%
TOTAL	**30,6%**
Deducción por pluriactividad	Reducción en la cuota por CC, aplicación del coeficiente 0,045% a la cuota por CC

A estos tipos hay que aplicar una serie de excepciones:

- **Pluriactividad:** los autónomos pueden ser, al mismo tiempo, trabajadores asalariados. Por ejemplo, si trabajamos como comercial en una empresa de la que no somos accionistas, compaginando con las funciones de administrador de nuestra propia empresa, estaremos cotizando tanto en el Régimen General (RGSS), por el empleo como comercial, como en el RETA, por el cargo de administrador de nuestra propia empresa.

La pluriactividad se define como la situación en la que un trabajador tiene varias actividades que dan lugar a un alta obligatoria en dos o más regímenes de la Seguridad Social.

En estos casos, tanto las cotizaciones efectuadas en el RETA como las aportaciones empresariales y las correspondientes al trabajador en el Régimen General, tendrán derecho al reintegro del 50% del exceso en que sus cotizaciones por contingencias comunes superen la cuantía la cuantía que se establezca a tal efecto por la Ley de Presupuestos Generales del Estado para cada ejercicio (13.822,60 euros para las cuotas abonadas durante el ejercicio 2021 y 14.057,40 euros para las de 2022) con un tope máximo que consiste en el 50% de las cuotas ingresadas por contingencias comunes en el régimen especial.

En tales supuestos, la Tesorería General de la Seguridad Social procederá, de oficio, a abonar el reintegro que en cada caso corresponda antes del 1 de mayo del ejercicio siguiente, salvo cuando concurran especialidades en la cotización que impidan efectuarlo en ese plazo o resulte necesaria la aportación de datos por parte del interesado, en cuyo caso el reintegro se realizará con posterioridad a esa fecha.

- **Mayores de 65 años con 38 años y 6 meses cotizados (o 67 años y 37 años cotizados):** sólo cotizaran por contingencias profesionales.

- **Trabajadores que compatibilicen el trabajo con la pensión de jubilación:** cotizarán por IT (3,30%) y contingencias profesionales (0,90%) más una cuota de solidaridad del 8%.

Además, existen una serie de bonificaciones para casuísticas especiales:

- Autónomos que causan alta inicial en el RETA (o no hubieran estado dados de alta en los dos años anteriores). Denominada "Tarifa plana".

- Trabajadores menores de 30 años, o mujeres menores de 35 años, que causen alta inicial o no hubieran estado de alta en los 2 años inmediatamente anteriores en el RETA.

- Maternidad o paternidad, adopción, guarda con fines de adopción, acogimiento, riesgo durante el embarazo o durante la lactancia natural.
- Reincorporación en determinado supuestos.
- Conciliación de la vida personal y familiar vinculada a la contratación.
- Nuevas altas en el RETA de familiares colaboradores.
- Contratación de familiares en situación de desempleo.
- Trabajadores autónomos en las Ciudades de Ceuta y Melilla.

PARTE VII: La Seguridad Social del autónomo societario

Base de cotización

Por otro lado, los autónomos societarios dados de alta en el RETA pueden escoger su base de cotización entre la base mínima de 1.234,86 euros y la base máxima de 4.139,40 euros al mes, con las siguientes particularidades:

Bases de cotización RETA (euros/mes) - 2022			
General	Mínima		960,6
	Máxima		4.139,40
Autónomos que, a 1 de enero, tengan 48 o más años de edad	Mínima		1.035,9
	Máxima		2.113,2
Autónomos que, con anterioridad a los 50 años, hayan cotizado en cualquier régimen de la Seg. Social 5 o más años	Última base > 2.077,8	Mínima	960,6
		Máxima	Última base aumentada un 1,7% (tope de 4.139,40)
	Última base ≤ 2.077,8	Mínima	960,6
		Máxima	2.133,2
AUTONOMO SOCIETARIO **Autónomos que ejerzan funciones de dirección y gerencia (administrador o consejero) o presten servicios a una sociedad de capital que tengan el control.**	**Mínima**		**1.234,86**
	Máxima		**4.139,40**
Autónomos que hayan tenido contratados a ≥ 10 trabajadores por cuenta ajena (año anterior)	Mínima		1.234,86
	Máxima		Según edad y/o tiempo cotizado
Trabajadores que causen alta por primera vez RETA y con motivo de la misma inicien una situación de pluriactividad	Mínima	Tiempo completo	50% Base Mínima (18 meses iniciales)
			75% Base Mínima (18 meses siguientes)
		Tiempo parcial > 50%	75% Base Mínima (18 meses iniciales)
			85% Base Mínima (18 meses siguientes)
	Máxima		4.139,40
Autónomos de venta ambulante o a domicilio (CNAE 4781, 4782 y 4789)	Mínima		884,1 o 960,6 A escoger
	Máxima		4.139,40
Autónomos de venta a domicilio (CNAE 4799) o en mercadillos de menos de 8 horas al día	Mínima		528,3 o 960,6 A escoger
	Máxima		4.139,40

Habrá que estar atentos pues, a pesar de que en este ejercicio 2022 los autónomos todavía pueden escoger su base de cotización (en base a la tabla anterior), se está hablando de futuras reformas en las que se pretende vincular los ingresos con las cotizaciones.

Debemos de tener presente que las futuras prestaciones de la seguridad social (por ejemplo, la pensión de jubilación) dependerán directamente de esta base. Cuanto mayor sea la base, mayores prestaciones tendremos.

Una de las prestaciones que más relevancia tiene es la pensión de jubilación. Tenemos que tener presente que, a partir de 2022, se tendrán en cuenta las bases de cotización de los últimos 25 años para calcular la base reguladora de la pensión. Además, aunque no se haya aprobado todavía, diferentes expertos y políticos están hablando de ampliar este cómputo hasta los 35 años dentro de una hipotética nueva reforma de las pensiones.

> ⚠️ **CONSEJO DEL EXPERTO**
>
> *"Aunque seas aún muy joven para pensar en la jubilación, ten presente que las decisiones que tomes ahora pueden tener consecuencias en tu futura pensión de jubilación. Cada vez se alarga más el periodo por el cual se calcula la pensión, si en 2020 computaban los últimos 23 años, a partir de 2022 se calcula ya en base a los últimos 25 años.*
>
> *Por ello, y teniendo en cuenta la jubilación a los 67, a partir de los 42 años la base que escojamos tendrá impacto directo en nuestra jubilación. Además, cabe destacar que antes de cumplir los 48 años, se podrá optar por cotizar entre una base mínima de 960,60 euros y la máxima de 4.139,40 euros, quedando limitada dicha opción a partir de dicha edad en cuanto a la base de cotización máxima que vendría limitada a 2.113,20 euros. Consecuencia de esta limitación, nos podemos encontrar con que solo podremos optar al 51% de la pensión máxima de jubilación en el futuro. Todo ello sin tener en cuenta que lo más probable es que este periodo se amplíe en una futura reforma de las pensiones."*
>
> ***María Sánchez - Asesor laboral en DAEM***

PARTE VII: La Seguridad Social del autónomo societario

Cuota de cotización

Por último, el producto del tipo y la base de cotización nos dará la cuota que deberá de abonarse a la Seguridad Social. La cuota de cotización se abona dentro del mismo mes en que las devengamos (a diferencia de las cuotas del Régimen General que se abonan en el mes siguiente).

Por ejemplo, sin tener en cuenta bonificaciones ni limitaciones, en 2022, la cuota a pagar oscila entre el mínimo de 377,86 euros al mes (resultado de aplicar el 30,6% sobre la base de 1.234,86 euros) y el máximo de 1.266,66 euros al mes (resultado de aplicar el 30,6% sobre la base de 4.139,40 euros).

Otros aspectos sobre cotización a tener en cuenta

Existen ciertas peculiaridades en la cotización en ciertas actividades o según la contratación de trabajadores que repasamos a continuación por si pueden afectarte.

- **Contratación por cuenta ajena de hijos menores de 30 años:**

    Los autónomos societarios podrán contratar para la sociedad, como trabajadores por cuenta ajena en el Régimen General de la Seguridad Social, a los hijos menores de 30 años, aunque convivan con ellos.

    No obstante, será necesaria el alta en el Régimen de Autónomos (RETA) de aquellos familiares de los autónomos societarios que posean, al menos, la mitad del capital de la sociedad, con los que conviva, y a quienes se encuentre unido por vínculo conyugal o de parentesco por consanguinidad, afinidad o adopción, hasta el segundo grado.

- **Contratación por cuenta ajena de hijos discapacitados:**

    Se establece el mismo tratamiento que el caso anterior, a los hijos que, aun siendo mayores de 30 años, tengan especiales dificultades para su inserción laboral, que esté incluidos en alguno de los grupos siguientes:

- Personas con parálisis cerebral, personas con enfermedad mental o personas con discapacidad intelectual, con un grado de discapacidad reconocido igual o superior al 33%.
- Personas con discapacidad física o sensorial, con un grado de discapacidad reconocido igual o superior al 33% e inferior al 65%, siempre que causen alta por primera vez en el sistema de la Seguridad Social.
- Personas con discapacidad física o sensorial, con un grado de discapacidad reconocido igual o superior al 65%.

46 Bonificaciones y reducciones de cuota

Con respecto a la cotización del autónomo societario en el RETA, durante años el autónomo societario no podía beneficiarse de las bonificaciones a la cuota a las que tienen derecho los autónomos persona física.

Una de las bonificaciones que más controversia ha traído es la "Tarifa Plana" pues desde su creación y hasta 2020, Seguridad Social ha denegado a autónomos societarios los beneficios previstos bajo su criterio únicamente a autónomos personas físicas y no a personas jurídicas.

Sin embargo, las diferentes sentencias a favor del acceso del autónomo societario a la tarifa plana han terminado sentando jurisprudencia y tras el último fallo del Tribunal Supremo, Tesorería General de la Seguridad Social ha anunciado en septiembre de 2020 su cambio de criterio, a partir del cual los autónomos societarios ya pueden beneficiarse de la "Tarifa plana" en los términos que se dirán a continuación.

Tarifa plana

Bonificación y reducción de cuota para trabajadores por cuenta propia que causen alta inicial o que no hubieran estado de alta en los dos años inmediatamente anteriores en el Régimen Especial de Trabajadores Autónomos (RETA) que consiste en:

- Durante los primeros 12 meses:
    - Reducción de cuota: a 60,00 euros al mes por la cuota de contingencias comunes y profesionales, incluida la Incapacidad

Temporal (IT) en el caso de optar por la base mínima de cotización.

En caso de optar a una base diferente de la mínima, se aplica una reducción equivalente al 80% de la cuota (incluida la Incapacidad Temporal).

- o Duración: 12 meses inmediatamente siguientes a la fecha de efectos del alta.
- o Si la actividad se desarrolla en municipios de menos de 5.000 habitantes la reducción se aplicará durante 24 meses. No será de aplicación las reducciones y bonificaciones para los 12 meses posteriores al periodo inicial (las que siguen a continuación).

- Durante los 6 meses siguientes (mes 13 a 18):
  - o Reducción de cuota: reducción equivalente al 50% de la cuota (con independencia de la base de cotización e incluyendo la IT).
  - o Duración: 6 meses siguientes al periodo inicial de 12 meses.

- Durante los 3 meses siguientes (mes 19 a 21):
  - o Reducción de cuota: reducción equivalente al 30% de la cuota (con independencia de la base de cotización e incluyendo la IT).
  - o Duración: 3 meses siguientes al segundo periodo de 6 meses.

- Durante los 3 meses siguientes (mes 22 a 24):
  - o Bonificación de cuota: bonificación equivalente al 30% de la cuota (con independencia de la base de cotización e incluyendo la IT).
  - o Duración: 3 meses siguientes al tercer periodo de 3 meses.

Estas reducciones y/o bonificaciones se calcularán siempre sobre la base mínima y el tipo correspondiente de cotización vigente en cada momento en el Régimen Especial, o Sistema Especial en su caso, de trabajo por cuenta propia que corresponda.

No podrán beneficiarse de la tarifa plana:

- Autónomos que han estado previamente de alta en los últimos dos años (tres en caso de haber disfrutado de la bonificación previamente).

PARTE VII: La Seguridad Social del autónomo societario

- Autónomos colaboradores (régimen especial para familiares de los autónomos).
- Autónomos que tienen deudas pendientes con la Seguridad Social o con Hacienda.

 CONSEJO DEL EXPERTO

"La Seguridad Social no nos aplicará la tarifa plana (ni ninguna reducción o bonificación) sino la solicitamos. En el caso de la tarifa plana, debes de solicitarla en el momento de darte de alta en autónomos. Si lo haces con posterioridad al alta, te la denegarán"

María Sánchez - Asesor laboral en DAEM

EL CASO DE ANTONIO

Antonio constituyó una sociedad limitada unipersonal para explotar un negocio de peluquería. Confió en un amigo para constituir la sociedad, darse de alta en Hacienda y a su vez en el RETA. No obstante, por error, o por falta de comprensión en la comunicación de alta, no solicitó la bonificación correspondiente por ser la primera vez que se afiliaba en dicho régimen.

Pasaron los primeros meses cuando, viendo minorada su cuenta bancaria más de esperado, se dio cuenta de que la cuota mensual cargada todos los meses por la Seguridad Social ascendía a 293,94 euros, cuando tenía derecho a la aplicación de la tarifa plana de 60 euros al mes. Además, no se había dado de alta como autónomo societario en cuyo caso la cuota mínima (a excepción de la tarifa plana) es de 377,86 euros al mes.

Al realizar la reclamación correspondiente en TGSS, se la denegaron por estar fuera del plazo reglamentario. Además, le obligaron a abonar la diferencia de cuotas entre lo abonado (293,94 euros) y lo que le corresponde (377,86 euros) durante los meses que estuvo dado de alta antes de la regularización.

Además de las reducciones y bonificaciones previstas con carácter general (incluida la tarifa plana), los menores de 30 años (o menores de 35 años en caso de mujeres) tendrán una bonificación adicional que consiste en:

- Reducción de cuota: reducción del 30% sobre la cuota por contingencias comunes, incluida la incapacidad temporal (al igual que en la tarifa plana, la reducción se calculará sobre la base mínima independientemente de la base escogida por el trabajador).

- Duración: 12 meses siguientes a la finalización del periodo de bonificación previsto con carácter general.

Se aplicará esta bonificación adicional, aparte del requisito de edad, siempre y cuando se cause alta inicial o no se hubiera estado en situación de alta en los dos años inmediatamente anteriores, a contar desde la fecha de efectos del alta en el RETA.

En este supuesto la duración máxima de las reducciones y bonificaciones será de 36 meses (tarifa plana de 24 meses y 12 de reducción por edad) por lo que las cuotas para autónomos que cumplan estos requisitos quedaría de la siguiente manera (cotizando por la base mínima):

Primeros 12 meses	60,00 euros al mes (de elegir una base de cotización mayor a la mínima, 80% de reducción de la cuota)	60,00 euros al mes (ahorro de 233,94 euros)
Del mes 13 al 18	50% de reducción	146,97 euros al mes (ahorro de 146,97 euros)
Del mes 19 al 21	30% de reducción	205,76 euros al mes (ahorro de 88,18 euros)
Del mes 22 al 24	30 % de bonificación	205,76 euros al mes (ahorro de 88,18 euros)
Del mes 25 al 36	30 % de bonificación adicional Trabajadores por cuenta propia menores de 30 años, o menores de 35 años en el caso de mujeres.	205,76 euros al mes (ahorro de 88,18 euros)

PARTE VII: La Seguridad Social del autónomo societario

47 Prestaciones

La acción protectora del RETA tiene un funcionamiento parecido a la establecida en el Régimen General de la Seguridad Social.

Prestaciones en el RETA		Condiciones análogas a Régimen General
Asistencia sanitaria		SI
Incapacidad temporal		SI (con particularidades)
Incapacidad permanente		SI (con particularidades)
Riesgo durante el embarazo		SI (con particularidades)
Riesgo durante la lactancia		SI (con particularidades)
Nacimiento y cuidados del menor		SI (con particularidades)
Jubilación		SI (con particularidades)
Muerte y supervivencia	Auxilio por defunción	SI
	Viudedad	SI
	Prestación temporal de viudedad	SI
	Pensión de orfandad	SI
	Pensión vitalicia o, en su caso, subsidio temporal a favor de familiares	SI
	Muerte causada por accidente de trabajo o enfermedad	SI
Contingencias profesionales		SI (con particularidades)
Asistencia social		SI
Servicios sociales (serán las establecidas legalmente y en todo caso comprenderá las prestaciones en materia de reeducación, de rehabilitación de personas con discapacidad, de asistencia a la tercera edad y de recuperación profesional)		Según establecido por ley
Prestaciones familiares		SI (sólo en caso de modalidad no contributiva)
Cuidado de menores afectados por cáncer u otra enfermedad grave		SI
Cese de actividad profesional		SI (con particularidades)

Comprende las siguientes prestaciones: asistencia sanitaria, incapacidad temporal, incapacidad permanente, riesgo durante el embarazo, riesgo durante la lactancia natural, nacimiento y cuidados del menor, jubilación, muerte y supervivencia, contingencias profesionales, asistencia social y servicios sociales, prestaciones familiares, cuidado de niños con cáncer y otras enfermedades graves y la prestación por cese de la actividad.

En la gestión de las prestaciones juegan un papel muy relevante las Mutuas Colaboradoras de la Seguridad Social pues tiene la finalidad de colaborar con la Seguridad Social en este aspecto asistencial.

A continuación, nos centraremos en las más comunes (asistencia sanitaria, incapacidad temporal, incapacidad permanente, riesgo durante el embarazo, riesgo durante la lactancia natural, nacimiento y cuidados del menor, jubilación y cese de actividad).

La figura de las mutuas colaboradoras con la Seguridad Social

Las mutuas colaboradoras con la Seguridad Social son asociaciones privadas de empresarios, constituidas mediante autorización del Ministerio de Empleo y Seguridad Social, que tienen por finalidad colaborar en la gestión de la Seguridad Social, bajo la dirección y tutela del mismo, sin ánimo de lucro y asumiendo sus asociados responsabilidad mancomunada.

En España existen 19 mutuas colaboradoras y tienen por objeto el desarrollo de las siguientes actividades:

- La gestión de las prestaciones económicas y de la asistencia sanitaria, incluida la rehabilitación, comprendidas en la protección de las contingencias de accidentes de trabajo y enfermedades profesionales de la Seguridad Social, así como de las actividades de prevención de las mismas contingencias que dispensa la acción protectora.

- La gestión de la prestación económica por incapacidad temporal derivada de contingencias comunes.

- La gestión de las prestaciones por riesgo durante el embarazo y riesgo durante la lactancia natural.

- La gestión de las prestaciones económicas por cese en la actividad de los trabajadores por cuenta propia.

- La gestión de la prestación por cuidado de menores afectados por cáncer u otra enfermedad grave.

- Las demás actividades de la Seguridad Social que le sean atribuidas legalmente.

Forman parte del sector público estatal de carácter administrativo, de conformidad con la naturaleza pública de sus funciones y de los recursos económicos que gestiona, sin perjuicio de la naturaleza privada de la entidad.

Asistencia sanitaria

La Seguridad Social reconoce a autónomos las mismas prestaciones y condiciones que a los trabajadores adscritos al Régimen General de la Seguridad Social en materia de asistencia sanitaria.

Esta prestación consiste los servicios comunes del Sistema Nacional de Salud:

- Atención primaria.
- Atención especializada.
- Atención de urgencia.
- Prestaciones farmacéuticas.
- Prestaciones ortopédicas.
- Productos dietéticos.
- Transporte sanitario.

- Servicios de información y documentación sanitaria.
- Accidentes de trabajo y enfermedades profesionales.

Además, también se incluyen los servicios complementarios necesarios para completar las prestaciones médicas y farmacéuticas, en especial, la rehabilitación física precisa para conseguir la total recuperación profesional del autónomo.

Las personas que pueden acceder a esta prestación son:

- Trabajadores afiliados y en alta, pensionistas, perceptores de prestaciones periódicas de la Seguridad Social y desempleados que hayan agotado la prestación o el subsidio por desempleo.
- Familiares y asimilados dependientes de los anteriores.

Incapacidad temporal

La incapacidad temporal es la situación provocada por una enfermedad común o profesional o un accidente, sea o no de trabajo, que impide trabajar y requiere asistencia sanitaria.

Distinguimos dos tipos de incapacidad temporal:

- **Incapacidad temporal derivada de contingencias comunes:** aquellas situaciones que no derivan directamente del trabajo del autónomo, sino que son causadas por motivos de enfermedad común o por algún accidente no laboral.
- **Incapacidad temporal derivada de contingencias profesionales:** se tienen en cuenta las enfermedades profesionales o accidentes de trabajo. Por accidente de trabajo se entiende el ocurrido como consecuencia directa e inmediata del trabajo que realiza por su propia cuenta, incluyendo el sufrido al ir o volver del lugar de trabajo. Se entiende por enfermedad profesional aquella contraída a consecuencia del trabajo ejecutado.

PARTE VII: La Seguridad Social del autónomo societario

Con efectos desde el 1 de enero de 2019, tanto contingencias comunes como contingencias profesionales son obligatorias en la cotización en el RETA, anteriormente la cotización por contingencias profesionales era voluntaria.

La cuantía de la prestación se obtiene aplicando unos porcentajes a la base reguladora de la prestación.

La base reguladora de la prestación por Incapacidad Temporal (IT) será la que corresponda en función de la base de cotización que tenga en el mes anterior de la baja médica (se divide entre 30 la base del mes anterior a la baja) y será la utilizada durante todo el proceso, incluidas recaídas (salvo que se optara por una base inferior).

Los tipos aplicables dependerán del tipo de contingencia y de la duración de la baja:

- **En el caso de contingencias comunes y de carácter ordinario:**
    - Día 1 a día 3 desde la fecha de la baja médica (ambos inclusive): sin derecho a prestación.
    - Desde el día 4 al 20 de la baja (ambos inclusive): el 60%.
    - A partir del día 21 de la baja: el 75%.

- **En el caso de contingencias profesionales:**
    - Desde el día 1 de la baja médica: 75%. Siempre y cuando se haya optado por cotizar por la cobertura de contingencias profesionales (obligatorio desde 2019).

La duración del proceso de incapacidad temporal, al igual que ocurre en el Régimen General de la Seguridad Social, es de 365 días prorrogándose por períodos de 180 días en los casos que proceda (hasta un máximo de 730 días).

Cuando hayan transcurrido 545 días naturales (equivalente a 18 meses) se examinará necesariamente, en el plazo máximo de tres meses, el estado del incapacitado a efectos de su calificación, en el grado de incapacidad permanente que corresponda.

Será posible prorrogar la incapacidad temporal más allá de los 545 días naturales, en aquellos casos en los que existan expectativas de recuperación o mejora del estado del trabajador, con vistas a su reincorporación laboral, continuando el tratamiento médico. En ningún caso se podrán rebasar los 365 días naturales sumados los de incapacidad temporal, es decir, no se podrá rebasar una duración total de la incapacidad temporal de 730 días naturales (2 años).

Llegados al límite de 730 días, se dejará de percibir la prestación por incapacidad temporal y, en todo caso, se pasará a percibir la pensión por incapacidad permanente si así lo resuelve el INSS. En el siguiente capítulo puedes encontrar más información al respecto de la incapacidad permanente.

Cuando, estando de baja por incapacidad temporal con derecho a prestación económica, hayan transcurridos 60 días (segundo mes de baja) estará exento de pagar la cuota de cotización a la Seguridad Social (será la mutua o entidad gestora correspondiente quién se hará carga del pago de las cuotas por todas las contingencias).

El autónomo debe comunicar la baja a la Seguridad Social en un plazo de 15 días desde la fecha de baja.

La Dirección Provincial del Instituto Nacional de la Seguridad Social es la facultada para declarar la incapacidad temporal y la Dirección Provincial de la TGSS o la Mutua de Accidentes de Trabajo y Enfermedades Profesionales, en la que hubiese formalizado la cobertura de la prestación por estas circunstancias, serán los encargados del pago.

Cuando un autónomo está de baja por incapacidad temporal debe de realizar un seguimiento de su enfermedad regularmente tanto con el médico como con la mutua. Las mutuas colaboradoras, en su labor control y supervisión, pueden proponer altas (durante los primeros 365 días) al médico cuando consideren que el autónomo está capacitado para trabajar. Recibida la

PARTE VII: La Seguridad Social del autónomo societario

propuesta de alta, el médico tendrá cinco días para contestar y, de no cumplirse ese plazo, las mutuas podrán recurrir a la Inspección médica.

Además, si el servicio médico de salud cita al autónomo para una revisión y éste no se presenta, la mutua suspenderá la prestación para comprobar si hay una justificación para la falta a la revisión y, en caso de que hubiera justificación, levantaría la suspensión desde el mismo día en que se dictó.

> ⚠️ **CONSEJO DEL EXPERTO**
>
> *"Si vamos a cotizar por la base mínima, como la gran mayoría de autónomos, recomendamos contratar algún tipo de seguro privado que cubra los casos de baja laboral para evitar quedar desamparados económicamente."*
>
> **María Sánchez - *Asesor laboral en DAEM***

EL CASO DE ANDREA

Andrea es administradora y socia de una empresa dedicada al sector de la restauración obteniendo unos ingresos netos medios de 3.000 euros al mes cotizando por la base mínima para societarios (1.234,86 euros para 2022) abonando una cuota de 377,86 euros al mes a la Seguridad Social. El salario neto que le queda es de 2.622,16 euros, con los que debe de hacer frente a sus gastos personales (1.900 euros al mes) e hipoteca (500 euros al mes).

Un día, bajando unas escaleras, sufre una caída y se fractura el brazo por lo que solicita el pago directo por incapacidad temporal durante tres meses. Durante este periodo cobró de prestación: 728,6 euros el primer mes; 926,1 euros el segundo y tercero. No obstante, durante los dos primeros meses tubo que seguir abonando la cuota de autónomos de 377,87 euros por lo que le quedaron netos 350,70 euros el primer mes y 548,28 euros los otros meses, del todo insuficientes para hacer frente a sus gastos.

Los requisitos que debe cumplir el autónomo para acceder a la prestación son:

- Estar dado de alta o en situación asimilada al alta.

- Haber cotizado un mínimo de 180 días durante los últimos 5 años, salvo en caso de accidente y de enfermedad profesional que no se exige periodo previo de cotización.

- Estar al corriente de pago de las cuotas de autónomos. En caso contrario, se aplicará el procedimiento de invitación al pago (30 días para regularizar su situación).

- Cuando la trabajadora se encuentre en situación de riesgo durante el embarazo y, durante la misma, solicite la prestación por IT, no procederá el reconocimiento de ésta hasta la finalización de la situación de riesgo durante el embarazo, si reúne en este momento los requisitos necesarios para acceder a la IT.

Peculiaridades de la prestación por Incapacidad Temporal en caso de pluriactividad:

- Al estar dado de alta en dos regímenes diferentes, se tiene derecho a la prestación en cada uno de ellos, puesto que en ambos seguros estamos pagando las cotizaciones que cubren estas contingencias.

- No obstante, en estos casos de pluriactividad, es posible no cotizar en el RETA por ciertas coberturas si ya se están cotizando en el régimen general, es decir, las cotizaciones por Incapacidad Temporal serán obligatorias para los trabajadores autónomos dados de alta en el RETA, pero será opcional para los trabajadores que se encuentren en situación de pluriactividad, con derecho a la prestación en otro régimen.

- Entonces, si trabajas por cuenta ajena y te das de alta en el RETA, puedes optar por cotizar y entonces tener la cobertura por Incapacidad Temporal en el RETA o no hacerlo, puesto que, si sufres una baja, tanto por contingencias comunes como por contingencias profesionales, ya estarás cubierto por el régimen general en el que cotizas por tu otra actividad.

- En caso de abonar las cotizaciones en los dos regímenes, podrás solicitar la prestación en cada uno de ellos si cumples los requisitos. Por otro lado, si decides no cotizar por Incapacidad Temporal en el RETA, esto supondrá un ahorro de la cuota mensual, pero solo podrás cobrar la prestación por Incapacidad Temporal que corresponde a tu trabajo por cuenta ajena.

- Si se inicia un proceso de IT en ambas actividades, para poder acceder a la prestación, se deberán cumplir independientemente los requisitos cada uno de los regímenes. En caso contrario, si juntando las cotizaciones de ambos regímenes sí que se dispone de la carencia requerida, se podrá acceder a la prestación de IT de forma conjunta en ambos regímenes, juntando las cotizaciones de cada uno.

Incapacidad permanente

El tiempo máximo de cualquier baja por incapacidad temporal es, por regla general, de 18 meses.

Pasados los 18 meses de la Incapacidad Temporal, el equipo de valoración de incapacidades del Instituto Nacional de la Seguridad Social (INSS), es decir, el tribunal médico, valora al autónomo para determinar si ya puede recibir el alta médica o se trata de un problema de salud crónico que le impide desarrollar de forma normal su trabajo, por lo que le correspondería un subsidio por incapacidad permanente.

En todo caso, la decisión del INSS no podrá alargarse más allá de los 730 días de la duración total de la Incapacidad Temporal (IT).

> **CONSEJO DEL EXPERTO**
>
> *"Muchos autónomos desconocen la posibilidad de solicitar la incapacidad permanente pues es una situación extrema, además de resultar un trámite complejo y ello implicará una incompatibilidad con sus funciones dentro de la empresa.*
>
> *Muchos de ellos prefieren trabajar aun teniendo discapacidad. Recomendamos prever estas indeseables casuísticas cuando empezamos a trabajar por cuenta propia pues si las prestaciones de la seguridad social no son suficientes, siempre podemos completarlas con un seguro privado para estar tranquilos."*
>
> **María Sánchez - Asesor laboral en DAEM**

EL CASO DE RAFA

Rafa trabaja como albañil en su propia empresa de la construcción desde enero de 1990, siempre cotizando por la base mínima de autónomos societarios. Desde 2019, sufre una enfermedad grave que, después de diversas pruebas médicas, le conceden la incapacidad permanente total. Al cotizar por la base mínima, Rafa se hizo un seguro privado en 2015 para cubrir potenciales contingencias.

Gracias a este seguro privado, Rafa pudo complementar las prestaciones de la baja del RETA y le sirvieron para que, entre ambas prestaciones, siguiera manteniendo las mismas retribuciones dinerarias que si hubiera estado trabajado.

Una vez determinada la incapacidad permanente por parte del tribunal médico del (INSS), la prestación a la que tendrá derecho el autónomo dependerá del grado de incapacidad según el siguiente esquema:

- **Incapacidad permanente parcial para la profesión habitual:**
    - Disminución no inferior al 50% del rendimiento normal del trabajo para su profesión, sin imposibilitar que siga realizando tareas de la misma. Este punto difiere respecto a los trabajadores

en el Régimen General pues el umbral del grado de disminución se reduce al 33%.
- Prestación, a tanto alzado, de 24 mensualidades de la base reguladora, siempre y cuando la incapacidad sea consecuencia de contingencias profesionales.
- Base: la utilizada para el cálculo de la incapacidad temporal que precedió a la incapacidad permanente.
- En caso de contingencias comunes (enfermedad común o accidente no laboral) no da derecho a esta prestación.

- **Incapacidad permanente total para la profesión habitual:**
  - No puede realizar ninguna de sus labores habituales, pero sí se puede dedicar a otra actividad.
  - Pensión vitalicia del 55% de la base reguladora. Existe la posibilidad de incrementar esta cuantía en un 20% si tiene más de 55 años, si no realiza otra actividad retribuida o si no es titular de una explotación agraria, marítima o de un establecimiento. También puede solicitar ese aumento si en vez de una pensión vitalicia decide recibir 40 mensualidades de la base de cotización (salvo en el caso de haber cumplido los 60 años en cuyo caso se optará por la pensión vitalicia).

- **Incapacidad permanente absoluta:**
  - No puede dedicarse a su oficio ni a ningún otro con la dedicación y eficacia necesarias.
  - Retribución de por vida del 100% de la base reguladora.

- **Gran invalidez:**
  - Casos excepcionales y de gran gravedad, cuando el trabajador ha sufrido pérdidas anatómicas o funcionales y necesita la asistencia de otra persona para desarrollar su vida diaria.
  - Prestación del 100% de la base reguladora y un plus que oscila entre el 45% de la base mínima del régimen general y un 30% de la última base de la contingencia, es decir, de la cuota de

autónomo, que dio lugar a la incapacidad. Este sería un complemento para pagar a la persona que le debe asistir.

La base reguladora por incapacidad permanente varía en función de los diferentes tipos de incapacidad permanente y la contingencia de la que derivan (común o profesional).

Los requisitos que debe cumplir el autónomo para acceder a la prestación son:

- Estar dado de alta o en situación asimilada al alta.

- Estar al corriente de pago de las cuotas de autónomos. En caso contrario, se aplicará el procedimiento de invitación al pago (30 días para regularizar su situación).

- Acreditar el periodo de cotización que se exige para cada uno de los grados de incapacidad permanente, salvo en los casos en los que la incapacidad derive de contingencias profesionales (que no requerirá de carencia).

- No tener la edad prevista para acceder a la pensión de jubilación o, aun teniéndola, que no reúna los requisitos exigidos para acceder a la misma, siempre que la incapacidad derive de contingencias comunes.

Periodos de cotización exigidos para los diferentes grados de Incapacidad Permanente:

- Incapacidad permanente parcial para la profesión habitual:

  1.800 días en los diez últimos años cuando se deriva de una enfermedad común. En el resto de casos no se exige cotización previa.

- Incapacidad permanente total para la profesión habitual / Incapacidad permanente absoluta / Gran invalidez:

  Si la incapacidad permanente deriva de enfermedad común, el periodo de cotización exigido será:

    o Si se tienen cumplidos 31 años, la cuarta parte del tiempo transcurrido entre la fecha en la que hayan cumplido los 20 años y la fecha del hecho causante, con un mínimo de 5 años. Además, la quinta parte del período de cotización deberá estar comprendida dentro de los 10 años inmediatamente anteriores al hecho causante.

o Si se tiene menos de 31 años, la tercera parte del tiempo transcurrido entre la fecha en la que se hayan cumplido los 16 años y la fecha del hecho causante de la pensión, sin exigencia de periodo de carencia especifico.

- En caso de que la incapacidad permanente derive de accidente laboral, enfermedad profesional o accidente no laboral, no se exige periodo mínimo de cotización.

Peculiaridades de las prestaciones por Incapacidad Permanente en casos de pluriactividad:

- Para poder tener prestación por incapacidad permanente en los dos regímenes (RETA y RGSS), las cotizaciones a los diferentes regímenes se deben superponer, al menos, durante 15 años. Para los casos en los que no se llegue a los requisitos en ningún régimen, las bases acumuladas en los diferentes regímenes podrán sumarse para el acceso a la prestación en uno de ellos.

 CONSEJO DEL EXPERTO

"Si tenemos trabajadores a nuestro cargo y solicitamos la incapacidad permanente total para nuestra profesión habitual es posible que el INSS (Instituto Nacional de la Seguridad Social) o los tribunales competentes nos la denieguen al entender que realizamos labores de dirección, gestión o administración del negocio."

María Sánchez - *Asesor laboral en DAEM*

EL CASO DE ROBERTO

Roberto tiene una empresa de servicios de albañilería con 5 trabajadores. Debido a un accidente en la obra, perdió una pierna y solicitó la incapacidad total para la profesión habitual. No obstante, se la denegaron aludiendo que podía ejercer funciones de dirección.

No obstante, después aportar las pruebas oportunas para informar que efectivamente sí que realizaba tareas de albañilería y las funciones de dirección eran inexistentes, ganamos el recurso por lo que le dieron la invalidez permanente total para su profesión habitual.

Roberto pudo demostrar que efectivamente realizaba tareas de albañilería, pero, en otros casos, se puede terminar fallando que el empresario puede realizar labores de dirección por lo que no estaría incapacitado totalmente para su profesión habitual.

Riesgo durante el embarazo

Prestación que ofrece cobertura a aquellas trabajadoras autónomas embarazadas que hayan visto interrumpida su actividad profesional por riesgo de que influya negativamente en su salud o en la del feto, contando con el correspondiente informe certificado del Servicio Público de Salud.

Los tipos aplicables y la duración de la misma es:

- Prestación: 100% de la base reguladora.
- Base: la equivalente a la de incapacidad temporal (IT) derivada de contingencias profesionales, tomando como referencia la fecha en que se emita el certificado por los servicios médicos del INSS o de la Mutua.
- Inicio el día siguiente en que se emite el certificado médico necesario, aunque los beneficios económicos se generarán a partir de la interrupción de la actividad profesional.

- Durará mientras la autónoma no pueda reincorporarse o hasta el inicio del permiso por maternidad.

La autónoma, salvo que esté integrada en el sistema especial de trabajadores por cuenta propia agrarios (SETA) o de las trabajadoras autónomas económicamente dependientes (TRADE), tendrá un plazo de 15 días para presentar una declaración de situación de actividad en la que deben informar de la imposibilidad de realizar una actividad profesional alternativa. Si se trata de una TRADE, la declaración deberá efectuarla su cliente.

Los requisitos para acceder a la prestación son:

- Estar dado de alta o en situación asimilada al alta.
- Estar al corriente de pago de las cuotas de autónomos. En caso contrario, se aplicará el procedimiento de invitación al pago (30 días para regularizar su situación).
- No se exigirá periodo de cotización.
- Cuando la trabajadora se encuentre en situación de IT y, durante la misma, solicite la prestación de riesgo durante el embarazo, no procederá el reconocimiento, en su caso, del subsidio, hasta que se extinga la situación de IT por cualquiera de las causas legal o reglamentariamente establecidas.

Riesgo durante la lactancia natural

Prestación que ofrece cobertura a aquellas trabajadoras autónomas en situación de lactancia natural tras el nacimiento de un hijo y que hayan visto interrumpida su actividad profesional por riesgo de que influya negativamente en su salud o en la del hijo, contando con el correspondiente informe certificado del Servicio Público de Salud.

Esta prestación es compatible con la prestación por nacimiento y cuidado del menor.

Los tipos aplicables y la duración de la misma es:

- Prestación: 100% de la base reguladora.

- Base: la equivalente a la de incapacidad temporal (IT) derivada de contingencias profesionales, tomando como referencia la fecha en que se emita el certificado por los servicios médicos del INSS o de la Mutua.

- Inicio el día siguiente en que se emite el certificado médico necesario, aunque los beneficios económicos se generarán a partir de la interrupción de la actividad profesional.

- Durará mientras sea necesario para la protección de la salud de la autónoma y/o del hijo, este último haya cumplido 9 meses de edad, hasta que reanude su actividad, se interrupta la lactancia, se cause baja del RETA o bien fallezca.

La autónoma, salvo que esté integrada en el sistema especial de trabajadores por cuenta propia agrarios (SETA) o de las trabajadoras autónomas económicamente dependientes (TRADE), tendrá un plazo de 15 días para presentar una declaración de situación de actividad en la que deben informar de la imposibilidad de realizar una actividad profesional alternativa. Si se trata de una TRADE, la declaración deberá efectuarla su cliente.

Además, mientras dure la situación de riesgo durante la lactancia, la autónoma vendrá obligada a presentar dicha declaración con periodicidad semestral, a contar desde la fecha en que se inicie la situación, si fuera requerida para ello.

Las condiciones para acceder a la prestación son las mismas que para acceder a la prestación por riesgo de embarazo.

Nacimiento y cuidados del menor

Desde el 1 de enero de 2021 los permisos de maternidad y paternidad se unifican.

PARTE VII: La Seguridad Social del autónomo societario

Los autónomos tendrán derecho a percibir la prestación por nacimiento y cuidado del menor (maternidad o paternidad) durante los periodos en los que suspenda la actividad por cuenta propia que consiste en:

- Prestación: 100% de la base reguladora establecida para la prestación por incapacidad temporal derivada de contingencias comunes.
- Duración: el tiempo en el que se mantenga la suspensión de la actividad y con un máximo de 16 semanas.

  6 semanas son obligatorias, ininterrumpidas y a jornada completa, posteriores al parto (o a la resolución judicial o decisión administrativa en el caso de adopción). La madre biológica puede anticipar este periodo hasta 4 semanas antes de la fecha previsible del parto.

  Las 10 semanas restantes se disfrutarán en periodos semanales, de forma acumulada o interrumpida, dentro de los 12 meses siguientes al parto (o la resolución judicial o decisión administrativa en el caso de adopción).

- Ampliaciones del plazo:
  - Partos múltiples: 1 semana adicional para cada progenitor y para cada hijo a partir del segundo.
  - Discapacidad: 1 semana adicional en caso de discapacidad del hijo.
  - Parto prematuro y hospitalización posterior al parto (periodo superior a 7 días): máximo de 13 semanas.

Tras la Sentencia 1462/2018 del Tribunal Supremo, las cantidades que se cobran en la prestación por maternidad o paternidad no deben pagar IRPF y por lo tanto tampoco llevarán retención alguna: están exentas de este impuesto.

Los requisitos que debe cumplir para acceder a la prestación son:

- Estar dado de alta o en situación asimilada al alta.
- Se debe cumplir un periodo de cotización (anterior a la fecha de inicio del descanso) que dependerá de la edad del autónomo (en la fecha del

parto o en la fecha de la decisión administrativa o judicial de acogimiento o de la resolución judicial de adopción):

- o Menor de 21 años de edad: no exige mínimo de cotización.
- o Entre 21 y 26 años de edad: 90 días dentro de los 7 años inmediatamente anteriores o, alternativamente, 180 días cotizados a lo largo de su vida laboral.
- o Mayor de 26 años de edad: 180 días dentro de los 7 años inmediatamente anteriores o, alternativamente, 360 días cotizados a lo largo de su vida laboral.

- Estar al corriente de pago de las cuotas de autónomos. En caso contrario, se aplicará el procedimiento de invitación al pago (30 días para regularizar su situación).

Si no se cumple el requisito de un periodo mínimo de cotización y, por lo tanto, no se puede pedir esta prestación, hay una alternativa, que es solicitar el subsidio no contributivo por maternidad. Este subsidio no contributivo se concede durante 42 días naturales desde el día del parto y supone el cobro del 100% del IPREM (19,30 euros por día en 2022), salvo que la base reguladora diaria por incapacidad temporal por contingencias comunes sea menor a la citada cantidad. En caso de familia numerosa, monoparental, parto múltiple o cuando la madre o el hijo presenten una discapacidad igual o superior al 65%, corresponderá la prestación durante 14 días naturales más.

Peculiaridades Nacimiento y cuidados del menor en casos de pluriactividad:

- Se podrá disfrutar de los descansos y prestaciones en cada uno de los empleos de forma independiente e ininterrumpida, de acuerdo con la normativa aplicable en cada caso. En el cálculo de las prestaciones se tendrán en cuenta las bases de cotización correspondientes a cada una de las empresas o actividades, siendo de aplicación a la base reguladora del correspondiente régimen el tope máximo establecido a efectos de cotización.

- Cuando se acrediten condiciones para acceder a la prestación solamente en uno de los regímenes, se reconocerá un único subsidio computando exclusivamente las cotizaciones satisfechas a dicho régimen. Si en ninguno de los regímenes se reúnen los requisitos para acceder al derecho, se totalizarán las cotizaciones efectuadas en todos ellos siempre que no se superpongan y se causará el subsidio en el régimen en el que se acrediten más días de cotización.

 CONSEJO DEL EXPERTO

"La prestación por nacimiento y cuidado del menor va a ayudarte durante los meses que disfrutes de la baja. No obstante, como cualquier otra prestación, está limitada en función de tu base de cotización, por lo que es posible que no sea suficiente (sobre todo si estás en la base mínima y eres madre soltera) y, en este caso, deberás de buscar fuentes alternativas de financiación. Por otro lado, en este momento en que te cambia la vida, te recomendamos contratar un seguro de vida para asegurarte que tu familia siempre estará protegida, pase lo que pase."

María Sánchez - Asesor laboral en DAEM

EL CASO DE BLANCA

Blanca dio a luz el 1 de febrero de 2021, a partir de este momento empezó a disfrutar de 16 semana de permiso por maternidad. Las primeras seis semanas las tomó de forma ininterrumpida, tal y como marca la ley, por las que se le abonó el 100% de su base reguladora correspondiente, en este caso, a 1.500 euros. Consciente de que con ello no era suficiente para sus gastos diarios (más aún con el nuevo recién nacido), las siguientes 10 semanas decidió cogérselas a media jornada por lo que estuve otras 20 semanas cobrando una prestación del 50% de su base reguladora equivalente a 750 euros.

Jubilación

La pensión de jubilación viene a proteger la situación de necesidad que se genera en el momento en el que el autónomo cesa su actividad como consecuencia de su edad y por tanto hay una inexistencia de ingresos y un cese en las cotizaciones. Ante tal situación los autónomos tienen derecho a una prestación que consiste en una pensión vitalicia, cuando éste alcance la edad legal de jubilación.

Encontramos dos posibles supuestos de jubilación:

- **Jubilación ordinaria:** una vez se ha alcanzado la edad legal de jubilación.
- **Jubilación anticipada:** cuando no se haya alcanzado la edad legal de jubilación.

Los requisitos para acceder a la pensión de jubilación ordinaria son:

- Encontrarse afiliado y de alta o en situación asimilada al alta.
- Haber cumplido la edad de jubilación que se establece en 66 años y 2 meses. No obstante, existe un periodo transitorio hasta 2027: en 2022 consiste en 66 años y 2 meses y se incrementa paulatinamente (2 meses por año) hasta 2027 cuando se sitúa en los 67 años.

  Independientemente de lo anterior, en los casos en los que el autónomo haya cotizado 37 años y seis meses, la edad de jubilación será a partir de los 65 años.

- Acreditar un periodo mínimo de cotización de 15 años, dos de los cuales deben estar comprendidos dentro de los 15 años inmediatamente anteriores.
- Estar al corriente de pago de las cuotas de autónomos. En caso contrario, se aplicará el procedimiento de invitación al pago (30 días para regularizar su situación).
- Cesar en la actividad que ejerce por cuenta propia para acceder a la pensión de jubilación (a excepción de los casos de jubilación activa).

La cuantía de la presentación se calculará en base al tiempo cotizado y las bases de cotización de los últimos 25 años.

El cálculo de la base se realizar de la siguiente manera:

PARTE VII: La Seguridad Social del autónomo societario

- Cálculo base reguladora: dividir por 350 las bases de cotización durante los 300 meses inmediatamente anteriores al mes previo de la fecha de jubilación. La razón de esta minoración es que las pensiones se abonan en 14 pagas, a diferencia de las cotizaciones, que se aportan en 12 pagas.

- En el caso de "lagunas de cotización": si en el período que haya de tomarse para el cálculo aparecieran meses durante los cuales no hubiese existido obligación de cotizar, se utilizará para el cálculo de las primeras 48 mensualidades, la base mínima de entre todas las existentes en cada momento y, para el resto de mensualidades (más allá de las 48 iniciales), el 50% de dicha base mínima.

- Coeficiente de ajuste en función del tiempo cotizado: a la base reguladora le aplicaremos un porcentaje que dependerá de la totalidad de tiempo cotizado.
    - Por los primeros 15 años: el 50%.
    - Por cada mes adicional entre los meses 1 y 106: el 0,21%.
    - Por los 146 meses siguientes: el 0,19%.

  En ningún caso el porcentaje aplicable a la base reguladora supere el 100%, salvo en el supuesto de jubilaciones producidas después de la edad ordinaria. Con ello, para obtener el 100% de la pensión, es necesario cotizar 36 años, 36 años y 6 meses (de 2022 a 2026) o 37 años (a partir de 2027).

- Aplicación de mínimos y máximos:
    - Pensión mínima contributiva:
        - Con cónyuge a cargo: 890,5 euros al mes en 14 pagas (834,9 euros para menores de 65 años).
        - Con cónyuge no a cargo: 685,0 euros al mes en 14 pagas (638,2 euros para menores de 65 años).
        - Sin cónyuge: 721,7 euros al mes en 14 pagas (675,2 euros para menores de 65 años).
    - Pensión máxima: 2.819,57 euros al mes en 14 pagas.

- Aplicación de la retención de IRPF correspondiente: la pensión de jubilación no está exenta de IRPF. Por ejemplo, la pensión máxima en 2022, quitando una retención aproximada del 24%, se quedaría en 2.142,87 euros al mes en 14 pagas.

 CONSEJO DEL EXPERTO

"Actualmente el sistema público de la pensión de jubilación española es un sistema rentable desde el punto de vista del contribuyente, siempre y cuando confiemos en que, dentro de 20, 30 o 40 se podrán pagar las pensiones. Para demostrarlo, hagamos cuatro números fáciles en una servilleta (sin tener en cuenta inflación):

- Cotizamos durante 35 años al máximo (asumimos que alargan el cómputo de 25 años a 35 años), con una cuota de unos 1.245,45 euros al mes, o 14.945,40 euros al año, habremos pagado un total de 523.089 euros.

- Nos jubilamos a los 67 años y tenemos una esperanza de vida de otros 18 años (hasta los 85 años) cobrando la pensión máxima de 2.683,34 euros al mes en 14 pagas, o 37.566,76 euros al año, con un total de 676.201,7 euros (asumiendo una retención por IRPF media de 24%, nos quedarían alrededor de 513.913 euros netos).

Todo ello sin tener en cuenta que al cotizar en la Seguridad Social no solo estas cubierto en caso de jubilación, sino que tienes otras prestaciones de las que te beneficias como las explicadas en este capítulo cuya cuantía dependerán de la base de cotización."

Sergi Cornejo - Asesor en DAEM

PARTE VII: La Seguridad Social del autónomo societario

Podrán acceder a la jubilación anticipada los siguientes autónomos:

- Trabajadores autónomos con discapacidad.

- Autónomos que hayan ejercido una actividad tóxica, peligrosa o penosa y en los términos que reglamentariamente se establezcan.

- Trabajadores que decidan voluntariamente acceder a la jubilación siempre y cuando acrediten un mínimo de 35 años cotizados y hayan cumplido una edad inferior en 2 años como máximo, a la edad ordinaria de jubilación, so pena de una minoración en su pensión de jubilación.

La pensión es compatible con el mantenimiento de la titularidad del negocio y con el desempeño de las funciones inherentes a dicha titularidad, es decir el jubilado podría dar instrucciones o directrices a las personas encargadas de la gestión siempre y cuando estas actuaciones no impliquen una dedicación o una prestación de servicios en el mismo.

> ⚠ **CONSEJO DEL EXPERTO**
>
> *"Con la legislación actual, para conseguir la pensión máxima deberías de incrementar tu base de cotización al máximo a partir de los 42 años. Además, deberás de haber cotizado ininterrumpidamente desde los 30 años."*
>
> **María Sánchez - Asesor laboral es DAEM**

Existe, además, la posibilidad de jubilación parcial que consiste en:

- Edad mínima: edad legal de jubilación.

- Porcentaje aplicable a la base: porcentaje aplicable a la base reguladora a efectos de determinar la cuantía de la pensión causada del 100%, es decir, se exige la pensión completa.

- Prestación: 50% de la pensión correspondiente compatibilizando con el desarrollo por cuenta propia. Con el término del contrato o actividad y la llegada de la jubilación definitiva, el trabajador percibirá el 100% de la pensión más el complemento a mínimos al que tuviera derecho.

Particularidades de la pensión de jubilación en casos de pluriactividad:

- Se generarán varias pensiones si se superponen las cotizaciones 15 o más años en los dos regímenes (cotizando en régimen de pluriactividad).

- Cuando se acrediten cotizaciones a varios regímenes y no se cause derecho a pensión a uno de ellos, las bases de cotización acreditadas en este último en régimen de pluriactividad, podrán ser acumuladas a las del Régimen en que se cause la pensión, exclusivamente para la determinación de la base reguladora de la misma, sin que la suma de las bases pueda exceder del límite máximo de cotización vigente en cada momento.

 CONSEJO DEL EXPERTO

"Vigila los periodos en los que estás cambiando de actividad y/o de trabajo en los que se acumulan días sin cotizar. Intenta minimizarlos pues estos periodos, denominados lagunas de cotización, pueden mermar la base reguladora para el cobro de la prestación por jubilación."

María Sánchez - *Asesor laboral en DAEM*

PARTE VII: La Seguridad Social del autónomo societario

48 Cese de actividad

En el RETA también se protege al autónomo con el pago de una prestación económica mensual parecido a la prestación por desempleo, coloquialmente conocido como "paro".

La cotización por cese de actividad es obligatoria desde el 1 de enero de 2019 (antes era opcional para el autónomo).

> **CONSEJO DEL EXPERTO**
>
> *"Capitalizar el desempleo es una opción muy interesante si vas a emprender un nuevo negocio, revisa bien las condiciones y, si cumples, solicítala pues puede ser de gran ayuda. Sino la solicitas, no te la darán."*
>
> **María Sánchez - Asesor laboral es DAEM**

EL CASO DE RODOLFO

Rodolfo fue despedido de una empresa cárnica donde trabajaba como comercial desde hacía más de 30 años. Como conocía el sector a la perfección y tenía una amplia red de contactos, después de cuatro meses en desempleo, pensó en constituir una sociedad limitada conjuntamente con un antiguo compañero y seguir trabajando en lo que mejor se le daba.

Contactó con nosotros para que le ayudáramos. Preparamos toda la documentación y presentamos la solicitud al SEPE. Pasados unos 30 días, recibió la aprobación y alrededor de 15.000 euros que fueron de gran ayuda para financiar su nueva aventura.

Personas beneficiadas

La protección por cese de actividad alcanza a los siguientes colectivos:

- Autónomos comprendidos en el RETA, en el Sistema Especial de Trabajadores por Cuenta Propia Agrarios o en el Régimen Especial de Trabajadores del Mar.

- Socios trabajadores de las cooperativas de trabajo asociado que hayan optado por su encuadramiento como trabajadores por cuenta propia en el régimen especial que corresponda, así como a los trabajadores autónomos que ejerzan su actividad profesional conjuntamente con otros en régimen societario o bajo cualquier otra forma jurídica admitida en derecho, siempre que, en ambos casos, cumplan con una serie de requisitos adicionales.

Cuantía

La base reguladora de la prestación económica por cese de actividad será el promedio de las bases por las que se hubiera cotizado durante los doce meses continuados e inmediatamente anteriores a la situación legal de cese (computando a tal efecto el mes completo en el que se produzca esa situación).

En el régimen especial de trabajadores del mar, la base reguladora se calculará sobre la totalidad de la base de cotización (sin aplicación de los coeficientes correctores de cotización característicos de este régimen especial).

La cuantía de la prestación se calculará de la siguiente manera:

- Prestación: 70% de la base reguladora.

- Prestación mínima: 80% del IPREM en caso de no tener hijos a su cargo y 107% del IPREM en caso de tener hijos a su cargo.

  No será de aplicación este límite a los trabajadores autónomos que coticen por una base inferior a la mínima.

PARTE VII: La Seguridad Social del autónomo societario

- Prestación máxima: 175% del IPREM en caso de no tener hijos a su cargo, del 200% si tiene un hijo a su cargo y del 225% del IPREM en caso de tener dos o más hijos a su cargo.

Se entenderá que se tienen hijos a cargo, cuando éstos sean menores de veintiséis años, o mayores con una discapacidad en grado igual o superior al 33%, carezcan de rentas de cualquier naturaleza iguales o superiores al salario mínimo interprofesional excluida la parte proporcional de las pagas extraordinarias, y convivan con el beneficiario. No será necesaria la convivencia cuando el trabajador declare que tiene obligación de alimentos por convenio o resolución judicial, o que sostiene económicamente al hijo.

La prestación por cese de actividad comprende:

- Prestación económica por cese total, temporal o definitivo, de la actividad.

- Abono de la cotización a la Seguridad Social del trabajador autónomo por contingencias al régimen correspondiente.

- Medidas de formación, orientación profesional y promoción de la actividad emprendedora de los autónomos beneficiarios del mismo.

Duración

Con carácter general, el período de disfrute de la prestación se calculará según los períodos cotizados por la persona trabajadora dentro de los 48 meses anteriores a la situación legal de cese de actividad.

Meses cotizados	Duración de la prestación
De 12 a 17 meses	4 meses
De 18 a 23 meses	6 meses
De 24 a 29 meses	8 meses
De 30 a 35 meses	10 meses
De 36 a 42 meses	12 meses
De 43 a 47 meses	16 meses
Con 48 meses	24 meses

La prestación será abonada por la Mutua con la que la persona trabajadora tenga cubierta la contingencia por cese de actividad, o por el Servicio Público de Empleo Estatal, si está cubierta por el INSS, o por el Instituto Social de la Marina, si es la entidad que cubre dicha contingencia.

La persona trabajadora comenzará a disfrutar de la prestación a partir del día siguiente al que se produjo la baja, si presenta la solicitud en plazo.

Requisitos

El derecho a la protección por cese de actividad se reconocerá a los trabajadores autónomos en los que concurran los requisitos siguientes:

- Estar afiliados y en alta en el Régimen Especial de Trabajadores por Cuenta Propia o Autónomos o en el Régimen Especial de los Trabajadores del Mar, en su caso.

- Tener cubierto un periodo mínimo de cotización por cese de actividad de 12 meses continuados e inmediatamente anteriores al cese (siendo computable el mes en el que se produzca el hecho causante del cese).

- Solicitar la baja en el Régimen Especial correspondiente a causa del cese de actividad.

- Encontrarse en situación legal de cese de actividad, suscribir el compromiso de actividad y acreditar activa disponibilidad para la reincorporación al mercado de trabajo a través de las actividades formativas, de orientación profesional y de promoción de la actividad emprendedora a las que pueda convocarle el Servicio Público de Empleo (SEPE) de la correspondiente Comunidad Autónoma, o en su caso el Instituto Social de la Marina.

- No haber cumplido la edad ordinaria para causar derecho a la pensión contributiva de jubilación, salvo que el trabajador autónomo no tuviera acreditado el período de cotización requerido para ello.

PARTE VII: La Seguridad Social del autónomo societario

- Hallarse al corriente en el pago de las cuotas a la Seguridad Social. Si no se cumple este requisito, se tiene un plazo de 30 días para ponerse al corriente mediante el mecanismo de la "invitación voluntaria al pago".

- Cuando el trabajador autónomo tenga a uno o más trabajadores a su cargo, será requisito previo al cese de actividad el cumplimiento de las garantías, obligaciones y procedimientos regulados en la legislación laboral.

También es necesario demostrar que el cese de la actividad está provocado por alguna de las siguientes causas:

- Por motivos económicos, técnicos, productivos u organizativos que hagan inviable continuar con la actividad económica o profesional.

- Causas de fuerza mayor que determinen el cese temporal o definitivo de la actividad económica o profesional.

- Pérdida de licencia administrativa, cuando la misma sea un requisito para el ejercicio de la actividad y no esté motivada por incumplimientos contractuales o por la comisión de infracciones, faltas administrativas o delitos imputables al autónomo solicitante.

- Violencia de género que obligue al cese temporal o definitivo de la actividad de la trabajadora autónoma.

- Divorcio o acuerdo de separación matrimonial, en el caso que el autónomo divorciado o separado ejerciera funciones en el negocio.

- En el caso de los trabajadores TRADE, son causas legales para cobrar la prestación, la terminación de la duración convenida en el contrato, el incumplimiento contractual grave del cliente, la rescisión de la relación contractual por parte del cliente, tanto justificada como injustificada y la muerte, incapacidad temporal o jubilación del cliente, que impidan la realización de la actividad que originó la contratación.

Pago único

Existe la posibilidad de solicitar la prestación en un pago único. Se trata de una medida para fomentar y facilitar iniciativas de empleo autónomo que consiste en el abono del valor actual del importe que reste por percibir de la prestación por cese de actividad que consiste en:

- Abono de pago único con la cuantía de la prestación, calculada en días completos, de la que se deducirá el importe relativo al interés legal del dinero.

- Para personas que pretenden incorporarse como socio trabajador en cooperativas o sociedades laborales o mercantiles (aunque haya mantenido una relación de contrato previa con la misma, independientemente de su duración), o bien constituirlas (en un plazo máximo de 12 meses), o aquellas que desean desarrollar una nueva actividad como persona trabajadora autónoma. Todo ello deberá de poder justificarse.

- Para personas beneficiarias de la prestación por cese de actividad, tener pendiente de percibir, al menos, seis meses de prestación.

- Una vez percibido el pago único, deberán de iniciar la actividad en el plazo máximo de un mes, presentar la documentación que pruebe dicho inicio y la cantidad percibida tiene que destinarse a la aportación social obligatoria, en el caso de cooperativas o sociedades laborales o mercantiles, o a la inversión necesaria para desarrollar la actividad como persona trabajadora autónoma.

La solicitud del abono de la prestación por cese de actividad, en todo caso deberá ser de fecha anterior a la fecha de incorporación del beneficiario a la sociedad o a la de inicio de la actividad como trabajador autónomo, considerando que tal inicio coincide con la fecha que, como tal figura en la solicitud de alta del trabajador en la Seguridad Social.

La percepción de la prestación en un pago único será compatible con otras ayudas que para la promoción del trabajo autónomo pudieran obtenerse, bien

PARTE VII: La Seguridad Social del autónomo societario

con carácter individual o bien a través de la constitución de una sociedad de capital.

> **CONSEJO DEL EXPERTO**
>
> *"Es importante que, a pesar de pasar momentos difíciles, no intentes eludir tus obligaciones con la Seguridad Social con el pago de tu cuota. Posponer el pago de alguna mensualidad de cuota, puede hacer que pierdas el acceso a sus prestaciones cuando más lo necesites como puede ser el cese de actividad."*
>
> **María Sánchez - *Asesor laboral es DAEM***

EL CASO DE GUILLERMINA

Guillermina tenía un restaurante que, a raíz de la pandemia de la COVID-19, experimentó una fuerte caída de ingresos hasta tal punto que empezó a incurrir en impagos con proveedores y entidades bancarias. Con su local cerrado, lo primero que hizo fue dejar de pagar su cuota de autónomos.

Al mes siguiente, cerró la empresa y solicitó la prestación por cese de actividad para la que una de las condiciones era estar al corriente del pago de las cuotas con la seguridad social, por consiguiente, se la denegaron. A pesar de ello, regularizó su situación en un plazo de 30 días y puedo cobrar su prestación por cese de actividad.

PARTE VIII: Las claves si quieres contratar trabajadores

¡Escala tu empresa, delega y contrata trabajadores!

Es muy habitual la contratación de trabajadores por cuenta ajena en las sociedades limitadas pues suele ser la única vía de escalar y crecer el negocio.

Como empresario, debes de conocer tus obligaciones en materia laboral al contratar trabajadores. En caso de contratar a otros autónomos para que te ayuden en tu negocio, no será necesario cumplir con estas obligaciones pues no se trata de una vinculación laboral (un autónomo no es un trabajador por cuenta ajena, es un trabajador por cuenta propia) sino de una vinculación mercantil (que, en todo caso, se regulará en contrato mercantil entre todas las partes).

En caso de contratar a otras personas con contrato laboral (trabajadores por cuenta ajena), entonces sí debes de cumplir con una serie de obligaciones que resumimos a continuación.

49 Código de Cuenta de Cotización principal (C.C.C.)

La primera obligación de cualquier empresa que pretenda dar empleo a trabajadores por cuenta ajena pasa por solicitar, con carácter previo a la contratación de trabajadores, el código de cuenta de cotización principal que identificará a la empresa frente a dicha administración a lo largo de toda su historia.

El Código de Cuenta de Cotización principal (C.C.C.) se trata de un código de 11 dígitos que identifica a la sociedad en sus obligaciones frente a la Seguridad social, también conocido como Número Patronal o de Inscripción a la Seguridad Social de empresa.

No confundir este código con nuestro número de afiliación a la seguridad social (el número que tenemos para, por ejemplo, ir al médico de la Seguridad Social).

50 Prevención de Riesgos Laborales (PRL)

La sociedad tiene el deber de proteger a sus trabajadores frente a los riesgos laborales, garantizando su salud y seguridad en todos los aspectos relacionados con su trabajo, mediante la integración de la actividad preventiva en la empresa y la adopción de cuantas medidas sean necesarias.

La empresa aplicará las medidas que integran el deber general de prevención con arreglo a los siguientes principios generales:

- Evitar los riesgos.
- Evaluar los riesgos que no se puedan evitar.
- Combatir los riesgos en su origen.
- Adaptar el trabajo a la persona.
- Tener en cuenta la evolución de la técnica.
- Sustituir lo peligroso por lo que entrañe poco o ningún peligro.
- Planificar la prevención, la organización del trabajo, las condiciones de trabajo, las relaciones sociales y la influencia de los factores ambientales en el trabajo.
- Adoptar medidas que antepongan la protección colectiva a la individual.
- Dar las debidas instrucciones a los trabajadores.

La actuación de la empresa en materia de Prevención de Riesgos Laborales (PRL) puede conllevar a una responsabilidad administrativa, civil e, incluso penal para sus administradores. Según la propia legislación "el incumplimiento por los empresarios de sus obligaciones en materia de prevención de riesgos laborales dará lugar a responsabilidades administrativas, así como, en su caso, a responsabilidades penales y a las civiles por los daños y perjuicios que puedan derivarse de dicho incumplimiento".

PARTE VIII: Las claves si quieres contratar trabajadores

> **CONSEJO DEL EXPERTO**
>
> *"No menosprecies la PRL. Independientemente de las sanciones previstas, en caso de irregularidades en PRL, se pueden derivar responsabilidades en caso de accidente de trabajo que podrían llegar a ser penales por delitos contra la seguridad y salud en el trabajo y/o delitos y faltas de lesiones y de homicidio que pueden derivar en los administradores de la sociedad"*
>
> **María Sánchez - Asesor laboral en DAEM**

EL CASO DE JOSE

José tiene una empresa agropecuaria, en la que cultiva, cosecha y vende hortalizas donde cuenta con cinco trabajadores.

José recibe la visita todos los años de un Técnico de PRL, el cual revisa y actualiza la evaluación de riesgos, plan de prevención y las medidas ergonómicas a tener en cuenta, informando y dejando constancia en la carpeta que tiene la empresa, en la que constan todas las medidas que se deben tomar en función de la actividad y categoría profesional de cada trabajador.

Un fatídico día, uno de sus trabajadores tuvo un accidente laboral cargando uno de los camiones, consecuencia del mismo estuvo de baja por incapacidad temporal durante más de 18 meses. Llegado el día, al trabajador se le reconoció la incapacidad permanente total, fruto de la cual a Inspección de Trabajo determinó que no se habían cumplido las directrices marcadas por la PRL en el protocolo de carga de camiones y que el accidente de trabajo se podría haber evitado si José hubiera seguido los protocolos marcados e informados por el Técnico de PRL.

Consecuencia de ello, se sancionó a la empresa al pago del recargo de prestaciones (dicho recargo puede oscilar entre un 30 o un 50% del importe del importe de la Pensión de Incapacidad Permanente) cuyo importe total ascendió a un pago único de 140.000 euros.

51 Apertura centro de trabajo

Se entiende por centro de trabajo el que constituye una unidad productiva autónoma, es decir, que crea, procura o fabrica un objeto o que presta un servicio que tiene una organización específica, tanto de bienes como de personas. En general, es centro de trabajo cada lugar donde se puede encontrar a la persona trabajadora por razón de su trabajo.

Aunque no es necesaria autorización previa para abrir un centro de trabajo, sí se debe de comunicar al Departamento de Trabajo de la Comunidad Autónoma correspondiente.

El alta del centro de trabajo se debe de realizar dentro de los 30 días siguientes a la fecha de inicio de la actividad y se precisa de la siguiente documentación:

- Impreso oficial.
- Plan de Prevención de Riesgos Laborales.
- Proyecto técnico y memoria descriptiva de actividad para empresas con actividades calificadas de molestas, insalubres y peligrosas.

En el caso de que la autoridad laboral advirtiera que la comunicación referida no reúne los datos y requisitos exigidos, lo pondrá en conocimiento de la empresa a fin de que en el plazo de diez días pueda éste subsanar los defectos de que adolecieron. Transcurrido dicho plazo sin haber llevado a cabo, se entenderá como no efectuada la comunicación.

52 Afiliación y Alta de los Trabajadores en la Seguridad Social

La empresa está obligada a solicitar la afiliación en la Seguridad Social de aquellos trabajadores que no estuvieran afiliados previamente.

La afiliación es única para todos los regímenes de la Seguridad Social y se extiende a toda la vida del trabajador, es un acto administrativo mediante el cual la Tesorería General de la Seguridad Social reconoce la condición de incluida en el Sistema de Seguridad Social a la persona física que por primera vez realiza una actividad determinante de su inclusión en el ámbito de aplicación del mismo.

Al finalizar el proceso de afiliación, se obtiene un Número de Seguridad Social que será único para el trabajador y válido para toda su vida.

Por otra parte, la empresa también está obligada a comunicar el alta del trabajador motivada por el inicio de la prestación de los servicios. Las altas son actos administrativos por los que se constituye la relación jurídica de Seguridad Social.

Las consecuencias para la empresa en el caso de no cumplir con la obligación de dar de alta a trabajadores en la seguridad social pueden ser muy nocivas para el negocio y para el propio administrador. En este supuesto, no se limita el acceso del trabajador a las prestaciones de la Seguridad Social (asistencia sanitaria, incapacidad temporal e invalidez), siempre que concurran los demás requisitos exigidos.

Según la jurisprudencia y legislación laboral, el incumplimiento empresarial de la obligación de afiliación, alta y cotización no impide el alta de pleno derecho en el sistema; en este caso, será la empresa infractora la que deberá asumir el pago de las prestaciones sin perjuicio de la obligación de anticipar su importe, hasta el límite legal establecido, por parte de las Mutuas de

Accidentes de Trabajo y Enfermedades Profesionales o, en su caso, por las entidades gestoras de la Seguridad Social.

> **CONSEJO DEL EXPERTO**
>
> *"En la contratación de nuevos empleados, sea el tipo de contrato que sea, asegúrate siempre que los das de alta antes de que empiece a trabajar pues, a parte de cumplir con la ley, si tienes la mala suerte de que ese día tenga un accidente laboral, y aun no esté dado de alta, tendrás que asumir toda la responsabilidad."*
>
> **María Sánchez - Asesor laboral en DAEM**

EL CASO DE PATRICE

Patrice tiene un restaurante con dos trabajadores a su cargo. Un viernes cualquiera uno de sus trabajadores se puso enfermo por lo que Patrice contrató a otra persona para que le ayudara el fin de semana, aunque, con las prisas y el estrés del momento, olvidó avisar y enviar la documentación a la gestoría para tramitar el alta.

El sábado, el nuevo empleado tuvo un accidente laboral en la cocina y causó baja. Al no estar dado de alta y no poder acceder directamente a las prestaciones, el empleado demandó a la empresa de Patrice que tuvo que hacer frente a las prestaciones por incapacidad temporal del trabajador, además de una sanción, lo que lo supuso un fuerte traspié económico. A pesar de ello, podemos decir que Patrice tuvo suerte, pues el accidente no fue más grave, si hubiera resultado en una incapacidad permanente o incluso la muerte, las consecuencias económicas e incluso penales para Patrice hubieran sido desastrosas.

PARTE VIII: Las claves si quieres contratar trabajadores

53 Formalización de contratos de trabajo

El contrato de trabajo puede celebrarse por escrito o de palabra.

Deberán constar por escrito los contratos de trabajo cuando así lo exija una disposición legal, y en todo caso, los de prácticas y para la formación y el aprendizaje, los contratos a tiempo parcial, fijos-discontinuos y de relevo, los contratos para la realización de una obra o servicio determinado, los de los trabajadores que trabajen a distancia y los contratados en España al servicio de empresas españolas en el extranjero. Igualmente constarán por escrito los contratos por tiempo determinado cuya duración sea superior a cuatro semanas. De no observarse tal exigencia, el contrato se presumirá celebrado por tiempo indefinido y a jornada completa, salvo prueba en contrario que acredite su naturaleza temporal o el carácter a tiempo parcial de los servicios.

Las empresas están obligadas a comunicar al Servicio Público de Empleo (SEPE) el contenido de los contratos de trabajo que celebren o las prórrogas de los mismos, deban o no formalizarse por escrito. Asimismo, la empresa debe entregar una Copia del Contrato al trabajador.

 CONSEJO DEL EXPERTO

"En un contrato de trabajo puedes regular muchos apartados de la relación laboral más allá de lo establecido por ley. Por ejemplo, cláusulas de confidencialidad, secreto industrial, no competencia, retribución flexible, entre otras. Si tu negocio tiene alguna peculiaridad especial, consulta con tu asesor para que te oriente al respecto."

María Sánchez - Asesor laboral en DAEM

Con la reciente reforma laboral de 28 de diciembre de 2022, los tipos de contrato de trabajo en España han sido objeto de importantes modificaciones.

Repasamos los aspectos clave de las modalidades de contrato de trabajo, con las novedades más relevantes para este año 2022:

- **Contrato de trabajo indefinido:** contratos sin periodo de tiempo establecido. Además, se establece un límite de 18 meses (en 24 meses) para concatenar contratos y concretarlos en indefinidos.

  En esta categoría se incluye la modalidad de contratos de trabajo indefinidos adscritos a obra limitada a servicios o tareas cuya finalidad esté vinculada a la construcción.

- **Contrato de trabajo temporal:** limitado a dos tipologías, el contrato por circunstancias de la producción y el contrato por sustitución de persona trabajadora.

  Desaparece, con la nueva reforma laboral de 2022, el contrato por obra y servicio determinado.

- **Contrato de trabajo fijo discontinuo:** limitados a actividades estacionales o de temporada, empresas de trabajo temporal (ETT) y contrato para la práctica profesional.

- **Contrato de trabajo formativos:** limitado a dos tipologías, el contrato de formación en alternancia y el contrato para la práctica profesional

Finalmente, se establecen una serie de bonificaciones en los contratos de formación y aprendizaje.

- Se reducen al 100% las cuotas empresariales para empresas de menos de 250 trabajadores y al 75% para empresas con más de 250. En caso de trabajadores inscritos en el Sistema Nacional de Garantía Juvenil los mismos porcentajes aplican como bonificación.

- Se financia la formación con bonificaciones en las cuotas empresariales por horas de acuerdo con distintos porcentajes de la jornada laboral (25% primer año, y 15% segundo y tercer años). Como bonificación adicional se bonifican costes de tutorización (1,5 euros por alumno y hora de tutoría máximo, hasta 40 h por mes y alumno; 2 euros en empresas de menos de 5 trabajadores).

PARTE VIII: Las claves si quieres contratar trabajadores

Se incentiva con 1.500 o 1.800 euros el paso a indefinidos durante 3 años para mujeres, y en los trabajadores inscritos en el Sistema Nacional de Garantía Juvenil este mismo incentivo se aplica como bonificación.

El Real Decreto-ley de reforma del mercado de trabajo se publicó en el BOE del 30 de diciembre de 2021 y entró en vigor el 31 de diciembre, según recoge el texto. Con este punto de partida y la posterior aprobación en el Congreso, la reforma entrará en vigor en tres meses, es decir el 31 de marzo de 2022, plazo que tienen las empresas para adaptarse a la nueva normativa.

En el Anexo X encontrarás más información referente a las diferentes modalidades de contratos de trabajo.

54 Protección de datos de los trabajadores

Todas las empresas que manejan datos de carácter personal, incluidos los relacionados con el ámbito laboral, están obligadas a cumplir con la normativa en materia de protección de datos.

La nueva LOPD regula las obligaciones que tienen los empresarios para proteger los datos personales de sus trabajadores, así como el deber de secreto y confidencialidad que deben cumplir los empleados.

Además, incluye una serie de derechos digitales que afectan a los empleados como es el derecho a la desconexión laboral o el derecho a la intimidad en el uso de dispositivos de videovigilancia y geolocalización en el trabajo.

En el Anexo II encontrarás más información referente a la protección de datos.

55 Hoja de salario

El salario es la remuneración económica que una persona percibe por su trabajo. Está formado por una cuantía fija (salario base) y por complementos salariales y no salariales:

- Los complementos salariales forman parte del salario y se establecen dependiendo de las circunstancias del trabajador, como por ejemplo las comisiones o las pagas extraordinarias.

- Los complementos no salariales, en cambio, son retribuciones utilizadas para indemnizar o resarcir pagos efectuados por el trabajador en su prestación de servicios. Algunos ejemplos de este tipo de complementos son los gastos de transporte, las dietas o la indemnización por despido.

El convenio colectivo fija las cuantías mínimas de todos los componentes que forman el salario y, a falta de convenio, el salario Mínimo Interprofesional o índice que lo sustituya marca el salario mínimo. En cualquier caso, el empresario puede mejorarlas.

Por otro lado, el salario puede abonarse en metálico (en la moneda legal y en vigor) o en especie. El pago en especie (o en especies) consiste en la utilización, consumo u obtención para fines particulares de bienes, derechos o servicios de forma gratuita o por un precio inferior al normal de mercado.

Una de las primeras actuaciones comprobatorias que realiza la Inspección de Trabajo es la petición de los recibos de salario y boletines de cotización correspondientes a los últimos cuatro años, para verificar que se ajusten a dichos mínimos y que se esté cotizando adecuadamente.

56 Cotización a la seguridad social en el Régimen General

Los trabajadores están obligados a cotizar mensualmente a la Seguridad Social.

Es obligación de la empresa retener la cuota obrera (correspondiente al trabajador) de la seguridad social de los salarios de los trabajadores, además del pago de la cuota patronal (correspondiente a la empresa).

El trabajador por su parte, debe entregar al empresario el Modelo 145, un impreso mediante el cual las personas comunican al empresario sus circunstancias personales o familiares. Sirve para calcular la retención de IRPF que será aplicada en la nómina del trabajador cada mes.

La cuota patronal se compone de los siguientes conceptos:

- Contingencias comunes.
- Desempleo.
- Formación profesional.
- Fondo de Garantía Salarial (FOGASA).
- Accidente de trabajo y enfermedad profesional (AT/EP).

La cuota obrera incluye únicamente:

- Contingencias comunes.
- Desempleo.
- Formación profesional.

Según su cualificación, los trabajadores quedan encuadrados en uno de los 11 grupos de cotización existentes.

PARTE VIII: Las claves si quieres contratar trabajadores

Para cada uno de ellos está establecida una base máxima y mínima de cotización por contingencias comunes.

Así, si la obtenida queda por encima o por debajo de dichas cantidades, se aplicarán estas que para el ejercicio 2022 son las siguientes:

Grupos de Cotización	Categoría profesional	Base mínima Euros (Mes)	Base máxima Euros (Mes)
1	Ingenieros y Licenciados. Personal de alta dirección excluido del art. 1,3 c de ET	1.629,30	4.139,40
2	Ingenieros, Técnicos, Peritos y Ayudantes Titulados	1.351,20	4.139,40
3	Jefes Administrativos y de taller	1.175,40	4.139,40
4	Ayudantes no titulados	1.166,70	4.139,40
5	Oficiales Administrativos	1.166,70	4.139,40
6	Subalternos	1.166,70	4.139,40
7	Auxiliares Administrativos	1.166,70	4.139,40
		Euros (Día)	Euros (Día)
8	Oficiales de primera y segunda	38,89	137,98
9	Oficiales de tercera y especial	38,89	137,98
10	Peones	38,89	137,98
11	Menores de 18 años	38,89	137,98
TOPE Máximo		4.139,40	
TOPE Mínimo		1.125,80	

Tanto la cuota patronal como la cuota obrera se obtienen aplicándole unos porcentajes (tipos de cotización) a la base de cotización mensual del trabajador:

Concepto		Tipos de cotización 2022 (%)	
		Cuota patronal (empresa)	Cuota obrera (trabajador)
Contingencias comunes (CC)		23,6%	4,7%
Desempleo	Por obra / eventual	6,7%	1,6%
	Resto contratos	5,5%	1,55%
Formación profesional		0,6%	0,10%
FOGASA		0,2%	-
Accidente Trabajo (AT) / Enfermedad Profes. (EP)		Según Tarifa de Primas	-
Horas extraordinarias – cotización adicional			
De fuerza mayor		12,0%	2,0%
Resto		23,6%	4,7%

La remuneración por horas extraordinarias está sujeta a una cotización adicional no computable para determinar las prestaciones comunes. No obstante, sí computarán para las prestaciones derivadas de contingencias profesionales.

El número de horas extraordinarias no puede ser superior a ochenta al año, salvo las realizadas por causa de fuerza mayor. Para los casos de contratos con jornadas inferiores a la general, se aplicará la parte proporcional al máximo de ochenta horas anuales.

Se prohíben las horas extras a menores de 18 años. Por lo que refiere a los trabajadores con contratos para la formación y aprendizaje y a los trabajadores con contratos a tiempo parcial, tampoco podrán realizar horas extra (salvo las realizadas por fuerza mayor).

PARTE VIII: Las claves si quieres contratar trabajadores

Según el Estatuto de los trabajadores (E.T.), tendrán la consideración de horas extraordinarias aquellas horas de trabajo que se realicen sobre la duración máxima de la jornada ordinaria de trabajo. Mediante convenio colectivo o, en su defecto, contrato individual, se optará entre abonar las horas extraordinarias en la cuantía que se fije, que en ningún caso podrá ser inferior al valor de la hora ordinaria, o compensarlas por tiempos equivalentes de descanso retribuido. En ausencia de pacto sobre este tema, se entenderá que las horas extraordinarias realizadas tendrán que ser compensadas mediante descanso dentro de los cuatro meses siguientes a su realización.

Por otro lado, las horas extras derivadas por fuerza mayor, conforme el art. 35.3 del E.T., son aquellas que, excediéndose de la jornada ordinaria laboral, son destinadas para prevenir o reparar siniestros y otros daños extraordinarios y urgentes. A diferencia de las horas extras ordinarias, este tipo de horas extras no tienen establecido un máximo legal anual de horas y su realización, debido a la necesidad de la fuerza mayor, es obligatoria.

> **CONSEJO DEL EXPERTO**
>
> *"Que las horas extra no se conviertan en una rutina habitual y, en la medida de lo posible, busca más la eficiencia de las horas trabajadas de tus empleados. Por otro lado, evita caer en la tentación de no declarar las horas extra pues, si se vuelve en habitual y tienes alguna denuncia de algún trabajador, podrás ser sancionado duramente por la administración."*
>
> **María Sánchez - Asesor laboral en DAEM**

EL CASO DE CRISTINA

Cristina tiene un restaurante en una zona turística. En los meses de julio y agosto, cuando más pedidos tiene, acuerda con sus trabajadores realizar horas extra a fin de cubrir el incremento de demanda. A fin de mes, en la hoja de horas de cada empleado quedan detalladas las horas ordinarias y la extraordinarias, abonándose de acuerdo al convenio colectivo de aplicación la retribución económica de ese exceso de horas.

A finales de junio, la empresa recibe una inspección de trabajo en la que se constata que las horas extraordinarias han superado el máximo permitido de 80 al año por lo que la empresa recibe una sanción grave de alrededor de 3.000 euros (art. 40.1 LISOS).

Para evitar esta situación en el futuro, Cristina acudió a nosotros en búsqueda de asesoramiento y substituimos estas horas extraordinarias con el apoyo de trabajadores temporales durante los meses de mayor punta de trabajo.

57 Retribuciones en especie

De acuerdo con el art. 42.1 de la Ley 35/2006, de 28 de noviembre, del impuesto sobre la Renta de las Personas físicas (IRPF), constituyen rendimientos del trabajo en especie la utilización, consumo u obtención para fines particulares, de bienes, derechos o servicios de forma gratuita o por precio inferior al normal del mercado, aunque no supongan un gasto real para el que las conceda. La principal diferencia entre este concepto salarial y el resto es que no se abonan con dinero sino con la puesta a disposición del trabajador de productos y/o servicios de los que se pueden beneficiar.

Estos rendimientos, por norma general, deben incluirse en la base imponible del IRPF y deben reflejarse en la hoja de salario del trabajador. No obstante, trazar la frontera entre la existencia de una retribución en especie (beneficio particular para el trabajador) y la existencia o provisión de un simple instrumento o condición favorable de trabajo (no se busca proporcionar un beneficio al trabajador, sino dotarle de medios idóneos para lograr un mejor desempeño de su trabajo) no es tarea fácil y es una fuente de polémica. En estos casos, la presunción juega a favor del contribuyente, en función, por ejemplo, de las condiciones objetivas de los bienes o servicios de la actividad desarrollada.

La Ley de IRPF especifica que no tienen la consideración de rendimientos del trabajo en especie: las cantidades destinadas a la actualización, capacitación o reciclaje del personal empleado, cuando vengan exigidos por el desarrollo de sus actividades o las características de los puestos de trabajo. Tampoco las primas o cuotas satisfechas por la empresa en virtud de contrato de seguro de accidente laboral o responsabilidad civil del trabajador.

Adicionalmente, la valoración de los bienes y/o servicios a valor de mercado es, a veces, difícil de cuantificar, para lo que la Ley de IRPF establece una serie de reglas generales según la naturaleza del bien o servicio.

Existen una serie de rendimientos en especie que están exonerados de gravamen en el IRPF lo cual ofrece importantes ventajas al trabajador:

- Las entregas a empleados de productos a precios rebajados que se realicen en cantinas o comedores de empresa o economatos de carácter social.

- Las entregas de vales o cheques de comida ("Ticket restaurant") hasta un límite de 11 euros por día (cuantía revisable atendiendo a la evolución económica y el carácter social de esta medida por el Ministerio de Hacienda) debiendo cumplir además una serie de requisitos (numeración y control, intransmisibilidad, sin reembolso, etc.).

- La utilización de los bienes destinados a los servicios sociales y culturales del personal empleado.

- Las primas o cuotas satisfechas a entidades aseguradoras para la cobertura de enfermedad (pudiendo alcanzar a su cónyuge o descendientes) con un límite de 500 euros por persona (1.500 euros en caso de discapacidad).

- Las contribuciones a planes de pensiones configurados bajo la modalidad o sistema de empleo (PPE) que imputan individualmente a los partícipes incluidos las aportaciones efectuadas por la empresa promotora con el límite máximo 8.500 euros anuales (sin poder superar el 30% de la suma de los rendimientos netos del trabajo y actividades económicas percibidos individualmente en el ejercicio).

- La prestación del servicio de educación preescolar, infantil, primaria, secundaria obligatoria, bachillerato y formación profesional por centros educativos autorizados, a los hijos de los empleados de los centros educativos, con carácter gratuito o por precio inferior al normal de mercado.

- Las cantidades satisfechas a las entidades encargadas de prestar el servicio público de transporte colectivo de viajeros con la finalidad de favorecer el desplazamiento de los empleados entre su lugar de residencia y el centro de trabajo, con el límite de 1.500 euros al año para cada trabajador.

PARTE VIII: Las claves si quieres contratar trabajadores

- En los términos que reglamentariamente se establezcan, la entrega a los trabajadores en activo, de forma gratuita o por precio inferior al normal de mercado, de acciones o participaciones de la propia empresa o de otras empresas del grupo de sociedades, en la parte que no exceda, para el conjunto de las entregadas a cada trabajador, de 12.000 euros al año. No obstante, existe un proyecto de ley (la denominada "Ley start-up") que pretende, entre otras medias, incrementar este límite hasta los 50.000 euros anuales. El Gobierno espera aprobar esta ley en verano, marcando como fecha límite el último trimestre de 2022.

El resto de rendimientos en especie, no incluidos en esta lista, así como los rendimientos que superen los límites establecidos o no cumplan con las condiciones establecidas en el artículo 42 de la Ley del IRPF, no estarán exentos y deberán tributar por IRPF.

A continuación, puedes encontrar ejemplos de retribuciones en especie más comunes:

- Tickets restaurante o comedor subvencionado: para que el trabajador utilice en su hora de comida (con los límites comentados en este artículo en el caso indirecto).

- Transporte de empresa: algunas empresas, especialmente aquellas que están lejos de los cascos urbanos o tienen horarios que no coinciden con el transporte público, tienen autobuses o furgonetas para trasladar a los trabajadores.

- Teléfono de empresa: cuando se utilicen de forma privada y no solo para cuestiones de trabajo.

- Coche de empresa: cuando se utilicen de forma privada y no solo para cuestiones de trabajo.

- Plaza de parking: cuando se utilicen de forma privada y no solo para cuestiones de trabajo.

- Vivienda de empresa: cuando la empresa alquile o tenga en propiedad una vivienda que ponga a disposición del trabajador.

- Conexión a internet del trabajador: sobre todo para trabajadores que teletrabajan.

- Servicio de guardería: ya sea en la propia empresa o a través de guardería con las que haya un convenio.

- Suscripción de planes de pensiones o seguros médicos: a favor del trabajador siendo la empresa quien asume el cargo de las primas o pagas (con los límites comentados anteriormente).

- Préstamos blandos: préstamo que la empresa concede al trabajador, normalmente con un interés inferior al del mercado.

- Participaciones y acciones de la empresa: se entrega a los trabajadores acciones en vez de dinero (con los límites comentados anteriormente).

 CONSEJO DEL EXPERTO

"Aprovecha las ventajas fiscales que ofrecen ciertos rendimientos en especie como los Ticket Restaurant, los servicios de transporte público o las mutuas de salud. Con ellos, a igualdad de salario bruto, tus empleados tendrán mayor salario neto con lo que repercutirá en una mayor satisfacción. Y un empleado más satisfecho, repercute en un mayor rendimiento laboral".

José Carlos de Alós - Consultor en DAEM

58 Dietas y gastos de viaje

Otro de los conceptos que mayor controversia genera en la retribución de trabajadores por cuenta ajena consiste en las dietas y los gastos de viaje.

Se entiende por dietas y asignaciones para gastos de viaje aquellas cantidades que la empresa paga al trabajador cuando tiene que desplazarse o viajar fuera del lugar donde se encuentra su centro de trabajo habitual derivado de las propias tareas profesionales.

Estos desplazamientos producen una serie de gastos (transporte, comidas, y en caso de tener que pernoctar fuera, gastos de alojamiento) que suele pagar el trabajador y, tras haber realizado las comprobaciones oportunas, la compañía le reembolsa.

La hoja de gastos es el documento que se tiene que utilizar en los procesos de gestión de los gastos de viaje de la empresa en la que los trabajadores tendrán que reportar toda la información de sus gastos y transmitirlos para su validación.

Existe cierta controversia a la hora de reflejar estos conceptos en las hojas de salario (o nómina). La normativa exige a la empresa a incluir en las hojas de salario todas las percepciones extrasalariales, con el denominador común de haber sido recibidas por los trabajadores:

- En las instrucciones dadas por la seguridad social para la cumplimentación del fichero CRA (retribuciones abonadas a los trabajadores art. 109.3 LGSS) se puede encontrar la siguiente indicación: "Gastos de locomoción y estancia: cualquier gasto de locomoción, estancia o dietas que abone la empresa por desplazamientos de los trabajadores para realizar su trabajo a un centro distinto de su centro habitual de trabajo, deberá comunicarse en el fichero CRA, con independencia de la fórmula que utilicen para su pago (pago previo por el trabajador y reintegro posterior por la empresa, pago directo por la empresa, gestión a través de agencia de viajes de la propia empresa, etc.)."

- La Orden Ministerial de 27 de diciembre de 1994, modificada por la Orden ESS/2098/2014, estipula claramente que en las hojas de salario de los trabajadores también deberán incluirse las percepciones extrasalariales y, por tanto, y entre ellas, las indemnizaciones o suplidos y los gastos de locomoción y dietas, cualquiera que sea la forma de pago (directa o no).

- El artículo 7.3 de la Ley sobre Infracciones y Sanciones en el Orden Social (LISOS) entiende como falta grave el "no consignar en las hojas de salario las cantidades realmente abonadas a los trabajadores".

Frente a la complejidad de incluir en las hojas de salarios todos los gastos de viaje (hoteles, aviones, etc.), la práctica habitual de las empresas pasa por diferenciar entre:

- Gastos debidamente justificados mediante factura emitida a favor de la empresa (y cumpliendo todos los requisitos legales) ya sean gastos abonados directamente por la empresa o gastos en los que el trabajador actúa como intermediario en el pago (solicitando un anticipo o un reembolso para resarcir esos gastos).

  En este caso, la práctica habitual suele ser no incluir estos conceptos en las hojas de salarios de los empleados y, a nivel contable, se contabilizarán atendiendo a la naturaleza del gasto.

- Gastos sin justificar o gastos justificados sin la emisión de factura completa.

  En este caso, la práctica habitual suele ser incluir estos conceptos en las hojas de salarios de los empleados y, a nivel contable, se contabilizarán como gastos de personal.

> **CONSEJO DEL EXPERTO**
>
> *"En nuestra opinión, es defendible frente a una inspección de trabajo el criterio de no incluir en nómina los conceptos debidamente justificados con factura a nombre del empresario (ej. hoteles, aviones, etc.) e imputarlos directamente como gasto del empresario. Aunque recomendamos ser prudentes y consultar con un asesor especializado para analizar cada caso atendiendo a su complejidad y a las potenciales consecuencias que puede tener. En todo caso, recomendamos incluir siempre en la hoja de salario los gastos de manutención (dietas) y los gastos de locomoción (kilometraje y/o transporte público)."*
>
> **María Sánchez - Asesora laboral en DAEM**

EL CASO DE ALBERTO

Alberto tiene una empresa de auditoría en la ciudad de Madrid. Como consecuencia de la entrada de un nuevo cliente en su despacho, el cual esta domiciliado en Valladolid, traslada a un trabajador a cargo de la empresa durante una semana a dicha ciudad para que pueda desplazarse al centro de dicha empresa y recoger in situ toda la información y documentación necesaria.

Para cumplir esa finalidad, Alberto asume los costes de su viaje de ida y vuelta, de hospedaje en un hotel y todas las dietas que ello comporte. Alberto no incluye en nómina los gastos de desplazamiento y hospedaje pues los abona directamente y se emiten facturas a nombre de la empresa. No obstante, sí incluye en nómina las dietas pues las abona directamente el trabajador, con la correspondiente exención de IRPF marcadas por ley.

La cantidad de dinero que el trabajador percibe por dietas y gastos de viaje es una retribución al trabajador que tiene efectos fiscales tanto en IRPF (tanto del trabajador como del propio autónomo) como en IVA. Además del impacto en la Seguridad Social.

Es importante no confundir estos gastos de viaje con las retribuciones en especie que pueda recibir el trabajador en su nómina (revisa el capítulo anterior para más información referente a retribuciones en especie).

- Las dietas y los gastos de viaje, referidos en este capítulo, están relacionados con las tareas profesionales que se desempeñan para la actividad.

- Las retribuciones en especie son todos aquellos gastos que el empresario asume en nombre del empleado pero que son de disfrute privativo del mismo.

A continuación, resumimos las implicaciones fiscales de las dietas y gastos de viaje.

- **IRPF del trabajador:** aunque la cantidad de dinero percibida debe considerarse una retribución al trabajador, la Ley permite que estas cantidades monetarias no tributen siempre que se cumplan una serie de límites y condiciones debiendo declarar las cantidades que superen dichos límites, como regla general:

CONCEPTO				IMPORTE EXENTO	IMPORTE NO EXENTO
Gastos de manutención y estancia (Dietas)	Gastos de estancia			Importe justificado	Importe no justificado
	Gastos de manutención	Pernocta	España	53,34 euros	El exceso de tales cantidades
			Extranjero	91,35 euros	
		No Pernocta	España	26,67 euros	
			Extranjero	48,08 euros	
			Personal de vuelo España	36,06 euros	
			Personal de vuelo Extranjero	66,11 euros	
Gastos de Locomoción	Transporte público			Importe justificado	Importe no justificado
	Por su cuenta			0,19 euros/Km recorrido + peajes y aparcamiento justificado	El exceso

En los casos en que por no existir justificante y se abonen al trabajador cantidades a tanto alzado (gastos de manutención o kilometraje) la realidad y el motivo de los desplazamientos deberán acreditarse por cualquier medio de prueba válido en Derecho.

Es importante justificar adecuadamente los desplazamientos ya que los Tribunales pueden considerar que, en los casos en que se fija unas cantidades fijas y periódicas como dietas, las mismas no responden a tal denominación, y estamos ante retribuciones de carácter salarial. Respecto a su justificación, es necesario probar el día y lugar de desplazamiento y su razón o motivo.

Es decir, se exige acreditar que ha existido un desplazamiento concreto por parte del trabajador, en el ejercicio de su actividad laboral, la fecha determinada del desplazamiento, así como el trayecto realizado, por lo que no será suficiente justificación el hecho de presentar facturas por la empresa con las obras realizadas en distintos lugares.

- **Impuesto sobre sociedades de la empresa:** los gastos de viaje podrán ser deducibles a la hora de determinar el rendimiento de la empresa en el impuesto sobre sociedades, siempre que los gastos corran a cargo de la empresa, se relacionen directamente con la actividad de la misma, estén debidamente justificados y aparezcan correctamente contabilizados.

- **Impuesto sobre el Valor Añadido:** por regla general, las cuotas soportadas de los servicios de desplazamiento, viajes, hostelería y restauración no podrán ser objeto de deducción en el IVA soportado. Para que estos gastos puedan ser objeto de deducción en el IVA soportado, será necesario, en todo caso, justificarlos mediante factura expedida por quien realice la entrega, estar numerada, fechada, con el lugar de emisión, con todos los datos fiscales, tanto emisor como receptor, con la descripción del concepto, la base imponible, el tipo impositivo aplicado, la cuota repercutida y la moneda en la que se efectúa el pago (en el capítulo 25 encontrarás más información referente a requisitos formales desde el punto de vista de IVA).

59 Jornada laboral

La jornada de trabajo es el tiempo que cada trabajador dedica a la ejecución del trabajo por el cual ha sido contratado. La duración de la jornada de trabajo se pacta en los convenios colectivos o en los contratos individuales de cada trabajador.

El máximo legal de horas trabajadas es de 40 horas semanales de trabajo efectivo. No obstante, pueden establecerse duraciones distintas de modo que unas semanas se trabajen más horas y otras menos, aunque en el cómputo anual no podrán sobrepasar el máximo legal de horas pactadas. Esta distribución irregular del tiempo debe de acordarse por convenio colectivo o mediante contrato (en defecto de pacto, la empresa podrá distribuir de manera irregular a lo largo del año el 10% de la jornada de trabajo).

En ningún caso la jornada diaria puede superar las 9 horas (salvo que por convenio colectivo o contrato se establezca otra distribución) y, entre el final de una jornada y el comienzo de la siguiente, se deben de respetar un mínimo de 12 horas de descanso.

La jornada laboral comienza por lo general entre las 8:00 y las 9:30 y termina a las 17:00 o 19:30 dependiendo de la política de la empresa en lo referente al horario de almuerzo (1 a 2 horas).

Si se trabajan más de 6 horas de manera continuada, el trabajador tiene derecho a un descanso mínimo de 15 minutos (aunque podría ser mayor según convenio colectivo), los descansos que no se disfruten podrán ser reclamados por el trabajador en forma de retribución.

Por regla general, el trabajador tiene derecho a un descanso semanal mínimo de 1 día y medio ininterrumpido (por lo general, la tarde del sábado o la mañana del lunes y el día completo del domingo) y un período de vacaciones de al menos 30 días naturales, así como los días festivos definidos por el

PARTE VIII: Las claves si quieres contratar trabajadores

gobierno central, por las Comunidades Autónomas y por las autoridades municipales.

Además, los trabajadores tienen derecho a permisos retribuidos, previo aviso y justificación, en caso de matrimonio, realización de funciones sindicales, nacimiento de hijo, enfermedad grave o fallecimiento de pariente próximo, traslado de domicilio habitual o para cumplir con un deber obligatorio de carácter público y personal, que no se puede efectuar mediante sustituto.

 CONSEJO DEL EXPERTO

"A menudo, el afán por reducir costes lleva a empresarios a formalizar falsos contratos a tiempo parcial en los que se pactan jornadas y salarios inferiores a los reales o a los establecidos como mínimos obligatorios. Esta es un practica irregular i sancionable.

Este incumplimiento se agrava al producirse accidentes de trabajo en la parte de la jornada laboral no cubierta."

María Sánchez - Asesor laboral en DAEM

EL CASO DE LUÍS

Luís tiene un taller mecánico donde cuenta con tres empleados con contratos de tiempo parcial de 4 horas de lunes a viernes en horario de 10:00 a 14:00h.

Una tarde, a las 18.30h, se presentó un inspector de trabajo, solicitándose a sus trabajadores el DNI y preguntando por el registro horario de ese día. Al hacerle entrega del documento, el inspector detectó que habían registrado sus entradas y salidas en la mañana al igual que el resto de días y de acuerdo a su contrato de trabajo.

Una vez escuchadas las alegaciones, el inspector levantó acta de diferencias de cotización desde el inicio del contrato al entender que el trabajador habitualmente prestaba sus servicios a jornada completa.

60 Control horario y registro de jornada

Todas las empresas están obligadas a registrar diariamente la jornada de sus trabajadores, independientemente del tipo de contrato y del tamaño de la empresa. Además, la información del registro debe conservarse durante cuatro años.

La regulación establece que el registro deberá incluir el horario concreto de inicio y finalización de la jornada de trabajo de cada persona trabajadora, sin perjuicio de la flexibilidad horaria. Esto supone que el registro es doble: de horario (hora de entrada y salida) y de jornada (número de horas).

Quedan excluidos de esta obligación:

- Trabajadores autónomos (pues son trabajadores por cuenta ajena y, por definición, no les podremos establecer un horario o a una jornada de trabajo específica).

- Las relaciones mercantiles, como puedes ser colaboradores familiares del autónomo (o los administradores de sociedades mercantiles).

- Personal de alta dirección (con contrato de alta dirección).

- Socios de cooperativas o de las sociedades laborales (aunque sus trabajadores sí están obligados).

- Funcionarios públicos.

En cuanto a las relaciones laborales especiales, hay que revisar en detalle lo previsto en su normativa específica sobre jornada y a las reglas de supletoriedad. En algunas relaciones especiales hay una remisión supletoria al Estatuto de los Trabajadores y demás normas laborales de general aplicación en cuanto no sean incompatibles con la naturaleza y características especiales; así ocurre, por ejemplo, con abogados, deportistas profesionales, servicio del hogar familiar o artistas en espectáculos públicos.

PARTE VIII: Las claves si quieres contratar trabajadores

La forma de registro queda en función de la discreción de la empresa, la cual puede consultar al convenio o a la representación de los trabajadores para establecer cómo se realizará.

Por último, comentar que el registro de jornada no sustituye el registro de las Horas Extraordinarias, de las de tiempo parcial ni el de las jornadas especiales.

> **CONSEJO DEL EXPERTO**
>
> *"El registro de jornada es de lo primero que revisa la inspección laboral pues es un elemento de fácil comprobación (y de fácil sanción). Si un trabajador no lo cumple, la responsabilidad es tuya, por mucho que acredites que has avisado a ese trabajador por activa y por pasiva. No lo olvides.*
>
> *Además, para evitar posibles sanciones, emplea un procedimiento fiable de registro, como los sistemas de software existentes en el mercado, evitando el uso del papel pues una sentencia de la Sala Social de la Audiencia Nacional, con fecha 15 de febrero de 2022, ha descartado la firma en hoja de papel como sistema válido."*
>
> **María Sánchez - Asesor laboral en DAEM**

EL CASO DE ALBERTO

Alberto tiene una empresa de servicios educativos orientados a la tecnología. Debido a la pandemia de la Covid-19, afectó a sus trabajadores a un ERTE de reducción de jornada durante los meses de abril y mayo de 2020.

La inspección de trabajo se presentó en las oficinas de Alberto un jueves a las 13:00 y encontró trabajando a un empleado que técnicamente no debería estar allí pues su jornada reducida terminaba a las 12:00, además no disponía de ficha de control horario de esa semana (sí disponía de la semana anterior).

Alberto intentó alegar que esa era su jornada y presentó, a posteriori, una hoja de registro de jornada completada para esa semana. La inspección de trabajo alegó intención de fraude y le sancionó con 12.000 euros. Alejandro presentó su disconformidad, pero no prosperó por falta de fundamento y credibilidad.

61 Calendario y horario laboral

Tanto el calendario como el horario laboral deben estar publicados y a disposición del trabajador.

La jurisprudencia social ha establecido que el horario debe mostrarse en un lugar visible en el centro de trabajo.

62 Revisiones médicas

Es una obligación del empresario poner a disposición del trabajador una revisión médica anual y es un derecho del trabajador que puede voluntariamente renunciar a él, salvo en algunos casos en que la obligación la tiene el propio trabajador.

Los reconocimientos sanitarios previos a la incorporación del trabajo sólo podrán realizarse cuando así se disponga expresamente en la normativa de aplicación.

63 Plan de igualdad

Un plan de igualdad es un conjunto ordenado de medidas para alcanzar la igualdad de trato de oportunidades entre mujeres y hombres, y para eliminar la discriminación por razón de sexo. Los planes de igualdad en las empresas deben establecerse "a partir de un diagnóstico negociado, en su caso, con la representación legal de las personas trabajadoras" según el propio BOE.

Obligatoriedad de contar con un plan de igualdad

A partir de marzo de 2022 todas las empresas con 50 o más trabajadores deben de tener un plan de igualdad. Es importante señalar que, para hacer el cómputo global, se ha de tener en cuenta a todos los trabajadores (independientemente de si su contrato es de jornada completa o parcial, o temporal/indefinido).

Para saber si nuestra empresa ha llegado a la cifra que obliga a contar con un plan de igualdad, puede comprobarse en cualquier momento, aunque, como mínimo, el último día de los meses de junio y diciembre de cada año; es decir, el 30 de junio y el 31 de diciembre.

Se tendrá en cuenta a todas las personas que existen en ese momento. Y se sumarán los contratos de duración determinada, cualquiera que sea su modalidad, que, habiendo estado vigentes en la empresa durante los seis meses anteriores, se hayan extinguido en el momento de efectuar el cómputo. En este caso, por cada 100 días trabajados o fracción se computará como una persona trabajadora más.

Los planes de igualdad obligatorios por el número de personas en plantilla deberán ser negociados con la representación legal de las personas trabajadoras.

Sin perjuicio de lo anterior, el plan de igualdad será obligatorio con independencia del número de trabajadores cuando:

PARTE VIII: Las claves si quieres contratar trabajadores

- El plan de igualdad esté definido por el convenio colectivo aplicable en cada caso.

- Cuando la autoridad laboral hubiera acordado en un procedimiento sancionador la sustitución de las sanciones accesorias por la elaboración y aplicación de dicho plan, en los términos que se fijen en el indicado acuerdo.

El resto de empresas no obligadas a tener un plan de igualdad, pueden contar con el de forma voluntaria. Lo podrán elaborar e implantar, previa consulta o negociación con la representación legal de los trabajadores (si hubiera). En caso de no haber representación legal de los trabajadores, la empresa podrá hacerlo de forma unilateral o puede crear una comisión compuesta por personas de la plantilla y de la empresa, que estén formadas en materia de igualdad (si es posible).

Contenido del plan de igualdad

El plan de igualdad deberá contemplar:

- El acceso al empleo.
- La clasificación personal.
- La promoción.
- La formación.
- La retribución.
- La conciliación.
- El acoso laboral.

Estas medidas se deben establecer en base a un diagnóstico inicial que deberá contener, al menos, las siguientes materias que se perfilan detalladamente a continuación:

- Proceso de selección y contratación
- Clasificación profesional.
- Formación.
- Promoción profesional.
- Condiciones de trabajo, incluida la auditoría salarial entre mujeres y hombres.
- Ejercicio corresponsable de los derechos de la vida personal, familiar y laboral.
- Infrarrepresentación femenina.
- Retribuciones.
- Prevención del acoso sexual y por razón de sexo.

Todas estas medidas deberán ser un espejo fiel de la situación particular de cada empresa en relación a la igualdad entre mujeres y hombres, por lo que es importante realizar previamente un diagnóstico de este ámbito concreto.

Con ese fin, se debe de establecer, según la propia normativa "qué medidas son prioritarias, esto es, aquellas que se dirigen a erradicar las discriminaciones o desigualdades más evidentes, así como las que facilitan el desarrollo de otras medidas, sin las cuales no podrían desarrollarse".

 CONSEJO DEL EXPERTO

"Contrata a una empresa especializada en planes de igualdad para que te asesore en el proceso. Se trata de una regulación novedosa con múltiples componentes a tener en cuenta que deben de cumplirse."

María Sánchez - Asesor laboral en DAEM

PARTE IX: El coste de no cumplir con tus obligaciones

¡Tómatelo en serio, incumplir puede tener consecuencias terribles!

Llegados a este punto, ya conoces lo que significa tener una sociedad limitada y sabes cuáles son tus obligaciones al respecto.

Ahora debo de decirte que te lo tomes muy enserio, no cumplir con tus obligaciones puede tener consecuencias terribles, no solo económicas, puedes llegar a tener consecuencias civiles e incluso penales, en el peor de los casos.

Por ello, debes de conocer los riesgos a los que a los que se enfrenta tanto la sociedad como tú mismo por lo que, en este apartado, podrás encontrar el régimen de sanciones por incumplir tus obligaciones, tanto con la Agencia Tributaria como con la Seguridad Social. Adicionalmente a las sanciones, debes de tener presente que no presentar o liquidar las obligaciones a tiempo conlleva recargos e intereses de demora.

Si te has asustado, quizás es buen momento de mirar hacia atrás y volver a leer los conceptos que no te hayan quedado claros de este libro y, en todo caso, consultar con un asesor para asegurarte que tienes claras cuáles son tus obligaciones y que no tengas que aplicar lo que te contaremos a continuación.

64 Régimen sancionador de la Agencia Tributaria

La Administración Tributaria tiene cómo órgano sancionador a la Agencia Estatal de la Administración Tributaria quien procede a dirigir los análisis de la comisión de las infracciones tributarias de imponer las sanciones correspondientes, en caso de resultar procedente.

La Ley General Tributaria es el eje central del ordenamiento tributario donde se recogen sus principios esenciales y se regulan las relaciones entre la Administración tributaria y los contribuyentes. La ley vigente en la actualidad y a la que hacemos referencia en este capítulo es la Ley 58/2003, de 17 de diciembre, General Tributaria.

Las infracciones serán calificadas como leves, graves y muy graves en atención a la naturaleza del deber infringido y la entidad del derecho afectado. La calificación en cada uno de estos grados tendrá incidencia en la sanción que se impondrá al autónomo.

En este capítulo nos centraremos en los diferentes tipos de infracciones con la Agencia Tributaria y sus sanciones correspondientes.

 CONSEJO DEL EXPERTO

"Ante una inspección tributaria, mantén la calma, actúa con una actitud colaboradora en todo momento, prepárate ante las comparecencias que debes realizar, trata con educación y respeto al inspector (por muy injusta que te parezca la situación) y cuenta siempre con asesoramiento experto."

Jordi Company - Asesor fiscal en DAEM

PARTE IX: El coste de no cumplir con tus obligaciones

Sanción tributaria por dejar de ingresar la deuda tributaria que debiera resultar de una autoliquidación (artículo 191)

Sanción por dejar de ingresar dentro del plazo establecido en la normativa de cada tributo la totalidad o parte de la deuda tributaria que debiera resultar de la correcta autoliquidación del tributo.

Se aplicará una excepción cuando se regularice la deuda sin requerimiento previo de la Administración tributaria (artículo 27) o proceda la aplicación de un reconocimiento de deuda, presentando la autoliquidación sin liquidar (párrafo b del apartado 1 del artículo 161).

La base de la sanción será la cuantía no ingresada.

Descripción de la infracción	Sanción mínima (%)	Sanción máxima (%)
LEVE: • Cuando la base de la sanción no supere 3.000 euros, exista o no ocultación. • Cuando la base de la sanción supere los 3.000 euros y no exista ocultación.	50%	50%

GRAVE:
• Cuando la base de la sanción sea superior a 3.000 euros y exista ocultación.
• Cualquiera que sea la cuantía de la base de la sanción, cuando:
   o Se hayan utilizado facturas, justificantes o documentos falsos o falseados, sin que sea constitutivo de medio fraudulento.
   o La incidencia de la llevanza incorrecta de los libros o registros sea superior al 10% e inferior o igual al 50% de la base de la sanción.
   o Se dejen de ingresar cantidades retenidas o ingresos a cuenta repercutidos, cuando dichas cantidades no superen el 50% de la base de la sanción.
	50%	100%

MUY GRAVE: • Cuando se hubieran utilizado medios fraudulentos. • Dejar de ingresar cantidades retenidas o ingresos a cuenta repercutidos, cuando dichas cantidades superen el 50% de la base de la sanción.	100%	150%

Infracción tributaria por incumplir la obligación de presentar de forma completa y correcta declaraciones o documentos necesarios para practicar liquidaciones (artículo 192)

Incumplir la obligación de presentar de forma completa y correcta las declaraciones o documentos necesarios, incluidos los relacionados con las obligaciones aduaneras, para que la Administración tributaria pueda practicar la adecuada liquidación de aquellos tributos que no se exigen por el procedimiento de autoliquidación.

Se aplicará una excepción cuando se regularice la deuda sin requerimiento previo de la Administración tributaria (artículo 27).

La base de la sanción será la cuantía de la liquidación cuando no se hubiera presentado declaración, o la diferencia entre la cuantía que resulte de la adecuada liquidación del tributo y la que hubiera procedido de acuerdo con los datos declarados.

Descripción de la infracción	Sanción mínima (%)	Sanción máxima (%)
LEVE: • Cuando la base de la sanción no supere 3.000 euros, exista o no ocultación. • Cuando la base de la sanción supere los 3.000 euros y no exista ocultación.	50%	50%

GRAVE:
• Cuando la base de la sanción sea superior a 3.000 euros y exista ocultación.
• Cualquiera que sea la cuantía de la base de la sanción, cuando:
   ○ Se hayan utilizado facturas, justificantes o documentos falsos o falseados, sin que sea constitutivo de medio fraudulento.
   ○ La incidencia de la llevanza incorrecta de los libros o registros sea superior al 10% e inferior o igual al 50% de la base de la sanción.
   ○ Se dejen de ingresar cantidades retenidas o ingresos a cuenta repercutidos, cuando dichas cantidades no superen el 50% de la base de la sanción.
	50%	100%

MUY GRAVE: • Cuando se hubieran utilizado medios fraudulentos. • Dejar de ingresar cantidades retenidas o ingresos a cuenta repercutidos, cuando dichas cantidades superen el 50% de la base de la sanción.	100%	150%

PARTE IX: El coste de no cumplir con tus obligaciones

Infracción tributaria por obtener indebidamente devoluciones (artículo 193)

Obtener indebidamente devoluciones derivadas de la normativa de cada tributo.

La base de la sanción será la cantidad devuelta indebidamente como consecuencia de la comisión de la infracción.

Descripción de la infracción	Sanción mínima (%)	Sanción máxima (%)
LEVE: • Cuando la base de la sanción no supere 3.000 euros, exista o no ocultación. • Cuando la base de la sanción supere los 3.000 euros y no exista ocultación.	50%	50%

GRAVE:
• Cuando la base de la sanción sea superior a 3.000 euros y exista ocultación.
• Cualquiera que sea la cuantía de la base de la sanción, cuando:
  o Se hayan utilizado facturas, justificantes o documentos falsos o falseados, sin que sea constitutivo de medio fraudulento.
  o La incidencia de la llevanza incorrecta de los libros o registros sea superior al 10% e inferior o igual al 50% de la base de la sanción.
	50%	100%

MUY GRAVE: • Cuando se hubieran utilizado medios fraudulentos.	100%	150%

Infracción tributaria por solicitar indebidamente devoluciones, beneficios o incentivos fiscales (artículo 194)

Solicitar indebidamente devoluciones derivadas de la normativa de cada tributo mediante la omisión de datos relevantes o la inclusión de datos falsos en autoliquidaciones, comunicaciones de datos o solicitudes, sin que las devoluciones se hayan obtenido.

La base de la sanción será la cantidad indebidamente solicitada.

Descripción de la infracción	Sanción mínima (€)	Sanción máxima (%)
GRAVE: • Por solicitud indebida de devoluciones. Se produce siempre que se omitan datos relevantes o se incluyan datos falsos. La base de la sanción, es la cantidad indebidamente solicitada. • Se produce siempre que se omitan datos relevantes o se incluyan datos falsos y no procedan las sanciones por las infracciones de otros artículos (191, 192, 194.1 o 195).	300,00	15%

PARTE IX: El coste de no cumplir con tus obligaciones

Infracción tributaria por determinar o acreditar improcedentemente partidas positivas o negativas o créditos tributarios aparentes (artículo 195)

Determinar o acreditar improcedentemente partidas positivas o negativas o créditos tributarios a compensar o deducir en la base o en la cuota de declaraciones futuras, propias o de terceros.

También se incurre en esta infracción cuando se declare incorrectamente la renta neta, las cuotas repercutidas, las cantidades o cuotas a deducir o los incentivos fiscales de un período impositivo sin que se produzca falta de ingreso u obtención indebida de devoluciones por haberse compensado en un procedimiento de comprobación o investigación cantidades pendientes de compensación, deducción o aplicación.

La base de la sanción será el importe de las cantidades indebidamente determinadas o acreditadas. En el supuesto previsto en el segundo párrafo de este apartado, se entenderá que la cantidad indebidamente determinada o acreditada es el incremento de la renta neta o de las cuotas repercutidas, o la minoración de las cantidades o cuotas a deducir o de los incentivos fiscales, del período impositivo.

Descripción de la infracción	Sanción mínima (%)	Sanción máxima (%)
GRAVE: • La determinación de partidas a compensar o deducir en la base imponible. • Le determinación partidas a compensar o deducir en la cuota o créditos tributarios aparentes.	15%	50%

Infracción tributaria por imputar incorrectamente o no imputar bases imponibles, rentas o resultados por las entidades sometidas a un régimen de imputación de rentas (artículo 196)

Imputar incorrectamente o no imputar bases imponibles, rentas o resultados por las entidades sometidas a un régimen de imputación de rentas.

Esta acción u omisión no constituirá infracción por la parte de las bases o resultados que hubiese dado lugar a la imposición de una sanción a la entidad sometida al régimen de imputación de rentas por la comisión de las infracciones de los artículos 191, 192 o 193 de la ley (a los que hacen referencia los apartados anteriores).

La base de la sanción será el importe de las cantidades no imputadas. En el supuesto de cantidades imputadas incorrectamente, la base de la sanción será el importe que resulte de sumar las diferencias con signo positivo, sin compensación con las diferencias negativas, entre las cantidades que debieron imputarse a cada socio o miembro y las que se imputaron a cada uno de ellos.

Descripción de la infracción	Sanción (%)
GRAVE	40%

Imputar incorrectamente deducciones, bonificaciones y pagos a cuenta por las entidades sometidas a un régimen de imputación de rentas (artículo 197)

Imputar incorrectamente deducciones, bonificaciones y pagos a cuenta a los socios o miembros por las entidades sometidas al régimen de imputación de rentas.

Esta acción no constituirá infracción por la parte de las cantidades incorrectamente imputadas a los socios o partícipes que hubiese dado lugar a la imposición de una sanción a la entidad sometida a un régimen de imputación de rentas por la comisión de las infracciones de los artículos 191, 192 o 193 de esta ley (a los que hemos hecho referencia en este capítulo).

La base de la sanción será el importe que resulte de sumar las diferencias con signo positivo, sin compensación con las diferencias negativas, entre las cantidades que debieron imputarse a cada socio o miembro y las que se imputaron a cada uno de ellos.

Descripción de la infracción	Sanción (%)
GRAVE	75%

Infracción tributaria por no presentar en plazo autoliquidaciones o declaraciones sin que se produzca perjuicio económico, por incumplir la obligación de comunicar el domicilio fiscal o por incumplir las condiciones de determinadas autorizaciones (artículo 198)

No presentar en plazo autoliquidaciones o declaraciones, así como los documentos relacionados con las obligaciones aduaneras, siempre que no se haya producido o no se pueda producir perjuicio económico a la Hacienda Pública.

Descripción de la infracción	Sanción mínima (€)	Sanción máxima (€)
LEVE	200,00	20.000,00

PARTE IX: El coste de no cumplir con tus obligaciones

Infracción tributaria por presentar incorrectamente autoliquidaciones o declaraciones sin que se produzca perjuicio económico o contestaciones a requerimientos individualizados de información (artículo 199)

Presentar de forma incompleta, inexacta o con datos falsos autoliquidaciones o declaraciones, así como los documentos relacionados con las obligaciones aduaneras, siempre que no se haya producido o no se pueda producir perjuicio económico a la Hacienda Pública, o contestaciones a requerimientos individualizados de información.

También constituirá infracción tributaria presentar las autoliquidaciones, las declaraciones, los documentos relacionados con las obligaciones aduaneras u otros documentos con trascendencia tributaria por medios distintos a los electrónicos, informáticos y telemáticos en aquellos supuestos en que hubiera obligación de hacerlo por dichos medios.

Descripción de la infracción	Sanción mínima (€)	Sanción máxima (%)
GRAVE: • Presentar autoliquidaciones o declaraciones incompletas, inexactas o con datos falsos. • Presentar declaraciones censales incompletas, inexactas o con datos falsos. • Presentar de forma incompleta, inexacta o con datos falsos las declaraciones de suministro de información o declaraciones exigidas de acuerdo con los artículos 93 y 94 de la LGT.	150,00	2% de las operaciones no declaradas.

Infracción tributaria por incumplir obligaciones contables y registrales (artículo 200)

Incumplimiento de obligaciones contables y registrales, entre otras:

- La inexactitud u omisión de operaciones en la contabilidad o en los libros y registros exigidos por las normas tributarias.

- La utilización de cuentas con significado distinto del que les corresponda, según su naturaleza, que dificulte la comprobación de la situación tributaria del obligado.

- El incumplimiento de la obligación de llevar o conservar la contabilidad, los libros y registros establecidos por las normas tributarias, los programas y archivos informáticos que les sirvan de soporte y los sistemas de codificación utilizados.

- La llevanza de contabilidades distintas referidas a una misma actividad y ejercicio económico que dificulten el conocimiento de la verdadera situación del obligado tributario.

- El retraso en más de cuatro meses en la llevanza de la contabilidad o de los libros y registros establecidos por las normas tributarias.

- La autorización de libros y registros sin haber sido diligenciados o habilitados por la Administración cuando la normativa tributaria o aduanera exija dicho requisito.

- El retraso en la obligación de llevar los Libros Registro a través de la Sede electrónica de la Agencia Estatal de Administración Tributaria mediante el suministro de los registros de facturación en los términos establecidos reglamentariamente.

Descripción de la infracción	Sanción mínima (€)	Sanción máxima (€)
GRAVE	150,00	6.000,00

PARTE IX: El coste de no cumplir con tus obligaciones

Infracción tributaria por incumplir obligaciones de facturación o documentación (artículo 201)

Incumplimiento de las obligaciones de facturación, entre otras, la de expedición, remisión, rectificación y conservación de facturas, justificantes o documentos sustitutivos.

La base de la sanción será el conjunto de las operaciones que hayan originado la infracción, con un mínimo de 150 euros en función de la gravedad.

Descripción de la infracción	Sanción mínima (€/%)	Sanción máxima (€/%)
LEVE: • El incumplimiento de las obligaciones relativas a la correcta expedición o utilización de los documentos de circulación exigidos por la normativa de los impuestos especiales, salvo que constituya infracción tipificada en la ley reguladora de dichos impuestos.	150,00	150,00
GRAVE: • El incumplimiento de los requisitos exigidos por la normativa reguladora de la obligación de facturación relativos a la expedición, remisión, rectificación y conservación de facturas o documentos sustitutivos. • El incumplimiento conste en la falta de expedición o en la falta de conservación de facturas, justificantes o documentos sustitutivos.	300,00	2%
MUY GRAVE: • El incumplimiento consista en la expedición de facturas o documentos sustitutivos con datos falsos o falseados.	75%	100%

Infracción tributaria por fabricación, producción, comercialización y tenencia de sistemas informáticos que no cumplan las especificaciones exigidas por la normativa aplicable (artículo 201bis)

Como novedad en 2022, se establece un régimen sancionador específico para la mera producción de los sistemas o programas que permitan la manipulación de los datos contables y de gestión, o la tenencia de los mismos sin la adecuada certificación

Descripción de la infracción	Sanción mínima (€)	Sanción máxima (€)
GRAVE: • Fabricación, producción y comercialización de dichos sistemas informáticos. Por cada ejercicio económico en el que se hayan producido ventas y por cada tipo distinto de sistema o programa informático o electrónico que sea objeto de infracción	150.000,00	150.000,00
GRAVE: • Tenencia de los sistemas informáticos que no estén debidamente certificados. Por cada ejercicio económico.	50.000,00	50.000,00

PARTE IX: El coste de no cumplir con tus obligaciones

Infracción tributaria por incumplir las obligaciones relativas a la utilización y a la solicitud del número de identificación fiscal o de otros números o códigos (artículo 202)

Incumplimiento de las obligaciones relativas a la utilización del número de identificación fiscal y de otros números o códigos establecidos por la normativa tributaria o aduanera.

Descripción de la infracción	Sanción mínima (€)	Sanción máxima (€/%)
LEVE: • Constituye infracción tributaria el incumplimiento de las obligaciones relativas a la utilización del número de identificación fiscal y de otros números o códigos establecidos por la normativa tributaria o aduanera.	150,00	150,00
GRAVE: • El incumplimiento de los deberes que específicamente incumben a las entidades de crédito en relación con la utilización del número de identificación fiscal en las cuentas u operaciones o en el libramiento o abono de los cheques al portador. • El incumplimiento de los deberes relativos a la utilización del número de identificación fiscal en el libramiento o abono de los cheques al portador.	1.000,00	5% de las cantidades indebidamente abonadas o cargadas
MUY GRAVE: • Comunicar datos falsos o falseados en las solicitudes de número de identificación fiscal provisional o definitivo.	30.000,00	30.000,00

Infracción tributaria por resistencia, obstrucción, excusa o negativa a las actuaciones de la Administración tributaria (artículo 203)

La resistencia, obstrucción, excusa o negativa a las actuaciones de la Administración tributaria.

Se entiende producida esta circunstancia cuando el sujeto infractor, debidamente notificado al efecto, haya realizado actuaciones tendentes a dilatar, entorpecer o impedir las actuaciones de la Administración tributaria en relación con el cumplimiento de sus obligaciones.

Entre otras, constituyen resistencia, obstrucción, excusa o negativa a las actuaciones de la Administración tributaria las siguientes conductas:

- No facilitar el examen de documentos, informes, antecedentes, libros, registros, ficheros, facturas, justificantes y asientos de contabilidad principal o auxiliar, programas y archivos informáticos, sistemas operativos y de control y cualquier otro dato con trascendencia tributaria.

- No atender algún requerimiento debidamente notificado.

- La incomparecencia, salvo causa justificada, en el lugar y tiempo que se hubiera señalado.

- Negar o impedir indebidamente la entrada o permanencia en fincas o locales a los funcionarios de la Administración tributaria o el reconocimiento de locales, máquinas, instalaciones y explotaciones relacionados con las obligaciones tributarias.

- Las coacciones a los funcionarios de la Administración tributaria.

Descripción de la infracción	Sanción mínima (€)	Sanción máxima (€)
GRAVE	150,00	600.000,00

Infracción tributaria por incumplir el deber de sigilo exigido a los retenedores y a los obligados a realizar ingresos a cuenta (artículo 204)

Incumplimiento del deber de sigilo (mantener discreción y no hacer uso de informaciones en su propio beneficio) que el artículo 95 de la ley exige a retenedores y obligados a realizar ingresos a cuenta: "Los retenedores y obligados a realizar ingresos a cuenta sólo podrán utilizar los datos, informes o antecedentes relativos a otros obligados tributarios para el correcto cumplimiento y efectiva aplicación de la obligación de realizar pagos a cuenta. Dichos datos deberán ser comunicados a la Administración tributaria en los casos previstos en la normativa propia de cada tributo, salvo lo dispuesto anteriormente, los referidos datos, informes o antecedentes tienen carácter reservado. Los retenedores y obligados a realizar ingresos a cuenta quedan sujetos al más estricto y completo sigilo respecto de ellos".

Descripción de la infracción	Sanción mínima (€)	Sanción máxima (€)
GRAVE	300,00	600,00

Infracción tributaria por incumplir la obligación de comunicar correctamente datos al pagador de rentas sometidas a retención o ingreso a cuenta (artículo 205)

No comunicar datos o comunicar datos falsos, incompletos o inexactos al pagador de rentas sometidas a retención o ingreso a cuenta, cuando se deriven de ello retenciones o ingresos a cuenta inferiores a los procedentes.

La base de la sanción será la diferencia entre la retención o ingreso a cuenta procedente y la efectivamente practicada durante el período de aplicación de los datos falsos, incompletos o inexactos.

Descripción de la infracción	Sanción mínima (%)	Sanción máxima (%)
LEVE: • El incumplimiento de la obligación de comunicar correctamente datos al pagador de rentas sometidas a retención o ingreso a cuenta cuando el obligado tributario tenga obligación de presentar autoliquidación que incluya las rentas sujetas a retención o ingreso a cuenta.	35%	35%
GRAVE: • El incumplimiento de la obligación de comunicar correctamente datos al pagador de rentas sometidas a retención o ingreso a cuenta cuando el perceptor no esté obligado a presentar autoliquidaciones: sanción pecuniaria proporcional del 150%.	150%	150%

Infracción por incumplir la obligación de entregar el certificado de retenciones o ingresos a cuenta (artículo 206)

El incumplimiento de la obligación de entregar el certificado de retenciones o ingresos a cuenta practicados a los obligados tributarios perceptores de las rentas sujetas a retención o ingreso a cuenta.

Descripción de la infracción	Sanción (€)
LEVE	150,00

Infracción en supuestos de conflicto en la aplicación de la norma tributaria (artículo 206bis)

Incumplimiento de las obligaciones tributarias mediante la realización de actos o negocios cuya regularización se hubiese efectuado mediante la aplicación de lo dispuesto en el artículo 15 de la Ley.

Se entenderá que existe conflicto en la aplicación de la norma tributaria cuando se evite total o parcialmente la realización del hecho imponible o se minore la base o la deuda tributaria mediante actos o negocios en los que concurran las siguientes circunstancias:

- Que, individualmente considerados o en su conjunto, sean notoriamente artificiosos o impropios para la consecución del resultado obtenido.

- Que de su utilización no resulten efectos jurídicos o económicos relevantes, distintos del ahorro fiscal y de los efectos que se hubieran obtenido con los actos o negocios usuales o propios.

El incumplimiento a que se refiere este apartado constituirá infracción tributaria exclusivamente cuando se acredite la existencia de igualdad sustancial entre el caso objeto de regularización y aquel o aquellos otros supuestos en los que se hubiera establecido criterio administrativo y éste hubiese sido hecho público para general conocimiento antes del inicio del plazo para la presentación de la correspondiente declaración o autoliquidación.

PARTE IX: El coste de no cumplir con tus obligaciones

Descripción de la infracción	Sanción (%)
GRAVE: • La falta de ingreso dentro del plazo establecido en la normativa de cada tributo de la totalidad o parte de la deuda tributaria.	50% de la cuantía no ingresada.
• La obtención indebida de una devolución derivada de la normativa de cada tributo.	50 % la cantidad devuelta indebidamente.
• La solicitud indebida de una devolución, beneficio o incentivo fiscal.	15 % de la cantidad indebidamente solicitada.
• La determinación o acreditación improcedente de partidas positivas o negativas o créditos tributarios a compensar o deducir en la base o en la cuota de declaraciones futuras, propias o de terceros.	15 % del importe de las cantidades indebidamente determinadas o acreditadas, si se trata de partidas a compensar o deducir en la base imponible, o del 50 % si se trata de partidas a deducir en la cuota o de créditos tributarios aparentes.

Las infracciones y sanciones reguladas en este artículo serán incompatibles con las que corresponderían por las reguladas en los artículos 191, 193, 194 y 195 de la ley (ver apartados anteriores).

65 Régimen sancionador de la Seguridad Social

En el ámbito del derecho laboral y la Seguridad Social es la Inspección de Trabajo y Seguridad Social el órgano competente para fiscalizar.

La Administración Laboral es la que sancionará los incumplimientos en los que puedas incurrir como autónomo en materia de derecho laboral y Seguridad Social.

Como administrador de la empresa, en función de la gravedad de la infracción podrás tener también responsabilidades en el orden civil e, incluso, penal.

Puedes incurrir en sanción cuando incurras en infracciones al haber realizado acciones u omisiones contrarias a las normas legales, reglamentarias y cláusulas normativas de los convenios colectivos en materia de relaciones laborales, tanto individuales como colectivas, en los que los trabajadores autónomos incurran serán consideradas infracciones laborales.

Según la Ley sobre Infracciones y Sanciones en el Orden Social (LISOS), constituyen infracciones administrativas en el orden social las acciones u omisiones de los distintos sujetos responsables tipificadas y sancionadas en la ley.

Las infracciones no podrán ser objeto de sanción sin previa instrucción del oportuno expediente, de conformidad con el procedimiento administrativo especial en esta materia, a propuesta de la Inspección de Trabajo y Seguridad Social (sin perjuicio de las responsabilidades de otro orden que puedan concurrir).

Las infracciones serán calificadas como leves, graves y muy graves en atención a la naturaleza del deber infringido y la entidad del derecho afectado. La calificación en cada uno de estos grados tendrá incidencia en la sanción que se impondrá al trabajador autónomo.

PARTE IX: El coste de no cumplir con tus obligaciones

Por otro lado, serán infracciones laborales las acciones u omisiones contrarias a las normas legales, reglamentarias y cláusulas normativas de los convenios colectivos en materia de relaciones laborales, tanto individuales como colectivas, de colocación, empleo, formación profesional para el empleo, de trabajo temporal y de inserción sociolaboral.

Como novedad en 2022, la Inspección de Trabajo podrá emitir actas de infracción automáticas sin intervención del inspector a partir del 1 de enero de 2022 lo que conllevará una intensificación de la acción inspectora.

Además, desde la misma fecha se permite el pronto pago de las sanciones que consiste en concluir el proceso sancionador reconociendo la responsabilidad de la infracción y abonando la sanción propuesta inicialmente por la Inspección con una reducción del 40% de su importe.

En este capítulo nos centraremos en los diferentes tipos de infracciones relacionadas con el derecho laboral y de Seguridad Social y sus sanciones correspondientes.

Sanciones por incumplimiento de las obligaciones generales derivadas de la actividad

Descripción de la infracción	Sanción mínima (€)	Sanción máxima (€)
LEVE: • Falta de Libro de visitas de la Inspección de Trabajo y Seguridad Social en el centro de trabajo (suprimido desde 2016). • No exponer en lugar visible del centro de trabajo el calendario laboral vigente. • No exponer en lugar destacado del centro de trabajo el ejemplar del documento de cotización o copia autorizada del mismo. • No comunicar la apertura y el cese de actividad de los centros de trabajo. • No entregar puntualmente al trabajador el recibo de salario o no utilizar un modelo ajustado a las exigencias legales. • Cualquier otro incumplimiento que afecte a obligaciones meramente formales.	60,00	625,00
GRAVE: • Iniciar la actividad sin haber solicitado la inscripción de la empresa en la Seguridad Social. • No comunicar la apertura y el cese de actividad de los centros de trabajo en empresas consideradas como peligrosas, insalubres o nocivas por elementos procesos o sustancias que se manipulen. • No comunicar las variaciones de datos u otras obligaciones establecidas reglamentariamente en materia de inscripción de empresas e identificación de centros de trabajo. • No cumplir las obligaciones que en materia de planes y medidas de igualdad.	626,00	6.250,00
MUY GRAVE: • La obstrucción de la labor de la Inspección de Trabajo. • Entre otros incumplimientos graves que causen perjuicio a los derechos trabajadores.	6.251,00	187.515,00

PARTE IX: El coste de no cumplir con tus obligaciones

Sanciones por incumplimiento en materia de contratación

Descripción de la infracción	Sanción mínima (€)	Sanción máxima (€)
LEVE: • No comunicar, en tiempo y forma, las bajas de los trabajadores que cesen en el servicio a la empresa, así como las demás variaciones que les afecten. • No informar por escrito a los trabajadores sobre los elementos esenciales del contrato. • La falta de entrega al trabajador por parte del empresario del documento justificativo al que se refiere el artículo 15.8 del Estatuto de los Trabajadores. • No informar a los trabajadores a tiempo parcial, a los trabajadores a distancia y a los trabajadores con contratos de duración determinada o temporales sobre las vacantes existentes en la empresa. • Cualesquiera otros incumplimientos que afecten a obligaciones meramente formales o documentales.	60,00	625,00
GRAVE: • No solicitar, en tiempo y forma, la afiliación inicial, así como no comunicar en iguales términos el alta de cada trabajador que ingresa a su servicio. • No solicitar los trabajadores por cuenta propia, en tiempo y forma, su afiliación inicial o alta en el correspondiente Régimen de la Seguridad Social cuando la omisión genere impago de la cotización que corresponda. • No formalizar por escrito el contrato de trabajo cuando este requisito sea exigible o cuando lo haya solicitado el trabajador. • La transgresión de la normativa sobre modalidades contractuales de duración determinada mediante su utilización en fraude de Ley.	626,00	6.250,00

Sanciones por incumplimiento en materia de desarrollo de las relaciones laborales

Descripción de la infracción	Sanción mínima (€)	Sanción máxima (€)
LEVE: • No conservar, durante cuatro años, la documentación que acredite el cumplimiento de las obligaciones en materia de afiliación, altas, bajas, variaciones de datos, así como los documentos de cotización y los recibos justificativos del pago de salarios y del pago delegado de prestaciones. • No comunicar, en tiempo y forma, las bajas de los trabajadores que cesen en el servicio a la empresa, así como las demás variaciones que les afecten.	60,00	625,00
GRAVE: • No entregar al trabajador, en tiempo y forma, el certificado de empresa y cuantos documentos sean precisos para la solicitud y tramitación de cualesquiera prestaciones. • No solicitar los trabajadores por cuenta propia, en tiempo y forma, su afiliación inicial o alta en el correspondiente Régimen de la Seguridad Social cuando la omisión genere impago de la cotización que corresponda. • No consignar en el recibo salarial las cantidades realmente abonadas al trabajador. • El incumplimiento de las obligaciones en materia de tramitación de los recibos de finiquito. • La modificación sustancial de condiciones de trabajo impuesta unilateralmente por la empresa sin seguir el procedimiento exigido legalmente. • Fijar condiciones laborales inferiores a las establecidas legalmente o por Convenio Colectivo. • Incumplir la obligación de información en materia de contratación y subcontratación y en los supuestos de sucesión de empresa. • No disponer del Libro de Subcontratación cuando sea exigible.	626,00	6.250,00

PARTE IX: El coste de no cumplir con tus obligaciones

Descripción de la infracción	Sanción mínima (€)	Sanción máxima (€)
• La transgresión de las normas y los límites legales o pactados en materia de jornada, trabajo nocturno, horas extraordinarias, horas complementarias, descansos, vacaciones, permisos, registro de jornada. **MUY GRAVE:** • Dar ocupación como trabajadores a beneficiarios de pensiones y otras prestaciones periódicas de la Seguridad Social cuyo disfrute sea incompatible con el trabajo por cuenta ajena, cuando no se les haya dado de alta en la Seguridad Social. • El impago y los retrasos reiterados en el pago del salario debido. • La cesión de trabajadores en los términos prohibidos por la legislación vi- gente. • Los actos empresariales lesivo del derecho de huelga o de los derechos sindicales. • La trasgresión de las normas sobre trabajo de menores contempladas en la legislación laboral. • Los actos del empresario que vulneren el respeto a la intimidad y consideración debida a la dignidad de los trabajadores. • Las actuaciones de la empresa que impliquen discriminación o vulneración del derecho de igualdad. • El acoso dentro del ámbito laboral que siendo conocido por la empresa no hubiera comportada la adopción de medidas para impedirlo.	6.251,00	187.515,00

Sanciones por incumplimientos en materia de empleo

Descripción de la infracción	Sanción mínima (€)	Sanción máxima (€)
LEVE: • No comunicar a la oficina de empleo las contrataciones realizadas en los supuestos en que exista dicha obligación. • La falta de registro ante el servicio de empleo de los contratos y prórrogas cuando este registro fuera obligatorio por normativa. • No comunicar a la oficina de empleo la terminación de contratos cuando dicha obligación esté prevista.	60,00	625,00
GRAVE: • El incumpliendo en materia de integración de personas con discapacidad de la obligación legal de reserva de puestos de trabajos para personas con discapacidad o de la aplicación de sus medidas alternativas. • No notificar a los representantes legales de los trabajadores las contrataciones de duración determinada que se celebren. • La publicación por cualquier medio de difusión de ofertas de empleo que no respondan a las reales condiciones del puesto ofertado o que contengan condiciones contrarias a normativa.	626,00	6.250,00
MUY GRAVE: • Ejercer actividades de intermediación laboral, de cualquier clase y ámbito funcional, que tengan por objeto la colocación de trabajadores sin haber obtenido la correspondiente autorización administrativa o continuar actuando en dicha forma tras haber finalizado la autorización. • Solicitar datos durante los procesos de selección o establecer condiciones que constituyan discriminaciones para el acceso al empleo por motivos de sexo, origen, religión, opinión política, orientación sexual, religión, etc.	6.251,00	187.515,00

PARTE IX: El coste de no cumplir con tus obligaciones

Sanciones por incumplimientos en materia de Seguridad Social

Descripción de la infracción	Sanción mínima (€)	Sanción máxima (€)
LEVE: • No facilitar o comunicar fuera de plazo a las entidades correspondientes los datos, certificaciones y declaraciones que estén obligados a proporcionar, u omitirlos, o consignarlos inexactamente. • No remitir a la entidad correspondiente las copias de los partes de baja, confirmación o alta de incapacidad temporal facilitados por los trabajadores o la no trasmisión telemática de sus datos cuando se esté obligado.	60,00	625,00
GRAVE: • No ingresar en la forma y plazos reglamentarios las cuotas correspondientes que por todos los conceptos de recauda la TGSS o no efectuar el ingreso en la cuantía debida, habiendo presentado los documentos de cotización. • No entregar al trabajador en tiempo y forma cuantas certificaciones necesite para tramitar prestaciones o no comunicarlas telemáticamente si a ello está obligado. • Obtener o disfrutar indebidamente reducciones, bonificaciones o incentivos en las cuotas a ingresas por Seguridad Social.	626,00	6.250,00
MUY GRAVE: • Dar ocupación como trabajadores a beneficiarios o solicitantes de pensiones u otras prestaciones periódicas de la Seguridad Social, cuyo disfrute sea incompatible con el trabajo por cuenta ajena. • No ingresar en la forma y plazos reglamentarios las cuotas correspondientes que por todos los conceptos de recauda la TGSS o no efectuar el ingreso en la cuantía debida, cuando además no se hayan presentado los documentos de cotización. • El falseamiento de documentos para que los trabajadores obtengan o disfruten fraudulentamente prestaciones, así como la connivencia para la obtención fraudulenta de prestaciones.	6.251,00	187.515,00

Descripción de la infracción	Sanción mínima (€)	Sanción máxima (€)
• Pactar con los trabajadores la obligación de los mismos de asumir parte o la totalidad de los costes de Seguridad Social a cargo de la empresa. • Incrementar indebidamente las bases de cotización de los trabajadores para facilitar que accedan a prestaciones superiores. • No suscribir Convenio Especial cuando a ello se esté obligado. • Retener indebidamente sin ingresar la aportación a cargo del trabajador a la Seguridad Social descontada de su remuneración.		

PARTE IX: El coste de no cumplir con tus obligaciones

Sanciones por incumplimientos en materia de prevención de riesgos laborales

Descripción de la infracción	Sanción mínima (€)	Sanción máxima (€)
LEVE: • La falta de limpieza del centro de trabajo siempre que no suponga riesgo para la integridad física o salud de los rabajadores. • No comunicar en tiempo y forma a la autoridad laboral los accidentes leves acaecidos en la empresa. • Los incumplimientos de la normativa en prevención de riesgos siempre que carezcan de trascendencia grave para la integridad física o la salud de los trabajadores. • No disponer el contratista en la obra de construcción del Libro de Subcontratación. • Cualquier otra que afecte a obligaciones de carácter formal o documental exigidas por la normativa de prevención de riesgos que no esté tipificada como infracción grave o muy grave.	40,00	2.045,00
GRAVE: • Incumplir la obligación de integrar la prevención de riesgos laborales en la empresa. • No llevar a cabo la evaluación de riesgos y sus correspondientes actualizaciones y revisiones periódicas. • No realizar los reconocimientos médicos y pruebas de vigilancia periódica de la salud de los trabajadores que correspondan conforme a normativa o no comunicar sus resultados a los trabajadores. • No comunicar en tiempo y forma a la autoridad laboral los accidentes de trabajo graves, muy graves o mortales. • No investigar los accidentes de trabajo cuando se han producido daños para la salud de los trabajadores. • Incumplir la obligación de efectuar la planificación de la actividad preventiva.	2.046,00	40.985,00

Guía práctica de la PYME

Descripción de la infracción	Sanción mínima (€)	Sanción máxima (€)
• El incumplimiento de las obligaciones en materia de formación e información. • Adscribir trabajadores a puestos de trabajo no adecuados a sus condiciones de salud exigible.		
MUY GRAVE: • No observar las normas específicas de seguridad y salud de las trabajadoras embarazadas o e lactancia. • No observar las normas de seguridad y salud específica para trabajos de menores. • No paralizar los trabajos de forma inmediata tras requerimiento de la Inspección de Trabajo. • No actuar de forma coordinada cuando se concurra con una o más empresas en un mismo centro de trabajo. • Exponer a los trabajadores a riesgos graves e inminentes para su salud. • Incumplir el deber de confidencialidad respecto a los datos obtenidos de los trabajadores durante la actividad de vigilancia de la salud.	40.986,00	819.780,00

PARTE IX: El coste de no cumplir con tus obligaciones

Recargo de prestaciones

En caso de tener trabajadores a cargo, una de las obligaciones empresariales es velar por la seguridad y salud de los trabajadores. Por ello, es importante cumplir con las obligaciones en materia de prevención de riesgos laborales.

En caso de accidente de trabajo o enfermedad profesional derivadas de una actuación deficiente en materia de prevención de riesgos laborales, el empresario deberá afrontar un recargo de las prestaciones que le corresponda al trabajador correspondiente a un incremento entre el 30% y el 50% de la cuantía de dichas prestaciones.

La responsabilidad del pago del recargo recaerá directamente sobre el empresario infractor y no podrá ser cubierto por ningún seguro, puesto que tiene naturaleza sancionadora. Además, el recargo será compatible con otras responsabilidades de distinto orden que se puedan generar con la infracción como pueden ser las de carácter civil e, incluso, penal.

Quien abonará el recargo de prestaciones al trabajador será la Seguridad Social y ésta lo recaudará del empresario. No obstante, la Seguridad Social no será responsable subsidiario y, por lo tanto, en caso de insolvencia del empresario infractor, el trabajador no cobrará la cuantía.

La legislación no define la regla para el cálculo preciso y será la inspección de trabajo o el juez quien defina el porcentaje y la cuantía correspondiente. La cuantía variará según la prestación, la edad del trabajador y el porcentaje de recargo a aplicar.

El tratamiento fiscal que recibirá el recargo de prestaciones, en cuanto a IRPF, será el mismo que la prestación de la que deriva. Es decir, si el recargo de prestaciones fuese sobre una incapacidad permanente absoluta no tributará, pero en cambio, sí tributará en caso de incapacidad temporal.

Los requisitos para la existencia del recargo de prestaciones son:

- Existencia de un accidente laboral o enfermedad profesional.

- Incumplimiento del empresario en materia de prevención de riesgos laborales.

- Relación directa entre el incumplimiento empresarial con el accidente o enfermedad.

- La existencia de un accidente laboral o enfermedad profesional. Si no se ha considerado como tal, es necesario previamente iniciar un procedimiento de determinación de contingencias.

- Que el trabajador tenga derecho a percibir una prestación económica de la seguridad social.

66 Recargos por ingreso fuera de plazo de la Agencia Tributaria

La sociedad limitada tiene la responsabilidad de realizar en tiempo y forma las declaraciones correspondientes. En caso contrario, nos sometemos a un régimen de recargos (además del régimen de sanciones que hemos visto anteriormente).

Una vez vencido el plazo, cuanto antes corrijamos la irregularidad menos repercusiones tendremos. Si regularizamos la situación antes de que la Administración nos lo requiera, las consecuencias no serán tan graves como en el caso de que lo realicemos previo requerimiento.

Una vez transcurrido el plazo reglamentario, se aplicarán automáticamente unos recargos que se calcularán sobre el importe a ingresar resultante de las autoliquidaciones o sobre el importe de la liquidación derivado de las declaraciones extemporáneas y excluirá las sanciones que hubieran podido exigirse y los intereses de demora devengados hasta la presentación de la autoliquidación o declaración.

Los recargos varían en función de si existe o no requerimiento previo de la Administración Tributaria:

- Sin requerimiento previo por parte de la Administración Tributaria:

Retraso del ingreso	Recargo aplicable
Hasta 12 meses	1% + 1% por cada mes
Más de 12 meses	15% más intereses de demora

- Con requerimiento previo por parte de la Administración Tributaria:

Retraso del ingreso	Recargo aplicable
Recargo ejecutivo: cuando se satisfaga la totalidad de la deuda no ingresada en periodo voluntario antes de la notificación de la providencia de apremio.	5%
Recargo de apremio reducido: cuando se satisfaga la totalidad de la deuda no ingresada en periodo voluntario y el propio recargo antes de la finalización del plazo previsto para las deudas apremiadas.	10%
Recargo de apremio ordinario: cuando no concurran las circunstancias de recargo ejecutivo o de apremio reducido.	20% más intereses de demora

Este recargo se puede reducir en un 40% en lo que podríamos entender un descuento por "pronto pago" siempre que se realice el ingreso en los siguientes plazos según la notificación de liquidación:

- Si la notificación de la liquidación se realiza entre los días uno y 15 de cada mes, desde la fecha de recepción de la notificación hasta el día 20 del mes posterior o, si éste no fuera hábil, hasta el inmediato hábil siguiente.
- Si la notificación de la liquidación se realiza entre los días 16 y último de cada mes, desde la fecha de recepción de la notificación hasta el día cinco del segundo mes posterior o, si éste no fuera hábil, hasta el inmediato hábil siguiente.

El interés de demora se calcula en base al importe no ingresado en tiempo o sobre la cantidad de la devolución cobrada indebidamente, y se exigirá por el tiempo que tarde el contribuyente en regularizarse.

El tipo de interés será el marcado por el interés legal del dinero que, para 2022, es del 3,75%.

Como novedad en 2022, podremos regularizar voluntariamente sin recargo otros periodos pues no se exigirán los recargos si el obligado tributario regulariza, mediante la presentación de una declaración o autoliquidación correspondiente a otros períodos del mismo concepto impositivo, unos hechos o circunstancias idénticos a los regularizados por la Administración, y concurren determinadas circunstancias. Las circunstancias más significativas que deben de concurrir son:

- o Que la declaración o autoliquidación se presente en el plazo de seis meses a contar desde el día siguiente a aquél en que la liquidación se notifique o se entienda notificada.
- o Que de la regularización efectuada por la Administración no derive la imposición de una sanción.

67 Recargos por ingreso fuera de plazo de la Seguridad Social

Otra de las responsabilidades de la empresa es el ingreso de las cuotas que correspondan en caso de tener trabajadores a su cargo (que se abonan en el mes siguiente).

Una vez transcurrido el plazo reglamentario para el pago de las cuotas, se nos aplicarán automáticamente unos recargos. Estos recargos serán diferentes dependiendo de las siguientes situaciones:

- Si se han presentado los documentos de cotización dentro del plazo reglamentario:

Retraso del ingreso	Recargo aplicable
Hasta 1 mes	10%
Más de 1 mes	20%

- Si no se han presentado los documentos de cotización dentro del plazo reglamentario:

Retraso del ingreso	Recargo aplicable
Si se abonan antes de la finalización del plazo de ingreso que se establezca en la correspondiente reclamación de deuda o acta de liquidación.	20%
Si se abonan a partir de la terminación de dicho plazo de ingreso.	35%

Por otro lado, el resto de deudas con la Seguridad Social (distintas a las cuotas) tendrán un recargo del 20% cuando no se abonen dentro del plazo reglamentario que tengan establecido.

Además del recargo, el pago fuera de plazo tanto de cuotas como de deudas con la Seguridad Social genera intereses de demora:

PARTE IX: El coste de no cumplir con tus obligaciones

- Los intereses de demora se devengarán a partir del día siguiente al del vencimiento del plazo reglamentario de ingreso de las cuotas, si bien serán exigibles una vez transcurridos quince días desde la notificación de la providencia de apremio o comunicación del inicio del procedimiento de deducción, sin que se haya abonado la deuda.

- Serán exigibles dichos intereses cuando no se hubiese abonado el importe de la deuda en el plazo fijado en las resoluciones desestimatorias de los recursos presentados contra las reclamaciones de deuda o actas de liquidación, si la ejecución de dichas resoluciones fuese suspendida en los trámites del recurso contencioso-administrativo que contra ellas se hubiese interpuesto.

- Los intereses de demora exigibles serán los que haya devengado el principal de la deuda desde el vencimiento del plazo reglamentario de ingreso y los que haya devengado, además, el recargo aplicable en el momento del pago, desde la fecha en que, según el apartado anterior, sean exigibles.

- El tipo de interés de demora será el interés legal del dinero vigente en cada momento del periodo de devengo, incrementado en un 25%, salvo que la Ley de Presupuestos Generales del Estado establezca uno diferente. Para 2022, el interés legal del dinero es del 3,75%.

PARTE X: Digitaliza los trámites administrativos

¡Simplifica la gestión y ahórrate desplazamientos innecesarios!

Una vez ya conoces el marco legal que regulará la actividad de tu empresa y los riesgos a los que te enfrentas por incumplir con tus obligaciones, puedes empezar a pensar cómo simplificar todas las gestiones con la administración y ahorrarte desplazamientos innecesarios.

Desde la implantación de las Sedes Electrónicas de las Administraciones Públicas se han generalizado los trámites on-line tanto para ciudadanos como para empresarios y empresas. Cada vez más, los trámites electrónicos han ido relegando a las tramitaciones presenciales debido a su mayor agilidad y eficacia.

Las gestiones realizadas on-line evitan desplazamientos y colas innecesarias y, según se ha evidenciado durante la pandemia de la Covid-19, riesgos de contagio de enfermedades infecciosas. Además, no están sujetas a un horario ni a una apertura o cierre de oficinas por ser festivo o fin de semana.

En este apartado te mostramos los principales medios de identificación digital, así como el funcionamiento de las notificaciones tanto con la Agencia Tributaria como con la Seguridad Social.

68 Medios de identificación digitales

Estarán obligados a relacionarse con las administraciones públicas a través de medios electrónicos, los siguientes sujetos:

- Las personas jurídicas. Este es el caso de la sociedad limitada.

- Quienes representen a un interesado que esté obligado a relacionarse electrónicamente con la administración. Este es el caso de los administradores de una sociedad limitada.

- Las entidades sin personalidad jurídica.

- Quienes ejerzan una actividad profesional para la que se requiera colegiación obligatoria. Para los trámites y actuaciones que realicen con las administraciones públicas en ejercicio de dicha actividad profesional. Excluido el ámbito personal.

- Los empleados de las administraciones públicas para los trámites y actuaciones que realicen con ellas por razón de su condición de empleado público, en la forma en que se determine reglamentariamente por cada Administración.

Por lo tanto, la sociedad limitada está obligada a utilizar medios electrónicos para comunicarse con la administración y sus administradores, a pesar de que las personas físicas no lo están, también pues actúan en representación de la propia sociedad limitada.

Existen diferentes métodos por los que identificarse mediante las sedes electrónicas y es cada administración la que regula los accesos a sus ciudadanos o empresarios. Destacamos tres métodos validados y que son los más frecuentes para identificarse: el DNI electrónico, el certificado electrónico i el sistema Cl@ve.

El más utilizado a nivel empresarial es el certificado electrónico. Se trata de un fichero informático que permite, una vez descargado en un ordenador, a una persona física, o a una entidad, identificarse para realizar trámites telemáticos, de manera ágil y sencilla.

DNI electrónico

El DNI electrónico es el más sencillo de todos los métodos de identificación y al que tienen acceso una gran mayoría de ciudadanos pues, desde 2006, las expediciones del Documento Nacional de Identidad o DNI (tanto nuevas emisiones como renovaciones) incluyen la función del DNI electrónico.

La expedición y gestión del mismo corresponde al Cuerpo Nacional de Policía.

Para saber si se dispone de DNI electrónico simplemente es cuestión de analizar la tarjeta física (DNI). Si la tarjeta contiene un chip, se trata de un DNI electrónico.

El DNI electrónico se puede utilizar para:

- **Autentificar la Identidad:** el Certificado de Autenticación asegura al titular, en la comunicación electrónica, acreditar su identidad frente a cualquiera.

- **Firmar electrónicamente documentos:** mediante la utilización del Certificado de Firma, el receptor de un mensaje firmado electrónicamente puede verificar la autenticidad de esa firma, pudiendo de esta forma demostrar la identidad del firmante sin que éste pueda repudiarlo.

- **Certificar la Integridad de un documento:** permite comprobar que el documento no ha sido modificado por ningún agente externo a la comunicación.

No obstante, no basta con disponer de la tarjeta física para utilizar el DNI electrónico, sino que será necesario obtener una clave de acceso o código

PARTE X: Digitaliza los trámites administrativos

PIN, además debe de renovarse cada 30 meses en las oficinas de expedición del DNI (hay máquinas destinadas a ello sin necesidad de cita previa).

Para la utilización del DNI, es necesario contar con determinados elementos de hardware y software que nos van a permitir el acceso al chip de la tarjeta (entre ellos un lector de tarjetas específico para ello).

No obstante, mientras que el DNIe sólo permite el acceso mediante contacto, la nueva versión del DNI (el DNI 3.0), que se expide desde diciembre de 2015, dispone de un chip que permite también la conexión inalámbrica a través de la antena NFC (que tienen las tabletas y smartphone actuales).

Con el DNI 3.0, basta con situar el DNI en la parte posterior del teléfono o tablet para comunicarlos, para ello simplemente bastará con descargar la aplicación (APP) que se desea utilizar y que permita la validación del DNI 3.0 para identificarnos como usuario y acceder a un servicio específico o para firmar electrónicamente un documento.

Para más información se recomienda consultar las instrucciones y recomendaciones del Cuerpo Nacional de Policía que pueden encontrarse en su página web.

Certificado electrónico

De la misma manera que el DNI electrónico, el certificado electrónico (o, indistintamente, certificado digital) sirve para tramitar gestiones a través de Internet, incluyendo trámites con la Agencia Tributaria, la Seguridad Social o el Catastro.

A menudo se tienen a confundir ambos conceptos, más aún si se tiene en cuenta que el DNI electrónico también cuenta con un certificado digital integrado.

Los certificados digitales sirven para poder verificar la identidad tanto para realizar trámites on-line como para firmar documentos, diferenciando entre dos tipos de certificados digitales:

- Los que se incluyen en el chip del DNI electrónico.
- Los que emite la Fábrica Nacional de Moneda y Timbre (FNMT) u otras entidades análogas.

Para obtener el certificado de la FNMT (u de otras entidades análogas), es necesario ir a la web de la propia FNMT donde solicitar el certificado y seguir los pasos recomendados que suelen incluir una autentificación presencial de identidad (típicamente en una oficina de la Agencia Tributaria o de la Seguridad Social), aunque si ya se dispone de DNI electrónico, se puede obviar este paso. Al final del proceso, podrás descargarte un certificado que podrás instalar en Chrome, Firefox o Edge.

Alternativamente, puedes acudir a un centro que actúe como oficina emisora. Las "Oficinas Emisoras" actúan como Despachos Digitales e-Administración Pública, pudiendo obtener y emitir certificados digitales sin necesidad de tener que solicitar cita previa en Hacienda o en la Seguridad Social. Por ejemplo, la asesoría DAEM es una oficina emisora (www.daem.es).

Se distinguen fundamentalmente dos tipologías de certificados electrónicos:

- **Certificados de persona física:** garantizan la identidad de las personas físicas titulares de los certificados. Se pueden utilizar tanto para trámites personales (por ejemplo, pagar una multa de tráfico o solicitar el voto por correo) como para trámites profesionales (por ejemplo, darse de alta en la Agencia Tributaria o en la Seguridad Social).

    Si lo haces tú mismo a través de la página web de la FNMT y con cita previa en la Agencia Tributaria o la Seguridad Social (o identificándote con el DNI electrónico), se emite sin coste (a cualquier ciudadano que esté en posesión de su DNI o NIE).

- **Certificados de representante:** garantizan la identidad jurídica de una persona jurídica o una entidad sin personalidad jurídica.

  Se emiten, con un coste previo, a aquellas personas físicas que representan a una persona jurídica (como puede ser cualquier sociedad mercantil) o a una entidad sin personalidad jurídica (como las comunidades de bienes o asociaciones).

  Este es el utilizado en sociedades limitadas, será el "certificado electrónico" de nuestra empresa.

Por último, debemos de tener presente que el certificado del DNI electrónico sólo puede ser utilizado por ciudadanos españoles, al ser necesario el Documento Nacional de Identidad. Mientras, otros certificados digitales como el de la FNMT podrán ser solicitados y utilizados también por extranjeros.

Sistema Cl@ve

El sistema Cl@ve fue aprobado por Acuerdo del Consejo de Ministros, en su reunión del 19 de septiembre de 2014, y sus condiciones de utilización son determinadas por la Dirección de Tecnologías de la Información y las Comunicaciones.

Su objetivo principal es que un ciudadano pueda identificarse ante la Administración mediante claves concertadas (usuario más contraseña), sin tener que recordar claves diferentes para acceder a los distintos servicios, se utiliza como complemento al DNI y al certificado electrónico.

Cl@ve contempla la utilización de sistemas de identificación basados en claves concertadas (sistemas de usuario y contraseña) y certificados electrónicos (incluyendo el DNI electrónico).

Para registrarse, existen tres alternativas:

1) **A través de Internet sin certificado electrónico**

    Si no dispones de certificado electrónico, puedes registrarte por Internet, solicitando la carta de invitación, que será enviada por correo postal a tu domicilio fiscal, y completando el registro con el código Seguro de Verificación (CSV) que consta en la carta.

    Para darse de alta en el sistema Cl@ve, accede a la opción "Registrarse en Cl@ve" del portal "Registro Cl@ve" en internet y seguir los pasos para solicitarla.

2) **A través de Internet con certificado electrónico o DNIe**

    Si dispones de certificado o DNI electrónico, puedes registrarte en el sistema Cl@ve directamente a través de Internet.

    Para ello, accede a la opción "Registrarse en Cl@ve con certificado o DNI electrónico", dentro del portal "Registro Cl@ve" de la Sede Electrónica y sigue las instrucciones al respecto.

3) **Presencialmente en una Oficina de Registro**

    Por último, también puedes registrarte presencialmente en una Oficina de Registro. Aunque inicialmente funcionan como Oficinas de Registro la red de oficinas de la Agencia Tributaria y de las Entidades Gestoras y Servicios Comunes de la Seguridad Social, se podrá ampliar la red de Oficinas de Registro con aquellos organismos públicos que dispongan de despliegue territorial y cumplan los requisitos técnicos necesarios establecidos.

    La relación de Oficinas de Registro se puede encontrar en el Portal de Acceso General del sistema Cl@ve indicando en el buscador la opción Cl@ve.

Una vez que te hayas registrado y hayas activado estas claves de acceso, podrás utilizar Cl@ve en todos los servicios de administración electrónica que estén integrados con el sistema.

PARTE X: Digitaliza los trámites administrativos

69 Notificaciones electrónicas de la Agencia Tributaria

El Ministerio de Asuntos Económicos y Transformación Digital ofrece a los ciudadanos un buzón electrónico donde podrá recibir las notificaciones electrónicas a través de una DEH (Dirección electrónica Habilitada). El registro a este portal dentro de la página web de la administración pública es sencillo, sin embargo, será necesario un certificado digital para registrarse con éxito.

Dentro de este portal, el usuario podrá escoger a que servicios desea suscribirse para recibir los comunicados vía electrónica. Existen dos tipos de notificaciones electrónicas, la primera es una suscripción voluntaria al buzón electrónico DEH en la cual el ciudadano recibe las notificaciones y comunicaciones administrativas que él decida. La segunda son las notificaciones electrónicas obligatorias o NEO.

Las personas físicas y los autónomos pueden elegir si se comunican con las Administraciones Públicas a través de medios electrónicos o no. Quienes sí están obligados a utilizar las NEO son los siguientes sujetos:

- Las personas jurídicas. Este es el caso que nos ocupa de las sociedades limitadas.

- Las entidades sin personalidad jurídica.

- Aquellos que ejerzan una actividad profesional para la que se requiera colegiación obligatoria.

- Los representantes de interesados que estén obligados a comunicarse o relacionarse electrónicamente con la Administración.

- Los empleados de las Administraciones Públicas para los trámites y actuaciones que realicen con ellas por razón de su condición de empleado público.

Tienen obligación de recibir por medios electrónicos las comunicaciones y notificaciones que efectúe la Agencia Tributaria en sus actuaciones y procedimientos tributarios, aduaneros y estadísticos de comercio exterior y en la gestión recaudatoria de los recursos de otros Entes y Administraciones Públicas que tiene atribuida o encomendada, entre otros:

- Sociedades anónimas y de responsabilidad limitada.

- Personas jurídicas y Entidades sin Personalidad Jurídica (comunidades de bienes, herencias yacentes y comunidades de propietarios).

- Establecimientos permanentes y sucursales de entidades no residentes en territorio español.

- Entidades cuyo NIF empiece por la letra "V" y corresponda con uno de los siguientes tipos: Agrupación de interés económico, Agrupación de interés económico europea, Fondo de Pensiones, Fondo de capital riesgo, Fondo de inversiones, Fondo de titulización de activos, Fondo de regularización del mercado hipotecario, Fondo de titulización hipotecaria, Fondo de garantía de inversiones.

- Uniones temporales de empresas.

- Contribuyentes inscritos en el Registro de grandes empresas.

- Contribuyentes que tributen en el régimen de consolidación fiscal del IS.

- Contribuyentes que tributen en el régimen especial del grupo de entidades del IVA.

- Contribuyentes inscritos en el REDEME.

- Contribuyentes con autorización para la presentación de declaraciones aduaneras mediante el sistema de transmisión electrónica de datos (EDI).

Las personas o entidades obligadas a utilizar las notificaciones electrónicas obligatorias estarán suscritas a dicho procesos automáticamente, desde el momento de recibir la primera notificación.

PARTE X: Digitaliza los trámites administrativos

Los contribuyentes tienen, a su vez, la obligación de revisar las notificaciones recibidas en el DEH o en la sede de la AEAT durante un pedido de 10 días naturales, desde su recepción. Al pasar dicho periodo de tiempo, expirarán considerándose, a fines de procedimiento, como realizadas las notificaciones.

Sin embargo, a través de la DEH se pueden revisar las notificaciones durante un plazo de 90 días, aunque ya hayan expirado.

70 Notificaciones electrónicas de la Seguridad Social

El sistema que utiliza la Seguridad Social para el intercambio de información y documentos es el sistema RED.

Están obligados a darse de alta en este sistema:

- Trabajadores autónomos por cuenta propia o autónoma.
- Trabajadores del Sistema Especial de Trabajadores Agrarios (SETA).
- Trabajadores del grupo I del Régimen Especial de Trabajadores del Mar.

Dicha obligatoriedad se extiende a la recepción de las notificaciones, por lo que para su consulta y firma se deberá acceder al servicio correspondiente en la SEDESS. Para cumplir con esta obligación, se podrá optar por gestionar los trámites a través de alguna de las siguientes maneras:

- Directamente en la Sede Electrónica de la Seguridad Social (SEDESS).
- A través de un autorizado RED (despacho profesional, persona física o persona jurídica) que actuará en representación del autónomo para gestionar sus trámites ante la TGSS.

Los ámbitos de actuación que abarca este servicio, son los siguientes:

- Cotización: presentación de documentos de las series RNT (Relación nominal de trabajadores), tramitación de saldos acreedores, e ingreso de las cuotas mediante domiciliación en cuenta o pago electrónico.
- Afiliación: altas, bajas, variaciones de datos de trabajadores, así como consultas y petición de informes relativas a trabajadores y empresas.
- INSS: tramitación de los partes de alta y baja médica de AT y EP, así como los partes de confirmación, al Instituto Nacional de la Seguridad tanto derivados de contingencias comunes como de contingencias

profesionales. Remisión de certificados de maternidad y/o paternidad (RECEMA).

- Gestión de Autorizaciones: permite gestionar CCCs o NAFs, así como Usuarios Secundarios.

El objetivo del sistema es agilizar la relación con la Seguridad Social del empresario, eliminando el circuito del papel.

PARTE XI: Más allá de la sociedad limitada...

¡Ve más allá de la sociedad limitada!

Ahora es el momento de empezar a pensar en ir más allá y llevar tu negocio al siguiente nivel.

Transformar tú sociedad limitada en otra tipología societaria te dará mayor capacidad de crecimiento y te permitirá optimizar tu operativa adaptándote a la realidad de tu negocio.

En este capítulo repasaremos otras alternativas societarias que, después de la sociedad limitada, son las más comunes.

71 La Sociedad Limitada de Nueva Empresa (SLNE)

Una alternativa a considerar a la hora de escoger la forma jurídica que debe revestir la empresa es la de la sociedad de responsabilidad limitada Nueva Empresa que se trata de una especialidad de la sociedad de responsabilidad limitada.

La Nueva Empresa es un proyecto que pretende potenciar y estimular la creación de empresas, especialmente las de menor tamaño, por lo que es una forma jurídica muy adecuada para autónomos y empresas de reducida dimensión. El impulso a la creación de este tipo de empresas se consigue por tres vías:

- El centro de información y red de creación de empresas (Red CIRCE), que es una red de puntos de asesoramiento e inicio de tramitación (PAIT) en los que se asesora y presta servicio a los emprendedores tanto en la gestación, tramitación administrativa y puesta en marcha de sus iniciativas empresariales, como durante los primeros años de actividad de las mismas. La asesoría DAEM (www.daem.es) es uno de estos puntos.

- Modelo de contabilidad simplificada que permite la formalización de las obligaciones contables mediante un registro único, basado en la llevanza de un libro diario.

- EL régimen jurídico de la nueva empresa que se configura como una expresión simplificada de la sociedad limitada.

Los rasgos más característicos son:

- La denominación: formada por los dos apellidos y el nombre de uno de los socios fundadores, seguidos de un código alfanumérico que permita la identificación de la sociedad de manera única e inequívoca. En la denominación deberá figurar necesariamente la indicación Sociedad Limitada Nueva Empresa o su abreviatura S.L.N.E.

- El objeto social puede estar constituido por todas o algunas de las siguientes actividades, que se transcribirán literalmente en los Estatutos: la actividad, agrícola, ganadera, forestal, pesquera, industrial, de construcción, comercial, turística, de transportes, de comunicaciones, de intermediación, de profesionales o de servicios en general.

  En ningún caso podrán incluirse en el objeto social actividades para las que se exija la forma de S.A., aquellas cuyo ejercicio implique objeto único y exclusivo ni las sociedades a las que resulte de aplicación el régimen de las sociedades patrimoniales.

- Los socios que solo podrán ser personas físicas y al tiempo de la constitución no podrán superar el número de cinco. En caso de socio único este no podrá ostentar la condición de socio único de otra S.L.N.E.

- El capital social que no podrá ser inferior a 3.012 € ni superior a 120.202 € y solo puede ser desembolsado mediante aportaciones dinerarias.

Pero sin duda el rasgo más característico de las S.L.N.E. es el proceso de constitución de la sociedad, que se prevé que sea totalmente telemático, creándose al efecto el Documento Único Electrónico (D.U.E.) que es un instrumento que presenta dos aspectos fundamentales:

- Su carácter integrador materializando la inclusión en un solo documento administrativo de todos los datos requeridos para la realización efectiva de los trámites de constitución de la sociedad, de suerte que se reducen el número de formularios necesarios para ello (de 15 en la actualidad, a 1).

- Su naturaleza electrónico - telemática que posibilita agilizar los procedimientos administrativos en el ámbito de la creación de empresas, reduciendo el número de desplazamientos necesarios para ello (de 8 en la actualidad a 2).

72 La Sociedad Anónima (SA)

La Sociedad Anónima (SA) es una sociedad mercantil en la que el capital social se divide en acciones libremente transmisibles y se integra por las aportaciones de los socios quienes, de la misma manera que la Sociedad Limitada, tendrán una responsabilidad limitada a los fondos aportados frente a terceros.

La Sociedad Anónima presenta las siguientes características básicas:

- **Capital social:** no podrá ser inferior a 60.101,21 euros. Desde el inicio deberá estar íntegramente suscrito y, además, desembolsada, al menos una cuarta parte del valor nominal de las acciones. De la misma manera que en la Sociedad Limitada, pueden emitirse acciones sin voto.

- **Aportaciones de capital:** podrán consistir en dinero o en otros bienes o derechos patrimoniales, pero nunca podrán ser objeto de aportación el trabajo o los servicios realizados.

- **Prestaciones accesorias al capital:** se podrán establecer prestaciones accesorias obligatorias para los socios distintas de la aportación de capital en los estatutos de la sociedad.

- **Disponibilidad del capital:** una vez desembolsado el capital social, puede destinarse a financiar inversiones o necesidades de liquidez.

- **Transmisión de acciones:** las acciones son libremente transmisibles.

- **Sin limitación de socios:** no se requiere un número mínimo ni máximo de socios, admitiéndose la forma unipersonal.

- **Menos limitaciones a operaciones vinculadas:** no es necesario el acuerdo de la junta general para conceder préstamos, garantías, asistencia financiera y anticipar fondos a favor de sus propios socios y administradores.

- **Posibilidad de aportaciones no dinerarias:** se admiten tanto aportaciones dinerarias como no dinerarias. Las aportaciones no dinerarias no han de ser valoradas por un experto independiente.

- **Emisión de obligaciones:** se podrán acordar y garantizar la emisión de obligaciones u otros valores negociables agrupados en emisiones como medio de financiación.

73 La Comunidad de Bienes (CB)

La Comunidad de Bienes (CB) se constituye cuando la propiedad de un bien o derecho pertenece proindiviso a varias personas y forma parte de una actividad empresarial realizada en común.

Se podría decir que es la forma más sencilla de asociación entre dos personas físicas.

Características

- Para ejercer la actividad se requiere la existencia de un contrato privado en el que se detalle la naturaleza de las aportaciones y el porcentaje de participación que cada comunero tiene en las pérdidas y ganancias de la Comunidad de Bienes.

- No se exige aportación mínima. Pueden aportarse solamente bienes, pero no puede aportarse sólo dinero o trabajo.

- La Comunidad se constituirá mediante escritura pública cuando se aporten bienes inmuebles o derechos reales.

- Para la legislación vigente tienen consideración de entidad sometida al régimen especial de atribución de rentas, tengan o no tengan personalidad jurídica.

Normativa

La Comunidad de Bienes no tiene personalidad jurídica propia, se rige por el Código de Comercio en materia mercantil y por el Código Civil en materia de derechos y obligaciones.

Número de socios

Se exige un mínimo de dos comuneros.

Capital

No se requiere un capital social mínimo.

Fiscalidad

La Comunidad no tributa por las rentas obtenidas, sino que éstas se atribuyen a los comuneros.

Son éstos quienes realizan el pago del Impuesto sobre la Renta de las Personas Físicas, Impuesto sobre Sociedades o Impuesto sobre la Renta de no Residentes, según sean contribuyentes o sujetos pasivos de cada uno de dichos impuestos.

Responsabilidad

La responsabilidad frente a terceros es ilimitada.

Proceso de constitución

- Trámite privado: todos los comuneros firmaran un contrato privado en el que se detalle la naturaleza de las aportaciones y porcentaje de participación que cada comunero tiene en las pérdidas y ganancias de la Comunidad de Bienes Cada comunero debe darse de alta en el Censo de empresarios, profesionales y retenedores (alta en la casilla 111 y marcar la casilla 601 si están obligados a los pagos fraccionados del IRPF por ser miembros de una Entidad en Atribución de Rentas).

- Agencia Tributaria (AEAT): se solicita un Número de identificación fiscal específico,

- Notario: se realiza escritura pública sólo en el caso de aportación de bienes inmuebles o derechos reales. De lo contrario con el contrato privada es suficiente.

- Consejerías de Hacienda de las CC.AA.: en función de la actividad se aplicará el Impuesto sobre transmisiones patrimoniales y actos jurídicos documentados que corresponda.

74 La Sociedad Civil

Es un contrato por el que dos o más personas ponen en común capital, con propósito de repartir entre si las ganancias.

Características

- El capital está formado por las aportaciones de los socios, tanto en dinero como en bienes o trabajo, servicios o actividad en general.
- Podrá tener o no personalidad jurídica propia en función de que sus pactos sean públicos o secretos.
- Cuando los pactos sean secretos se regirán por las disposiciones relativas a la Comunidad de Bienes.
- Pueden revestir todas las formas reconocidas por el Código de Comercio, según el objeto a que se destinen.
- La Comunidad se constituirá mediante escritura pública cuando se aporten bienes inmuebles o derechos reales.
- Para la legislación vigente tienen consideración de entidad sometida al régimen especial de atribución de rentas, tengan o no tengan personalidad jurídica. A partir del 1 de enero de 2016 las Sociedades civiles tributarán en el Impuesto sobre Sociedades cuando tengan un objetivo mercantil.

Tipos de socios y funciones

Socios capitalistas:

- Son los encargados de gestionar la sociedad.
- Aportan capital y trabajo.
- Participan en las ganancias y en las pérdidas de la sociedad.

Socios industriales:

- Aportan trabajo personal.
- No participan en la gestión salvo que se establezca lo contrario.
- Participan en las ganancias de la sociedad, pero no en las pérdidas, salvo pacto expreso.

Normativa

La Sociedad civil se rige por el Código de Comercio en materia mercantil y por el Código Civil en materia de derechos y obligaciones.

Número de socios

Mínimo 2.

Capital

No se requiere un capital social mínimo.

Fiscalidad

La Sociedad no tributa por las rentas obtenidas, sino que éstas se atribuyen a los socios. Son éstos quienes realizan el pago del Impuesto sobre la Renta de las Personas Físicas, Impuesto sobre Sociedades o Impuesto sobre la Renta de no Residentes, según sean contribuyentes o sujetos pasivos de cada uno de dichos impuestos.

Desde el 1 de enero de 2016 las Sociedades civiles tributan en el Impuesto sobre Sociedades cuando tengan un objetivo mercantil.

Responsabilidad

La responsabilidad de los socios capitalistas es ilimitada.

Proceso de constitución

- Trámite privado: todos los socios firmaran un contrato privado en el que se detalle la naturaleza de las aportaciones y porcentaje de participación que cada socio tiene en las pérdidas y ganancias de la Sociedad civil Cada socio debe darse de alta en el Censo de empresarios, profesionales y retenedores (alta en la casilla 111 y marcar la casilla 601 si están obligados a los pagos fraccionados del IRPF por ser miembros de una Entidad en Atribución de Rentas).

- Agencia Tributaria (AEAT): se solicita un Número de identificación fiscal específico,

- Notario: se realiza escritura pública sólo en el caso de aportación de bienes inmuebles o derechos reales. De lo contrario con el contrato privada es suficiente.

- Consejerías de Hacienda de las CC.AA.: en función de la actividad se aplicará el Impuesto sobre transmisiones patrimoniales y actos jurídicos documentados que corresponda.

75 El proceso de transformación societaria

Es frecuente que, al iniciar la actividad se constituya la empresa bajo una forma jurídica determinada que posteriormente deba modificarse, ya sea porque en un principio se concibió como una empresa de pequeña envergadura que ha crecido con el paso del tiempo, o bien porque ha ocurrido el fenómeno inverso.

En estos casos es esencial contar con un buen asesoramiento para determinar, teniendo en cuenta las circunstancias que nos rodean, cual es la mejor opción que debemos escoger.

Concepto

La transformación de una sociedad supone el cambio de una forma societaria a otra reconocida por la ley.

Este cambio implica una modificación esencial de su estructura y un cambio de organización, sin que en ningún caso se haya producido la disolución de la sociedad. De esta forma no quedará afectada su personalidad jurídica.

Clases

La Sociedad Limitada (SL) puede transformarse en sociedad colectiva, sociedad comanditaria simple o por acciones, sociedad anónima, agrupación de interés económico o en sociedad cooperativa.

Del mismo modo, cuando su objeto no sea mercantil, puede transformarse en sociedad civil.

Requisitos

En primer lugar, será necesario que en la sociedad que pretende transformarse se produzca un acuerdo de transformación, que debe ser adoptado por los socios.

Si se trata de una sociedad anónima o limitada será necesario que el acuerdo se adopte con la mayoría exigida para ello en los estatutos de la sociedad.

Se establece también la posibilidad de que los socios que no estén de acuerdo con la transformación puedan ejercitar su derecho de separación de la sociedad.

La formalización de la transformación exige el cumplimiento simultáneo de dos requisitos:

- Deberá realizarse en escritura pública.
- Deberá inscribirse en el Registro Mercantil que corresponda al domicilio social de la empresa.

En esta escritura debe determinarse con exactitud cuáles son los bienes que conforman el patrimonio de la sociedad en el momento de transformarse, debiéndose hacer constar el balance de la entidad.

Efectos que produce la transformación

La transformación societaria afectará a la situación jurídica de los socios, de modo que aquellos socios que sigan formando parte de la sociedad transformada estarán sometidos al régimen jurídico de este nuevo tipo social.

Esta transformación afectará también a la responsabilidad de los socios por las deudas sociales, ya que la transformación de la sociedad puede implicar también una transformación en este régimen de responsabilidad.

Por el contrario, la participación que tendrán en la sociedad deberá de ser proporcional a la que poseían antes de la transformación.

ANEXOS Y TABLAS

Anexo I. Clasificación de tributos

La clasificación más utilizada para los tributos del sistema fiscal español es la que los divide entre impuestos directos en indirectos.

Impuestos Directos

Los impuestos directos son aplicados sobre una manifestación directa o inmediata de la capacidad económica, como, por ejemplo, la posesión de un patrimonio y la obtención de una renta.

Impuestos Directos	Sobre la Renta	Sobre el Capital
Personales	Impuesto sobre la Renta de las Personas físicas (IRPF)	Impuesto sobre Patrimonio (IP)
Personales	Impuesto sobre la Renta de no Residentes (IRNR)	Impuesto sobre Sucesiones y Donaciones (IS y D)
Personales	Impuesto de Sociedades (IS)	-
De producto	Impuesto sobre Actividades Económicas (IAE)	Impuesto sobre Bienes Inmuebles (IBI)
De producto	Impuesto Municipal sobre las Plusvalías de los terrenos de naturaleza Urbana (IMPTU)	-

Impuestos Indirectos

Los impuestos indirectos gravan una manifestación indirecta de la capacidad económica y grava los bienes, el tráfico o el consumo.

Impuestos Indirectos	Sobre los bienes, el tráfico o el consumo
Personales	Impuesto sobre Transmisiones Patrimoniales y Actos Jurídicos Documentados (ITP y AJD)
	Renta de Aduanas
De producto	Impuesto sobre construcciones, instalaciones y obras
	Impuesto sobre el Valor Añadido (IVA)
	Impuesto sobre la Producción, los Servicios y la Importación
	Impuestos Especiales

Conceptos impositivos

Según la Ley General Tributaria, los elementos que configuran la estructura de un tributo son los siguientes:

- **Hecho imponible:** presupuesto de hecho fijado por la ley para configurar cada tributo, puede ser de naturaleza jurídica o económica y su realización provoca el nacimiento de la obligación tributaria. Es uno de los elementos más importantes del impuesto, se define en sentido positivo (hechos imponibles sujetos), en sentido negativo (hechos imponibles no sujetos), y a su vez los hechos imponibles sujetos, por distintas razones de naturaleza económica y social, se pueden declarar exentos. Se procederá a liquidar el tributo por aquellos hechos imponibles que se califiquen sujetos y no exentos.

- **Sujeto pasivo:** persona natural o jurídica a la que la ley obliga al cumplimiento de las prestaciones tributarias, sea como contribuyente o como sustituto del mismo. En este punto nos conviene recordar que las prestaciones tributarias son de dos tipos: materiales (pago de la deuda tributaria) y formales que supone la utilización de los modelos oficiales correspondientes a cada tributo, por tanto, aunque la obligación material no se dé, caso de deuda cero o negativa, sigue manteniéndose la obligación formal.
- **Domicilio fiscal:** domicilio a efectos tributarios, de gestión, investigación y comprobación administrativa.
- **Base imponible:** cuantificación y valoración del hecho imponible, los regímenes de estimación son:
    o Directa: de carácter obligatorio, la realiza el sujeto pasivo a partir de los datos en libros y registros, declaraciones..., etc.
    o Objetiva: de carácter voluntario, que se estima a partir de los signos, índices y módulos aprobados previamente por el Ministerio de Economía y Hacienda.
    o Indirecta: de carácter subsidiario, se utilizan datos y antecedentes disponibles; elementos que indirectamente acrediten la existencia de los bienes y rentas; datos económicos normales del sector económico; signos, índices, módulos, etc.
- **Base liquidable:** base imponible menos reducciones establecidas en la ley de cada tributo.
- **Tipo de gravamen:** puede ser fijo, dando lugar a una cuota tributaria proporcional (salvo que existan mínimos exentos) o creciente (escala o tarifa progresiva), dando lugar a una cuota tributaria progresiva.
- **Deducciones en la cuota:** ajustes que minoran la cuota íntegra del impuesto, en función de los incentivos económicos establecidos por el gobierno y que generalmente son regulados para cada ejercicio fiscal en la Ley de Presupuestos Generales del Estado.

- **Deuda tributaria:** cuota íntegra menos deducciones e impuestos anticipados, más, en su caso, recargos, intereses de demora, recargo de apremio y sanciones pecuniarias.

Anexo II. Ley Orgánica de Protección de Datos (LOPD)

La nueva ley de protección de datos (Ley Orgánica 3/2018 de 5 de diciembre, de Protección de Datos Personales y garantía de los derechos digitales), que entró en vigor el 7 de diciembre de 2018, es la normativa bajo la cual se regula actualmente el tratamiento de los datos personales en España y está formada en el marco del Reglamento General de Protección de Datos (RGPD) de la normativa de la Unión Europea.

Esta ley afecta tanto a autónomos como a sociedades mercantiles pues regula la utilización de datos personales, hoy en día, una actividad diaria que muchos negocios utilizan en el día a día de su operativa.

La protección de los derechos fundamentales a la privacidad y las libertades individuales relacionadas con los datos proveen a los usuarios, clientes y personas en general, seguridad al prevenir situaciones en las cuales datos sensibles, como la información bancaria o los expedientes médicos, sean vulnerados por terceras partes.

Por ello, la regulación de las actividades de procesamiento de datos personales en la actualidad es muy estricta con fuertes sanciones y debemos de conocer como poder aplicarla pues muchos autónomos la tienen en el olvido al considerarla un aspecto secundario que no aporta valor a su negocio.

Antecedentes

La protección de datos personales tiene sus inicios en 1950, donde, a través de la Convención Europea para los Derechos Humanos y de las Libertades Fundamentales en el que se establece que "Toda persona tiene derecho al respeto de su vida privada y familiar, de su domicilio y de su correspondencia".

A partir de esta base, han ido surgiendo una serie legislaciones y normas tanto a nivel europeo cómo español para regular este derecho.

En 1994, con la llegada del internet, las mejoras tecnológicas y el comienzo del uso masivo de bases de datos, se creó un órgano regulador independiente, el cual se llamaría Agencia Española de Protección de datos para que sirviera como autoridad de control en estos aspectos.

Con posteridad, en 1999, se aprobó la Ley Orgánica de Protección de Datos (LOPD) que reguló el tratamiento de datos personales hasta la entrada en vigor, el 7 de diciembre de 2018, de la ley que sigue vigente en la actualidad (Ley Orgánica 3/2018 de Protección de Datos Personales y garantía de los derechos digitales).

La legislación vigente es fruto de una adaptación del Reglamento General de Protección de Datos (RGPD) de la Unión Europea que entró en vigor el 25 de mayo de 2018.

El Reglamento General de Protección de Datos de la Unión Europea (RGPD)

Considerado como uno de los reglamentos más estrictos en temas de protección de datos en el mundo, tuvo efecto el 25 de mayo de 2018 y está vigente a la fecha.

Este reglamento otorga a cada individuo el derecho a que sus datos personales sean utilizados o no por cualquier entidad, pública o privada, así como la manera en la que se accede a ellos y retirar el acceso. Además, las sanciones a las que se enfocan a las empresas son muchas más altas en caso de incumplimiento de este nuevo reglamento que en la regulación anterior (RGPD).

Trae consigo una serie de definiciones, las cuales describirnos a continuación:

- **Datos personales:** toda información que nos puede identificar o hacer identificables. Se refiere a cualquier tipo de dato que identifique o permita la identificación de una persona, y esté en conocimiento o tratamiento de terceros.

  No se aplica a los tratamientos de datos referidos a personas jurídicas, datos de las personas físicas que presten sus servicios en personas jurídicas, consistentes únicamente en su nombre y apellidos, las funciones o puestos desempeñados, así como la dirección postal o electrónica, teléfono y número de fax profesionales; empresarios individuales, cuando hagan referencia a su actividad o personas fallecidas.

- **Procesamiento de datos:** es cualquier proceso que se lleve a cabo con los datos personales, sea de manera automática o manual. El almacenamiento, grabación, recolección, estructuración, uso, eliminación o cualquier acción realizada sobre los datos personales es considerado procesamiento de datos.

- **Controlador de datos:** quién decide cómo y porqué serán los datos personales procesados.

- **Procesador de datos:** quién procesa los datos personales en favor del controlador de datos.

Este reglamento aplica a todas las entidades públicas y privadas que utilicen cualquier dato personal en el desarrollo de sus actividades profesionales:

- Autónomos.
- Sociedades mercantiles.
- Comunidades de bienes.
- Comunidades de propietarios.
- Organismos y Administraciones públicas.
- Asociaciones y Entidades sin ánimo de lucro.

Una modificación relevante incluida en este nuevo reglamento es la necesidad de autorización expresa, manifiesta y precisa por parte de la persona para poder procesar sus datos personales.

Adicionalmente, con la entrada en vigor de este reglamento, se endurecieron las sanciones por incumplimiento que podrían alcanzar el 4% del volumen de negocio (ingresos).

Ley Orgánica de Protección de Datos

Al margen del RGPD, la Ley Orgánica 3/2018, de 5 de diciembre, de Protección de Datos Personales y garantía de los derechos digitales fue aprobada por las Cortes Generales del gobierno español que sustituye a la LOPD vigente desde 1999.

Las principales características de esta Ley son:

- **Legitimidad de interés y consentimiento:** se requiere expresa autorización para el tratamiento de los datos personales por parte de los usuarios o clientes. El denominado "consentimiento tácito" de la anterior LOPD, es decir, consentimiento que se supone o sobreentiende, queda eliminado. Además, se debe de tener registro de estos consentimientos pues pueden ser requeridos en cualquier momento por el órgano competente para verificar que se está cumpliendo la ley.

- **Consentimiento por parte de menores de edad:** en el caso de menores de 13 años, serán sus padres o tutores legales los que deberán de proveer el consentimiento en su lugar.

- **Mitigación de riesgos:** las empresas deben de asegurarse de contar con las medidas de seguridad necesarias para proteger los datos personales de los individuos y evitar las filtraciones involuntarias que pongan en riesgo la integridad de los individuos.

- **Oficial de Protección de Datos:** se conoce como Data Protector Officer (DPO) en el RGPD europeo y es de carácter obligatorio la existencia de esta figura, persona física o jurídica, que tenga el rol de velar por la protección de los datos personales en las empresas. La Ley se señala que se debe de informar quien funge como Oficial de Protección de Datos a la Agencia Española de Protección de datos (AEPD).

- **Principio de transparencia:** se deberá de informar a los usuarios cual será o es el tratamiento de sus datos personales de forma clara, precisa y en lenguaje pleno.

- **Limitación del tratamiento o portabilidad:** el derecho a la limitación de tratamiento se enfoca en permitir a los usuarios decidir la suspensión o la conservación de sus datos, mientras que el derecho a la portabilidad expresa un estándar para que reciban los usuarios sus datos personales en formato único, estructurado y fácil de operar.

Esta nueva LOPD afecta principalmente a autónomos, pequeñas y medianas empresas, que deberán adoptar las medidas de seguridad establecidas en esta Ley para garantizar la integridad y protección de los datos personales que gestionan y evitar sanciones.

Anexo III. Resumen de regímenes especiales de IVA

Régimen	Carácter	Aplicación	Renuncia	Características	Empresarios o profesionales
Régimen simplificado	Voluntario	Automático salvo renuncia	Sí	Cálculo cuota devengada por operaciones corrientes. IVA deducible es el soportado (salvo excepciones art. 123 LIVA)	- Personas físicas - Entidades del art. 35.4 LGT que realicen operaciones del art. 37 Rgto. IVA y no superen límites determinados.
Régimen especial de la agricultura, ganadería y pesca	Voluntario	Automático salvo renuncia	Sí	Sin obligaciones de liquidación y pago del impuesto	Titular de explotación
Régimen especial de los bienes ideados, objetos de arte, antigüedades y objetos de colección	Voluntario	(1)	(1)	Cálculo en la base imponible	Revendedores de bienes
Régimen especial de las agencias de viajes	Obligatorio	Automática	Sí (2)	Cálculo de la base imponible	- Agencias de viajes - Organizadores de circuitos turísticos
Régimen especial del oro de inversión	Obligatorio	Automática salvo renuncia	Sí	Exención	Comerciantes de oro de inversión
Régimen especial del recargo de equivalencia	Obligatorio	Automática	No	Sin obligaciones de liquidación y pago del impuesto	Comerciantes minoristas personas físicas y entidades art. 35.4 L.G.T.
Régimen especial aplicable a los servicios de telecomunicaciones, de radiodifusión y a los prestados por vía electrónica	Voluntario	-	-	Presentación de declaraciones desde un único Portal Web del Estado de Identificación	- No establecidos en la Comunidad acogidos al Régimen Exterior a la Unión - Establecidos en la comunidad acogidos al Régimen de la Unión
Régimen especial del grupo de entidades	Voluntario	-	Sí	Compensación de saldos en las autoliquidaciones del grupo	Formen parte de un grupo de entidades
Régimen especial del criterio de caja	Voluntario	-	Sí	Retrasar el devengo e ingreso y la deducción hasta el cobro y pago respectivo	No superen determinados límites

Anexos y tablas

1) Régimen especial de bienes usados, objetos de arte, antigüedades y objetos de colecciones.

   En la modalidad de determinación de la base imponible mediante el margen de beneficio de cada operación, se aplica salvo renuncia que puede efectuarse por cada operación y sin necesidad de comunicarla a la Administración.

   En la modalidad de determinación de la base imponible mediante el margen de beneficio global se aplica previa opción expresa del sujeto pasivo, sin posibilidad de renuncia, hasta la finalización del año natural siguiente.

2) Como excepción a este régimen especial obligatorio, los sujetos pasivos pueden optar por la aplicación del régimen general del Impuesto "operación por operación" respecto de los servicios que realicen y de los que sean destinatarios empresarios o profesionales que tengan derecho a la deducción o a la devolución de los impuestos.

Fuente: Agencia Tributaria

Anexo IV. Tabla de retenciones y pagos a cuenta del IRPF

Rendimientos del trabajo

Procedencia	Tipo 2022	Modelo Anual	Clave
Relaciones laborales y estatutarias en general.	Variable	190	A
Pensiones y haberes pasivos del sistema público.		190	B.01
Pensionistas con dos o más pagadores.		190	B.02
Pensiones de sistemas privados de previsión social.		190	B.03
Prestaciones por desempleo.		190	C
Consejos y administradores (De entidades cuyo importe neto cifra negocios del último periodo impositivo finalizado con anterioridad al pago de rendimientos haya sido >100.000 euros).	35%	190	E.01 E.04
Consejos y administradores (De entidades cuyo importe neto cifra negocios del último periodo impositivo finalizado con anterioridad al pago de rendimientos haya sido <100.000 euros).	19%	190	E.02 E.03
Premios literarios, artísticos o científicos no exentos de IRPF, cuando tengan la consideración de rendimientos de trabajo.	15%	190	F.01
Cursos, conferencias, seminarios, Art. 80,1, 4º RIRPF y art. 101.3 LIRPF.	15%	190	F.02
Elaboración de obras literarias, artísticas o científicas art. 80.1. 4º RIRPF y art. 101.3 LIRPF.	15%	190	F.02
Atrasos art. 101.1 LIRPF.	15%	190	-
Régimen fiscal especial a trabajadores desplazados a territorio español. Hasta 600.000 euros.	24%	-	-
Régimen fiscal especial a trabajadores desplazados a territorio español. Desde 600.000,01 euros en adelante (Retribuciones satisfechas por un mismo pagador).	45%	-	-

Rendimientos de actividades profesionales

Procedencia	Tipo 2022	Modelo Anual	Clave
Con carácter general (art. 101.5.a) LIRPF).	15%	190	G.01
Determinadas actividades profesionales (recaudadores municipales, mediadores de seguros…) (art. 101.5.a) LIRPF y 95.1 RIRPF).	7%	190	G.02
Profesionales de nuevo inicio (en el año de inicio y en los dos siguientes) (art. 101.5.a) LIRPF y 95.1 RIRPF).	7%	190	G.03

Rendimientos de otras actividades económicas

Procedencia	Tipo 2022	Modelo Anual	Clave
Actividades agrícolas y ganaderas en general (art. 95.4 RIRPF).	2%	190	H.01
Actividades de engorde de porción y avicultura (art. 95.4 RIRPF).	1%	190	H.02
Actividades forestales (art. 95.5 RIRPF).	2%	190	H.03
Determinadas actividades empresariales en Estimación Objetiva (art. 95.6 RIRPF).	1%	190	H.04
Rendimientos del art. 75.2b): cesión derecha de imagen (art. 101.1 RIRPF).	24%	190	I.01
Rendimientos del art. 75.2b): resto de conceptos (art. 101.2 RIRPF).	19%	190	I.02

Rendimientos por ganancias patrimoniales

Procedencia	Tipo 2022	Modelo Anual	Clave
Premios de juegos, concursos, rifas… sujetos a retención, distintos de los sujetos a GELA (101.7 LIRPF).	19%	190	K.01 K.03
Aprovechamientos forestales en montes públicos 101.6 LIRPF y 99.,2 RIRPF.	19%	190	K.02

Imputación Rentas por cesión derechos imagen otras

Procedencia	Tipo 2022	Modelo Anual	Clave
(art. 92.8 LIRPF, y art. 107 RIRPF).	19%	190	J

Rendimientos por otras ganancias patrimoniales

Procedencia	Tipo 2022	Modelo Anual	Clave
Transmisión de Derechos de suscripción (art. 101.6 LIRPF): a partir de 1.1.2017.	19%	187	M, N, O
Transmisión de acciones y participaciones en Instituciones de Inversión Colectiva (Fondos de Inversión) (art. 101.6 LIRPF).	19%	187	C, E

Rendimientos por capital mobiliario

Procedencia	Tipo 2022	Modelo Anual	Clave
Derivados de la participación en fondos propios de entidades (art. 25.1, 101.4 LIRPF y 90 RIRPF).	19%	187	M, N, O
Cesión a terceros de capitales propios (cuentas corrientes, depósitos financieros, etc….; art. 25.2 LIRPF).	19%	193 194 196	Según modelo
Operaciones de capitalización, seguros de vida o invalidez e imposición de capitales.	19%	188	No clave
• Propiedad intelectual, industrial, prestación de asistencia técnica (art. 101,9 LIRPF).	19%	193	C
• Propiedad intelectual cuando el contribuyente perceptor no sea el autor (art. 101.4 LIRPF).	15%		
Arrendamiento subarrendamiento de bienes muebles, negocios o minas (art. 101.9 LIRPF).	19%	193	C
Rendimientos derivados de la cesión del derecho de explotación de derechos de imagen (art. 101.10 LIRPF) siempre que no sean en el desarrollo de una actividad económica.	24%	193	C

Rendimientos por capital inmobiliario

Procedencia	Tipo 2022	Modelo Anual	Clave
Arrendamiento o subarrendamiento de bienes inmuebles urbanos (art. 101.8 LIRPF; y 100 RIRPF).	19%	180	No clave

Fuente: Agencia Tributaria

Anexo V. Calendario fiscal

Plazos a tener en cuenta para la presentación de los modelos tributarios más habituales en el día a día de la sociedad limitada:

Enero

Hasta el día 20 (15 para domiciliar)

- Modelo 111: Autoliquidación. Cuarto trimestre (año anterior).

   Retenciones e ingresos a cuenta sobre Rendimientos del trabajo y de actividades económicas, premios y determinadas ganancias patrimoniales e imputaciones de renta.

- Modelo 115: Autoliquidación. Cuarto trimestre (año anterior).

   Retenciones e ingresos a cuenta sobre Rentas o rendimientos procedentes del arrendamiento o subarrendamiento de inmuebles urbanos.

- Modelo 123: Autoliquidación. Cuarto trimestre (año anterior).

   Retenciones e ingresos a cuenta del Impuesto sobre la Renta de las Personas Físicas, Impuesto sobre Sociedades y del Impuesto sobre la Renta de no Residentes (establecimientos permanentes). Determinados rendimientos del capital mobiliario o determinadas rentas.

Hasta el día 30 (25 para domiciliar)

- Modelo 303: Autoliquidación. Cuarto trimestre (año anterior).

   Impuesto Sobre el Valor Añadido (IVA)

- Modelo 309: Autoliquidación. No periódica.

   Impuesto Sobre el Valor Añadido (IVA)

- Modelo 180: Declaración Informativa. Resumen anual.

   Resumen anual. Retenciones e ingresos a cuenta de rendimientos procedentes del arrendamiento de inmuebles urbanos.

- Modelo 184: Declaración Informativa. Declaración anual.

  Entidades en régimen de atribución de rentas.

- Modelo 190: Declaración Informativa. Resumen anual.

  Retenciones e ingresos a cuenta de rendimientos del trabajo y de actividades económicas, premios y determinadas ganancias patrimoniales e imputaciones de rentas.

- Modelo 193: Declaración Informativa. Resumen anual

  Retenciones e ingresos a cuenta del Impuesto sobre la Renta de las Personas Físicas, Impuesto sobre Sociedades y del Impuesto sobre la Renta de no Residentes (establecimientos permanentes). Determinados rendimientos del capital mobiliario o determinadas rentas.

- Modelo 349: Declaración informativa. Resumen anual.

  Declaración recapitulativa de operaciones intracomunitarias.

- Modelo 390: Declaración informativa. Resumen anual.

  Impuesto Sobre el Valor Añadido (IVA).

Nota: En el caso concreto de 2022 (que corresponde con la presentación del cuarto trimestre y los anuales del ejercicio 2021), al ser día 30 festivo (domingo), el plazo se extiende hasta el siguiente día laborable, el lunes 31 de enero (de la misma manera, también se extiende 1 día hasta el 26 el último día para domiciliar).

Febrero

Hasta el día 28

- Modelo 347: Declaración Informativa.

  Declaración anual de operaciones con terceras personas.

Marzo

Hasta el día 31 (para ejercicios fiscales con cierre a 31 de diciembre)

- Cuentas Anuales. Formulación.

El órgano de administración de la empresa dispone de 3 meses después del cierre del ejercicio económico para formular las Cuentas Anuales de la sociedad.

Abril

Hasta el día 20 (15 para domiciliar)

- Modelo 111: Autoliquidación. Primer trimestre.

    Retenciones e ingresos a cuenta sobre Rendimientos del trabajo y de actividades económicas, premios y determinadas ganancias patrimoniales e imputaciones de renta.

- Modelo 115: Autoliquidación. Primer trimestre.

    Retenciones e ingresos a cuenta sobre Rentas o rendimientos procedentes del arrendamiento o subarrendamiento de inmuebles urbanos.

- Modelo 123: Autoliquidación. Primer trimestre.

    Retenciones e ingresos a cuenta del Impuesto sobre la Renta de las Personas Físicas, Impuesto sobre Sociedades y del Impuesto sobre la Renta de no Residentes (establecimientos permanentes). Determinados rendimientos del capital mobiliario o determinadas rentas.

- Modelo 202: Autoliquidación. Primer pago fraccionado.

    Pago fraccionado del Impuesto sobre Sociedades e Impuesto sobre la Renta de no Residentes (establecimientos permanentes y entidades en régimen de atribución de rentas constituidas en el extranjero con presencia en territorio español).

- Modelo 303: Autoliquidación. Primer trimestre.

    Impuesto Sobre el Valor Añadido (IVA)

- Modelo 309: Autoliquidación. No periódica.

    Impuesto Sobre el Valor Añadido (IVA)

- Modelo 349: Declaración informativa. Primer trimestre.

  Declaración recapitulativa de operaciones intracomunitarias.

Junio

Hasta el día 30 (para ejercicios fiscales con cierre a 31 de diciembre)

- Cuentas Anuales. Aprobación en junta general de accionistas.

  El órgano de administración de la empresa dispone de 6 meses después del cierre del ejercicio económico para reunir a la junta de accionistas y aprobar las Cuentas Anuales de la sociedad.

Julio

Hasta el día 20 (15 para domiciliar)

- Modelo 111: Autoliquidación. Segundo trimestre.

  Retenciones e ingresos a cuenta sobre Rendimientos del trabajo y de actividades económicas, premios y determinadas ganancias patrimoniales e imputaciones de renta.

- Modelo 115: Autoliquidación. Segundo trimestre.

  Retenciones e ingresos a cuenta sobre Rentas o rendimientos procedentes del arrendamiento o subarrendamiento de inmuebles urbanos.

- Modelo 123: Autoliquidación. Segundo trimestre.

  Retenciones e ingresos a cuenta del Impuesto sobre la Renta de las Personas Físicas, Impuesto sobre Sociedades y del Impuesto sobre la Renta de no Residentes (establecimientos permanentes). Determinados rendimientos del capital mobiliario o determinadas rentas.

- Modelo 303: Autoliquidación. Segundo trimestre.

  Impuesto Sobre el Valor Añadido (IVA)

- Modelo 309: Autoliquidación. No periódica.

  Impuesto Sobre el Valor Añadido (IVA)

- Modelo 349: Declaración informativa. Segundo trimestre.

  Declaración recapitulativa de operaciones intracomunitarias.

Hasta el día 25 (para ejercicios fiscales con cierre a 31 de diciembre)

- Modelo 200: Autoliquidación. Anual.

  Declaración del impuesto sobre sociedades.

  Se deberá de presentar en los 25 días naturales siguientes a los seis meses posteriores a la conclusión del período impositivo. La Administración Tributaria podrá, en casos excepcionales y cuando así lo aconsejen las circunstancias, autorizar la presentación con anterioridad al citado plazo.

Hasta el día 30 (para ejercicios fiscales con cierre a 31 de diciembre)

- Cuentas Anuales. Depósito en el Registro Mercantil.

  Dentro de los 30 días después de la aprobación de las Cuentas Anuales, éstas deben de ser depositadas en el Registro Mercantil que corresponda al domicilio social de la sociedad.

Octubre

Hasta el día 20 (15 para domiciliar)

- Modelo 111: Autoliquidación. Tercer trimestre.

  Retenciones e ingresos a cuenta sobre Rendimientos del trabajo y de actividades económicas, premios y determinadas ganancias patrimoniales e imputaciones de renta.

- Modelo 115: Autoliquidación. Tercer trimestre.

  Retenciones e ingresos a cuenta sobre Rentas o rendimientos procedentes del arrendamiento o subarrendamiento de inmuebles urbanos.

- Modelo 123: Autoliquidación. Tercer trimestre.

  Retenciones e ingresos a cuenta del Impuesto sobre la Renta de las Personas Físicas, Impuesto sobre Sociedades y del Impuesto sobre la

Renta de no Residentes (establecimientos permanentes). Determinados rendimientos del capital mobiliario o determinadas rentas.

- Modelo 202: Autoliquidación. Segundo pago fraccionado.

  Pago fraccionado del Impuesto sobre Sociedades e Impuesto sobre la Renta de no Residentes (establecimientos permanentes y entidades en régimen de atribución de rentas constituidas en el extranjero con presencia en territorio español).

- Modelo 303: Autoliquidación. Tercer trimestre.

  Impuesto Sobre el Valor Añadido (IVA)

- Modelo 309: Autoliquidación. No periódica.

  Impuesto Sobre el Valor Añadido (IVA)

- Modelo 349: Declaración informativa. Tercer trimestre.

  Declaración recapitulativa de operaciones intracomunitarias.

Diciembre

Hasta el día 20 (15 para domiciliar)

- Modelo 202: Autoliquidación. Tercer pago fraccionado.

  Pago fraccionado del Impuesto sobre Sociedades e Impuesto sobre la Renta de no Residentes (establecimientos permanentes y entidades en régimen de atribución de rentas constituidas en el extranjero con presencia en territorio español).

31 de diciembre.

- Cierre de Ejercicio Fiscal (en la mayoría de empresas).

<u>Regla general sobre plazos:</u>

Si el vencimiento del plazo de presentación coincide con un día inhábil, el plazo finaliza el primer día hábil siguiente y el plazo de domiciliación bancaria se ampliará con carácter general el mismo número de días que resulte ampliado el plazo de presentación de dicha declaración.

La domiciliación bancaria para el pago de los modelos 111, 115, 123, 200, 202, 303 se podrá realizar con un plazo previo de 5 días a su plazo máximo. A modo de ejemplo, si el plazo máximo del modelo 111 es el 20 de enero, hasta el día 15 de enero se podrá presentar el modelo para realizar el trámite con domiciliación.

En el caso de grandes empresas, aquellas cuyo volumen de operaciones supere los 6.010.121,04 al año, la declaración de las cantidades retenidas y de los ingresos a cuenta deberá presentarse en los 20 primeros días naturales de cada mes (excepto la declaración correspondiente al mes de julio, que puede presentarse del 1 de agosto al 20 de septiembre), correspondiendo la declaración al mes natural anterior.

En el caso de empresas en que el importe total de las ventas intracomunitarias superase los 50.000€ durante el trimestre en curso o en los cuatro trimestres naturales anteriores, la empresa deberá presentar el modelo 349 con una periodicidad mensual entre los días 1 y 20 de cada mes. Es importante tener en cuenta que si finalizase alguno de los meses de un trimestre natural habiendo superado los 50.000 €, debe presentarse el modelo 349 incluyendo las operaciones realizadas en el mes o meses transcurridos desde el inicio de dicho trimestre.

Así mismo, también es posible presentar el modelo 349 anualmente en el caso en que concurrieran las siguientes circunstancias:

- Que el importe total de entregas de bienes y prestaciones de servicios realizadas durante el año anterior no supere los 35.000 €.

- Que el importe total de entregas intracomunitarias de bienes exentas -no medios de transporte nuevos- realizadas durante el año anterior no supere los 15.000 €.

Anexo VI. Tabla de amortizaciones

Tipo de elemento	Coeficiente lineal máximo	Período de años máximo
Obra civil		
Obra civil general	2%	100
Pavimentos	6%	34
Infraestructuras y obras mineras	7%	30
Centrales		
Centrales hidráulicas	2%	100
Centrales nucleares	3%	60
Centrales de carbón	4%	50
Centrales renovables	7%	30
Otras centrales	5%	40
Edificios		
Edificios industriales	3%	68
Terrenos dedicados exclusivamente a escombreras	4%	50
Almacenes y depósitos (gaseosos, líquidos y sólidos)	7%	30
Edificios comerciales, administrativos, de servicios y viviendas	2%	100
Instalaciones		
Subestaciones. Redes de transportes y distribución de energía	5%	40
Cables	7%	30
Resto instalaciones	10%	20
Maquinaria	12%	18
Equipos médicos y asimilados	15%	14
Elementos de transporte		
Locomotoras, vagones y equipos de tracción	8%	25
Buques, aeronaves	10%	20
Elementos de transporte interno	10%	20
Elementos de transporte externo	16%	14
Autocamiones	20%	10
Mobiliario y enseres		
Mobiliario	10%	20
Lencería	25%	8
Cristalería	50%	4
Útiles y herramientas	25%	8
Moldes, matrices y modelos	33%	6
Otros enseres	15%	14
Equipos electrónicos e informáticos. Sistemas y programas		
Equipos electrónicos	20%	10
Equipos para procesos de información	25%	8
Sistemas y programas informáticos	33%	6
Producciones cinematográficas, fonográficas, videos y series audiovisuales	33%	6
Otros elementos	10%	

Fuente: Agencia Tributaria

Anexo VII. Estados contables (PYMES)

Cuenta de pérdidas y ganancias

Cuentas (número)	Descripción	(Debe) Haber 20XX	20XX-1
700,701,702,703,704, 705, (706), (708), (709)	1. Importe neto de la cifra de negocios.		
(6930), 71*, 7930	2. Variación de existencias de productos terminados y en curso de fabricación.		
73	3. Trabajos realizados por la empresa para su activo.		
(600), (601), (602), 606, (607), 608, 609, 61*, (6931), (6932), (6933), 931, 7932, 7933	4. Aprovisionamientos.		
740, 747, 75	5. Otros ingresos de explotación.		
(64)	6. Gastos de personal.		
(62), (631), (634), 636, 639, (65), (694), (695), 794, 7954	7. Otros gastos de explotación.		
(68)	8. Amortización del inmovilizado.		
746	9. Imputación de subvenciones de inmovilizado no financiero y otras.		
7951, 7952, 7955	10. Excesos de provisiones.		
(670), (671), (672), (690), (691), (692), 770, 771, 772, 790, 791, 792	11. Deterioro y resultado por enajenaciones del inmovilizado.		
	A) RESULTADO DE EXPLOTACIÓN (1 + 2 + 3 + 4 + 5 + 6 + 7 + 8 + 9 + 10 + 11)		
760, 761, 762, 769	12. Ingresos financieros.		
(660), (661), (662), (664), (665), (669)	13. Gastos financieros.		
(663), 763	14. Variación de valor razonable en instrumentos financieros.		
(668), 768	15. Diferencias de cambio.		
(666), (667), (673), (675), (696), (697), (698), (699), 766, 773, 775, 796, 797, 798, 799	16. Deterioro y resultado por enajenaciones de instrumentos financieros.		
	B) RESULTADO FINANCIERO (12 + 13 + 14 + 15 + 16)		
	C) RESULTADO ANTES DE IMPUESTOS (A + B)		
(6300)*, 6301*, (633), 638	17. Impuestos sobre beneficios.		
	D) RESULTADO DEL EJERCICIO (C + 17)		

* Su signo puede ser positivo o negativo.

Balance de situación

Cuentas (número)	ACTIVO	Notas	(Debe) 20XX	Haber 20XX-1
	A) ACTIVO NO CORRIENTE			
20, (280), (290)	I. Inmovilizado intangible			
21, (281), (291), 23	II. Inmovilizado material			
22, (282), (292)	III. Inversiones inmobiliarias			
2403, 2404, 2413, 2414, 2423, 2424, (2493), (2494), (2933), (2934), (2943), (2944), (2953), (2954)	IV. Inversiones en empresas del grupo y asociadas a largo plazo			
2405, 2415, 2425, (2495), 250, 251, 252, 253, 254, 255, 258, (259), 26, (2935), (2945), (2955), (296), (297), (298)	V. Inversiones financieras a largo plazo			
474	VI. Activos por impuesto diferido			
NECA 5°. 5	VII. Deudores comerciales no corrientes			
	B) ACTIVO CORRIENTE			
30, 31, 32, 33, 34, 35, 36, (39), 407	I. Existencias			
	II. Deudores comerciales y otras cuentas a cobrar			
430, 431, 432, 433, 434, 435, 436, (437), (490), (493)	1. Clientes por ventas y prestaciones de servicios			
NECA 5°. 5	a) Clientes por ventas y prestaciones de servicios a largo plazo			
NECA 5°. 5	b) Clientes por ventas y prestaciones de servicios a corto plazo			

5580	2. Accionistas (socios) por desembolsos exigidos			
44, 460, 470, 471, 472, 544	3. Otros deudores			
5303, 5304, 5313, 5314, 5323, 5324, 5333, 5334, 5343, 5344, 5353, 5354, (5393), (5394), 5523, 5524, (5933), (5934), (5943), (5944), (5953), (5954)	III. Inversiones en empresas del grupo y asociadas a corto plazo			
5305, 5315, 5325, 5335, 5345, 5355, (5395), 540, 541, 542, 543, 545, 546, 547, 548, (549), 551, 5525, (5590), 565, 566, (5935), (5945), (5955), (596), (597), (598)	IV. Inversiones financieras a corto plazo			
480, 567	V. Periodificaciones			
57	VI. Efectivo y otros activos líquidos equivalentes			
	TOTAL ACTIVO (A+B)			

Anexos y tablas

Cuentas (número)	PATRIMONIO NETO Y PASIVO	Notas	(Debe) Haber 20XX	20XX-1
	A) PATRIMONIO NETO			
	A-1) Fondos propios			
	I. Capital			
100, 101, 102	1. Capital escriturado			
(1030), (1040)	2. (Capital no exigido)			
110	II. Prima de emisión			
112, 113, 114, 119	III. Reservas			
(108), (109)	IV. (Acciones y participaciones en patrimonio propias)			
120, (121)	V. Resultados de ejercicios anteriores			
118	VI. Otras aprotaciones de socios			
129	VII. Resultado del ejercicio			
(557)	VIII. (Dividendo a cuenta)			
NECA 5º. 9	A-2) Ajustes en patrimonio neto			
130, 131, 132	A-3) Subvenciones, donaciones y legados recibidos			
	B) PASIVO NO CORRIENTE			
14	I. Provisiones a largo plazo			
	II. Deudas a largo plazo			

1605, 170	1. Deudas con entidades de credito			
1625, 174	2. Acreedores por arrendamiento financiero			
1615, 1635, 171, 172, 173, 175, 176, 177, 179, 180, 185	3. Otras deudas a largo plazo			
1603, 1604, 1613, 1614, 1623, 1624, 1633, 1634	III. Deudas con empresas del grupo y asociadas a largo plazo			
479	IV. Pasivos por impuesto diferido			
181	V. Periodificaciones a largo plazo			
NECA 5º. 11	VI. Acreedores comerciales no corrientes			
15, NECA 5º. 12	VII. Deuda con características especiales a largo plazo			
C) PASIVO CORRIENTE				
499, 529	I. Provisiones a corto plazo			
	II. Deudas a corto plazo			
5105, 520, 527	1. Deudas con entidades de crédito			
5125, 524	2. Acreedores por arrendamiento financiero			
(1034), (1044), (190), (192), 194, 500, 505, 506, 509, 5115, 5135, 5145, 521, 522, 523, 525, 526, 528, 551, 5525, 555, 5565, 5566, 5595, 560, 561	3. Otras deudas a corto plazo			
5103, 5104, 5113, 5114, 5123, 5124, 5133, 5134, 5143, 5144, 5523, 5524, 5563, 5564	III. Deudas con empresas del grupo y asociadas a corto plazo			
	IV. Acreedores comerciales y otras cuentas a pagar			

400, 401, 403, 404, 405, (406)	1. Proveedores			
NECA 5º. 11	a) Proveedores a largo plazo			
NECA 5º. 11	b) Proveedores a corto plazo			
41, 438, 465, 475, 476, 477	2. Otros acreedores			
485, 568	V. Periodificaciones a corto plazo			
502, 507, NECA 5º. 12	VI. Deuda con características especiales a corto plazo			
	TOTAL PATRIMONIO NETO Y PASIVO (A+B+C)			

Anexo VIII. Cuadro de cuentas

Grupo 1: Financiación básica

10.	CAPITAL		
	100.	Capital social.	
	101.	Fondo social.	
	102.	Capital.	
	103.	Socios por desembolsos no exigidos.	
		1030.	Socios por desembolsos no exigidos, capital social.
		1034.	Socios por desembolsos no exigidos, capital pendiente de inscripción.
	104.	Socios por aportaciones no dinerarias pendientes.	
		1040.	Socios por aportaciones no dinerarias pendientes, capital social.
		1044.	Socios por aportaciones no dinerarias pendientes, capital pendiente de inscripción.
	108.	Acciones o participaciones propias en situaciones especiales.	
	109.	Acciones o participaciones propias para reducción de capital.	
11.	RESERVAS		
	110.	Prima de emisión o asunción.	
	112.	Reserva legal.	
	113.	Reservas voluntarias.	
	114.	Reservas especiales.	
		1140.	Reservas para acciones o participaciones de la sociedad dominante.
		1141.	Reservas estatutarias.
		1142.	Reserva por capital amortizado.
		1144.	Reservas por acciones propias aceptadas en garantía.
	118.	Aportaciones de socios o propietarios.	
	119.	Diferencias por ajuste del capital a euros.	
12.	RESULTADOS PENDIENTES DE APLICACIÓN		
	120.	Remanente.	
	121.	Resultados negativos de ejercicios anteriores.	
	129.	Resultado del ejercicio.	
13.	SUBVENCIONES, DONACIONES, LEGADOS Y OTROS AJUSTES EN PATRIMONIO NETO		
	130.	Subvenciones oficiales de capital.	
	131.	Donaciones y legados de capital.	
	132.	Otras subvenciones, donaciones y legados.	

Anexos y tablas

	137.		Ingresos fiscales a distribuir en varios ejercicios.
		1370.	Ingresos fiscales por diferencias permanentes a distribuir en varios ejercicios.
		1371.	Ingresos fiscales por deducciones y bonificaciones a distribuir en varios ejercicios.
14.	PROVISIONES		
	141.		Provisión para impuestos.
	142.		Provisión para otras responsabilidades.
	143.		Provisión por desmantelamiento, retiro o rehabilitación del inmovilizado.
	145.		Provisión para actuaciones medioambientales.
15.	DEUDAS A LARGO PLAZO CON CARACTERÍSTICAS ESPECIALES		
	150.		Acciones o participaciones a largo plazo consideradas como pasivos financieros.
	153.		Desembolsos no exigidos por acciones o participaciones considerados como pasivos financieros.
		1533.	Desembolsos no exigidos, empresas del grupo.
		1534.	Desembolsos no exigidos, empresas asociadas.
		1535.	Desembolsos no exigidos, otras partes vinculadas.
		1536.	Otros desembolsos no exigidos.
	154.		Aportaciones no dinerarias pendientes por acciones o participaciones consideradas como pasivos financieros.
		1543.	Aportaciones no dinerarias pendientes, empresas del grupo.
		1544.	Aportaciones no dinerarias pendientes, empresas asociadas.
		1545.	Aportaciones no dinerarias pendientes, otras partes vinculadas.
		1546.	Otras aportaciones no dinerarias pendientes.
16.	DEUDAS A LARGO PLAZO CON PARTES VINCULADAS		
	160.		Deudas a largo plazo con entidades de crédito vinculadas.
		1603.	Deudas a largo plazo con entidades de crédito, empresas del grupo.
		1604.	Deudas a largo plazo con entidades de crédito, empresas asociadas.
		1605.	Deudas a largo plazo con otras entidades de crédito vinculadas.
	161.		Proveedores de inmovilizado a largo plazo, partes vinculadas.
		1613.	Proveedores de inmovilizado a largo plazo, empresas del grupo.
		1614.	Proveedores de inmovilizado a largo plazo, empresas asociadas.
		1615.	Proveedores de inmovilizado a largo plazo, otras partes vinculadas.
	162.		Acreedores por arrendamiento financiero a largo plazo, partes vinculadas.
		1623.	Acreedores por arrendamiento financiero a largo plazo, empresas de grupo.
		1624.	Acreedores por arrendamiento financiero a largo plazo, empresas asociadas.

		1625.	Acreedores por arrendamiento financiero a largo plazo, otras partes vinculadas.
	163.		Otras deudas a largo plazo con partes vinculadas.
		1633.	Otras deudas a largo plazo, empresas del grupo.
		1634.	Otras deudas a largo plazo, empresas asociadas.
		1635.	Otras deudas a largo plazo, con otras partes vinculadas.
17.	DEUDAS A LARGO PLAZO POR PRÉSTAMOS RECIBIDOS, EMPRÉSTITOS Y OTROS CONCEPTOS		
	170.		Deudas a largo plazo con entidades de crédito.
	171.		Deudas a largo plazo.
	172.		Deudas a largo plazo transformables en subvenciones, donaciones y legados.
	173.		Proveedores de inmovilizado a largo plazo.
	174.		Acreedores por arrendamiento financiero a largo plazo.
	175.		Efectos a pagar a largo plazo.
	176.		Pasivos por derivados financieros a largo plazo.
	177.		Obligaciones y bonos.
	179.		Deudas representadas en otros valores negociables.
18.	PASIVOS POR FIANZAS, GARANTÍAS Y OTROS CONCEPTOS A LARGO PLAZO		
	180.		Fianzas recibidas a largo plazo.
	181.		Anticipos recibidos por ventas o prestaciones de servicios a largo plazo.
	185.		Depósitos recibidos a largo plazo.
19.	SITUACIONES TRANSITORIAS DE FINANCIACIÓN		
	190.		Acciones o participaciones emitidas.
	192.		Suscriptores de acciones.
	194.		Capital emitido pendiente de inscripción.
	195.		Acciones o participaciones emitidas consideradas como pasivos financieros.
	197.		Suscriptores de acciones consideradas como pasivos financieros.
	199.		Acciones o participaciones emitidas consideradas como pasivos financieros pendientes de inscripción.

Grupo 2: Activo no corriente

20.	INMOVILIZACIONES INTANGIBLES		
	200.	Investigación.	
	201.	Desarrollo.	
	202.	Concesiones administrativas.	
	203	Propiedad industrial.	
	205.	Derechos de traspaso.	
	206.	Aplicaciones informáticas.	
	209.	Anticipos para inmovilizaciones intangibles.	
21.	INMOVILIZACIONES MATERIALES		
	210.	Terrenos y bienes naturales.	
	211.	Construcciones.	
	212.	Instalaciones técnicas.	
	213.	Maquinaria.	
	214.	Utillaje.	
	215.	Otras instalaciones.	
	216.	Mobiliario.	
	217.	Equipos para procesos de información.	
	218.	Elementos de transporte.	
	219.	Otro inmovilizado material.	
22.	INVERSIONES INMOBILIARIAS		
	220.	Inversiones en terrenos y bienes naturales.	
	221.	Inversiones en construcciones.	
23.	INMOVILIZACIONES MATERIALES EN CURSO		
	230.	Adaptación de terrenos y bienes naturales.	
	231.	Construcciones en curso.	
	232.	Propiedad industrial.	
	233.	Propiedad industrial.	
	237.	Propiedad industrial.	
	239.	Propiedad industrial.	
24.	INVERSIONES FINANCIERAS A LARGO PLAZO EN PARTES VINCULADAS		
	240.	Participaciones a largo plazo en partes vinculadas	
		2403.	Participaciones a largo plazo en empresas del grupo.
		2404.	Participaciones a largo plazo en empresas asociadas.
		2405.	Participaciones a largo plazo en otras partes vinculadas.

	241.		Valores representativos de deuda a largo plazo de partes vinculadas.
		2413.	Valores representativos de deuda a largo plazo de empresas del grupo.
		2414.	Valores representativos de deuda a largo plazo de empresas asociadas.
		2415.	Valores representativos de deuda a largo plazo de otras partes vinculadas.
	242.		Créditos a largo plazo a partes vinculadas.
		2423.	Créditos a largo plazo a empresas del grupo.
		2424.	Créditos a largo plazo a empresas asociadas.
		2425.	Créditos a largo plazo a otras partes vinculadas.
	249.		Desembolsos pendientes sobre participaciones a largo plazo en partes vinculadas.
		2493.	Desembolsos pendientes sobre participaciones a largo plazo en empresas del grupo.
		2494.	Desembolsos pendientes sobre participaciones a largo plazo en empresas asociadas.
		2495.	Desembolsos pendientes sobre participaciones a largo plazo en otras partes vinculadas.
25.			OTRAS INVERSIONES FINANCIERAS A LARGO PLAZO
	250.		Inversiones financieras a largo plazo en instrumentos de patrimonio.
	251.		Valores representativos de deuda a largo plazo.
	252.		Créditos a largo plazo.
	253.		Créditos a largo plazo por enajenación de inmovilizado.
	254.		Créditos a largo plazo al personal.
	255.		Activos por derivados financieros a largo plazo.
	258.		Imposiciones a largo plazo.
	259.		Desembolsos pendientes sobre participaciones en el patrimonio neto a largo plazo.
26.			FIANZAS Y DEPÓSITOS CONSTITUIDOS A LARGO PLAZO
	260.		Fianzas constituidas a largo plazo.
	265.		Depósitos constituidos a largo plazo.
28.			AMORTIZACIÓN ACUMULADA DEL INMOVILIZADO
	280.		Amortización acumulada del inmovilizado intangible.
		2800.	Amortización acumulada de investigación.
		2801.	Amortización acumulada de desarrollo.
		2802.	Amortización acumulada de concesiones administrativas.
		2803.	Amortización acumulada de propiedad industrial.
		2805.	Amortización acumulada de derechos de traspaso.
		2806.	Amortización acumulada de aplicaciones informáticas.
	281.		Amortización acumulada del inmovilizado material.

		2811.	Amortización acumulada de construcciones.
		2812.	Amortización acumulada de instalaciones técnicas.
		2813.	Amortización acumulada de maquinaria.
		2814.	Amortización acumulada de utillaje.
		2815.	Amortización acumulada de otras instalaciones.
		2816.	Amortización acumulada de mobiliario.
		2817.	Amortización acumulada de equipos para procesos de información.
		2818.	Amortización acumulada de elementos de transporte.
		2819.	Amortización acumulada de otro inmovilizado material.
	282.		Amortización acumulada de las inversiones inmobiliarias.
29.	DETERIORO DE VALOR DE ACTIVOS NO CORRIENTES		
	290.		Deterioro de valor del inmovilizado intangible.
		2900.	Deterioro de valor de investigación.
		2901.	Deterioro de valor de desarrollo.
		2902.	Deterioro de valor de concesiones administrativas.
		2903.	Deterioro de valor de propiedad industrial.
		2905.	Deterioro de valor de derechos de traspaso.
		2906.	Deterioro de valor de aplicaciones informáticas.
	291.		Deterioro de valor del inmovilizado material.
		2910.	Deterioro de valor de terrenos y bienes naturales.
		2911.	Deterioro de valor de construcciones.
		2912.	Deterioro de valor de instalaciones técnicas.
		2913.	Deterioro de valor de maquinaria.
		2914.	Deterioro de valor de utillaje.
		2915.	Deterioro de valor de otras instalaciones.
		2916.	Deterioro de valor de mobiliario.
		2917.	Deterioro de valor de equipos para procesos de información.
		2918.	Deterioro de valor de elementos de transporte.
		2919.	Deterioro de valor de otro inmovilizado material.
	292.		Deterioro de valor de las inversiones inmobiliarias.
		2920.	Deterioro de valor de los terrenos y bienes naturales.
		2921.	Deterioro de valor de construcciones.
	293.		Deterioro de valor de participaciones a largo plazo en partes vinculadas.
		2933.	Deterioro de valor de participaciones a largo plazo en empresas del grupo.
		2934.	Deterioro de valor de participaciones a largo plazo en empresas asociadas.

		2935.	Deterioro de valor de participaciones a largo plazo en otras partes vinculadas.
	294.		Deterioro de valor de valores representativos de deuda a largo plazo de partes vinculadas.
		2943.	Deterioro de valor de valores representativos de deuda a largo plazo de empresas del grupo.
		2944.	Deterioro de valor de valores representativos de deuda a largo plazo de empresas asociadas.
		2945.	Deterioro de valor de valores representativos de deuda a largo plazo de otras partes vinculadas.
	295.		Deterioro de valor de créditos a largo plazo a partes vinculadas.
		2953.	Deterioro de valor de créditos a largo plazo a empresas del grupo.
		2954.	Deterioro de valor de créditos a largo plazo a empresas asociadas.
		2955.	Deterioro de valor de créditos a largo plazo a otras partes vinculadas.
	296.		Deterioro de valor de participaciones en el patrimonio neto a largo plazo.
	297.		Deterioro de valor de valores representativos de deuda a largo plazo.
	298.		Deterioro de valor de créditos a largo plazo.

Grupo 3: Existencias

30.	COMERCIALES	
	300.	Mercaderías A.
	301.	Mercaderías B.
31.	MATERIAS PRIMAS	
	310.	Materias primas A.
	311.	Materias primas B.
32.	OTROS APROVISIONAMIENTOS	
	320.	Elementos y conjuntos incorporables.
	321.	Combustibles.
	322.	Repuestos.
	325.	Materiales diversos.
	326.	Embalajes.
	327.	Envases.
	328.	Material de oficina.
33.	PRODUCTOS EN CURSO	
	330.	Productos en curso A.
	331.	Productos en curso B.
34.	PRODUCTOS SEMITERMINADOS	
	340.	Productos semiterminados A.
	341.	Productos semiterminados B.
35.	PRODUCTOS TERMINADOS	
	350.	Productos terminados A.
	351.	Productos terminados B.
36.	SUBPRODUCTOS, RESIDUOS Y MATERIALES RECUPERADOS	
	360.	Subproductos A.
	361.	Subproductos B.
	365.	Residuos A.
	366.	Residuos B.
	368.	Materiales recuperados A.
	369.	Materiales recuperados B.
39.	DETERIORO DE VALOR DE LAS EXISTENCIAS	
	390.	Deterioro de valor de las mercaderías.
	391.	Deterioro de valor de las materias primas.
	392.	Deterioro de valor de otros aprovisionamientos.
	393.	Deterioro de valor de los productos en curso.

	394.	Deterioro de valor de los productos semiterminados.
	395.	Deterioro de valor de los productos terminados.
	396.	Deterioro de valor de los subproductos, residuos y materiales recuperados.

Grupo 4: Acreedores y deudores por operaciones comerciales

40.	PROVEEDORES		
	400.	Proveedores.	
		4000.	Proveedores (euros).
		4004.	Proveedores (moneda extranjera).
		4009.	Proveedores, facturas pendientes de recibir o de formalizar.
	401.	Proveedores, efectos comerciales a pagar.	
	403.	Proveedores, empresas del grupo.	
		4030.	Proveedores, empresas del grupo (euros).
		4031.	Efectos comerciales a pagar, empresas del grupo.
		4034.	Proveedores, empresas del grupo (moneda extranjera).
		4036.	Envases y embalajes a devolver a proveedores, empresas del grupo.
		4039.	Proveedores, empresas del grupo, facturas pendientes de recibir o de formalizar.
	404.	Proveedores, empresas asociadas.	
	405.	Proveedores, otras partes vinculadas.	
	406.	Envases y embalajes a devolver a proveedores.	
	407.	Anticipos a proveedores.	
41.	ACREEDORES VARIOS		
	410.	Acreedores por prestaciones de servicios.	
		4100.	Acreedores por prestaciones de servicios (euros).
		4104.	Acreedores por prestaciones de servicios, (moneda extranjera).
		4109.	Acreedores por prestaciones de servicios, facturas pendientes de recibir o de formalizar.
	411.	Acreedores, efectos comerciales a pagar.	
	419.	Acreedores por operaciones en común.	
43.	CLIENTES		
	430.	Clientes.	
		4300.	Clientes (euros).
		4304.	Clientes (moneda extranjera).
		4309.	Clientes, facturas pendientes de formalizar.
	431.	Clientes, efectos comerciales a cobrar.	
		4310.	Efectos comerciales en cartera.
		4311.	Efectos comerciales descontados.
		4312.	Efectos comerciales en gestión de cobro.
		4315.	Efectos comerciales impagados.
	432.	Clientes, operaciones de «factoring».	

	433.		Clientes, empresas del grupo.
		4330.	Clientes empresas del grupo (euros).
		4331.	Efectos comerciales a cobrar, empresas del grupo.
		4332.	Clientes empresas del grupo, operaciones de «factoring».
		4334.	Clientes empresas del grupo (moneda extranjera).
		4336.	Clientes empresas del grupo de dudoso cobro.
		4337.	Envases y embalajes a devolver a clientes, empresas del grupo.
		4339.	Clientes empresas del grupo, facturas pendientes de formalizar.
	434.		Clientes, empresas asociadas.
	435.		Clientes, otras partes vinculadas.
	436.		Clientes de dudoso cobro.
	437.		Envases y embalajes a devolver por clientes.
	438.		Anticipos de clientes.
44.	DEUDORES VARIOS		
	440.		Deudores.
		4400.	Deudores (euros).
		4404.	Deudores (moneda extranjera).
		4409.	Deudores, facturas pendientes de formalizar.
	441.		Deudores, efectos comerciales a cobrar.
		4410.	Deudores, efectos comerciales en cartera.
		4411.	Deudores, efectos comerciales descontados.
		4412.	Deudores, efectos comerciales en gestión de cobro.
		4415.	Deudores, efectos comerciales impagados.
	446.		Deudores de dudoso cobro.
	449.		Deudores por operaciones en común.
46.	PERSONAL		
	460.		Anticipos de remuneraciones.
	465.		Remuneraciones pendientes de pago.
47.	ADMINISTRACIONES PÚBLICAS		
	470.		Hacienda Pública, deudora por diversos conceptos.
		4700.	Hacienda Pública, deudora por IVA.
		4708.	Hacienda Pública, deudora por subvenciones concedidas.
		4709.	Hacienda Pública, deudora por devolución de impuestos.
	471.		Organismos de la Seguridad Social, deudores.
	472.		Hacienda Pública, IVA soportado.
	473.		Hacienda Pública, retenciones y pagos a cuenta.

	474.		Activos por impuesto diferido.
		4740.	Activos por diferencias temporarias deducibles.
		4742.	Derechos por deducciones y bonificaciones pendientes de aplicar.
		4745.	Crédito por pérdidas a compensar del ejercicio.
	475.		Hacienda Pública, acreedora por conceptos fiscales.
		4750.	Hacienda Pública, acreedora por IVA.
		4751.	Hacienda Pública, acreedora por retenciones practicadas.
		4752.	Hacienda Pública, acreedora por impuesto sobre sociedades.
		4758.	Hacienda Pública, acreedora por subvenciones a reintegrar.
	476.		Organismos de la Seguridad Social, acreedores.
	477.		Hacienda Pública, IVA repercutido.
	479.		Pasivos por diferencias temporarias imponibles.
48.	AJUSTES POR PERIODIFICACIÓN		
	480.		Gastos anticipados.
	485.		Ingresos anticipados.
49.	DETERIORO DE VALOR DE CRÉDITOS COMERCIALES Y PROVISIONES A CORTO PLAZO		
	490.		Deterioro de valor de créditos por operaciones comerciales.
	493.		Deterioro de valor de créditos por operaciones comerciales con partes vinculadas.
		4933.	Deterioro de valor de créditos por operaciones comerciales con empresas del grupo.
		4934.	Deterioro de valor de créditos por operaciones comerciales con empresas asociadas.
		4935.	Deterioro de valor de créditos por operaciones comerciales con otras partes vinculadas.
	499.		Provisiones por operaciones comerciales.
		4994.	Provisión por contratos onerosos.
		4999.	Provisión para otras operaciones comerciales.

Grupo 5: Cuentas financieras

50.	EMPRÉSTITOS, DEUDAS CON CARÁCTERÍSTICAS ESPECIALES Y OTRAS EMISIONES ANÁLOGAS A CORTO PLAZO		
	500.	Obligaciones y bonos a corto plazo.	
	502.	Acciones o participaciones a corto plazo consideradas como pasivos financieros.	
	505.	Deudas representadas en otros valores negociables a corto plazo.	
	506.	Intereses a corto plazo de empréstitos y otras emisiones análogas.	
	507.	Dividendos de acciones o participaciones consideradas como pasivos financieros.	
	509.	Valores negociables amortizados.	
		5090.	Obligaciones y bonos amortizados.
		5095.	Otros valores negociables amortizados.
51.	DEUDAS A CORTO PLAZO CON PARTES VINCULADAS		
	510.	Deudas a corto plazo con entidades de crédito vinculadas.	
		5103.	Deudas a corto plazo con entidades de crédito, empresas del grupo.
		5104.	Deudas a corto plazo con entidades de crédito, empresas asociadas.
		5105.	Deudas a corto plazo con otras entidades de crédito vinculadas.
	511.	Proveedores de inmovilizado a corto plazo, partes vinculadas.	
		5113.	Proveedores de inmovilizado a corto plazo, empresas del grupo.
		5114.	Proveedores de inmovilizado a corto plazo, empresas asociadas.
		5115.	Proveedores de inmovilizado a corto plazo, otras partes vinculadas.
	512.	Acreedores por arrendamiento financiero a corto plazo, partes vinculadas.	
		5123.	Acreedores por arrendamiento financiero a corto plazo, empresas del grupo.
		5124.	Acreedores por arrendamiento financiero a corto plazo, empresas asociadas.
		5125.	Acreedores por arrendamiento financiero a corto plazo, otras partes vinculadas.
	513.	Otras deudas a corto plazo con partes vinculadas.	
		5133.	Otras deudas a corto plazo con empresas del grupo.
		5134.	Otras deudas a corto plazo con empresas asociadas.
		5135.	Otras deudas a corto plazo con otras partes vinculadas.
	514.	Intereses a corto plazo de deudas con partes vinculadas.	
		5143.	Intereses a corto plazo de deudas, empresas del grupo.
		5144.	Intereses a corto plazo de deudas, empresas asociadas.
		5145.	Intereses a corto plazo de deudas, otras partes vinculadas.
52.	DEUDAS ACORTO PLAZO POR PRÉSTAMOS RECIBIDOS Y OTROS CONCEPTOS		
	520.	Deudas a corto plazo con entidades de crédito.	

		5200.	Préstamos a corto plazo de entidades de crédito.
		5201.	Deudas a corto plazo por crédito dispuesto.
		5208.	Deudas por efectos descontados.
		5209.	Deudas por operaciones de «factoring».
	521.	Deudas a corto plazo.	
	522.	Deudas a corto plazo transformables en subvenciones, donaciones y legados.	
	523.	Proveedores de inmovilizado a corto plazo.	
	524.	Acreedores por arrendamiento financiero a corto plazo.	
	525.	Efectos a pagar a corto plazo.	
	526.	Dividendo activo a pagar.	
	527.	Intereses a corto plazo de deudas con entidades de crédito.	
	528.	Intereses a corto plazo de deudas.	
	529.	Provisiones a corto plazo.	
		5291.	Provisión a corto plazo para impuestos.
		5292.	Provisión a corto plazo para otras responsabilidades.
		5293.	Provisión a corto plazo por desmantelamiento, retiro o rehabilitación del inmovilizado.
		5295.	Provisión a corto plazo para actuaciones medioambientales.
53.	INVERSIONES FINANCIERAS A CORTO PLAZO EN PARTES VINCULADAS		
	530.	Participaciones a corto plazo en partes vinculadas.	
		5303.	Participaciones a corto plazo, en empresas del grupo.
		5304.	Participaciones a corto plazo, en empresas asociadas.
		5305.	Participaciones a corto plazo, en otras partes vinculadas.
	531.	Valores representativos de deuda a corto plazo de partes vinculadas.	
		5313.	Valores representativos de deuda a corto plazo de empresas del grupo.
		5314.	Valores representativos de deuda a corto plazo de empresas asociadas.
		5315.	Valores representativos de deuda a corto plazo de otras partes vinculadas.
	532.	Créditos a corto plazo a partes vinculadas.	
		5323.	Créditos a corto plazo a empresas del grupo.
		5324.	Créditos a corto plazo a empresas asociadas.
		5325.	Créditos a corto plazo a otras partes vinculadas.
	533.	Intereses a corto plazo de valores representativos de deuda de partes vinculadas.	
		5333.	Intereses a corto plazo de valores representativos de deuda en empresas del grupo.
		5334.	Intereses a corto plazo de valores representativos de deuda en empresas asociadas.

		5335.	Intereses a corto plazo de valores representativos de deuda en otras partes vinculadas.
	534.		Intereses a corto plazo de créditos a partes vinculadas.
		5343.	Intereses a corto plazo de créditos a empresas del grupo.
		5344.	Intereses a corto plazo de créditos a empresas asociadas.
		5345.	Intereses a corto plazo de créditos a otras partes vinculadas.
	535.		Dividendo a cobrar de inversiones financieras en partes vinculadas.
		5353.	Dividendo a cobrar de empresas del grupo.
		5354.	Dividendo a cobrar de empresas asociadas.
		5355.	Dividendo a cobrar de otras partes vinculadas.
	539.		Desembolsos pendientes sobre participaciones a corto plazo en partes vinculadas.
		5393.	Desembolsos pendientes sobre participaciones a corto plazo en empresas del grupo.
		5394.	Desembolsos pendientes sobre participaciones a corto plazo en empresas asociadas.
		5395.	Desembolsos pendientes sobre participaciones a corto plazo en otras partes vinculadas.
54.			OTRAS INVERSIONES FINANCIERAS A CORTO PLAZO
	540.		Inversiones financieras a corto plazo en instrumentos de patrimonio.
	541.		Valores representativos de deuda a corto plazo.
	542.		Créditos a corto plazo.
	543.		Créditos a corto plazo por enajenación de inmovilizado.
	544.		Créditos a corto plazo al personal.
	545.		Dividendo a cobrar.
	546.		Intereses a corto plazo de valores representativos de deuda.
	547.		Intereses a corto plazo de créditos.
	548.		Imposiciones a corto plazo.
	549.		Desembolsos pendientes sobre participaciones en el patrimonio neto a corto plazo.
55.			OTRAS CUENTAS NO BANCARIAS
	550.		Titular de la explotación.
	551.		Cuenta corriente con socios y administradores.
	552.		Cuenta corriente con otras personas y entidades vinculadas.
		5523.	Cuenta corriente con empresas del grupo.
		5524.	Cuenta corriente con empresas asociadas.
		5525.	Cuenta corriente con otras partes vinculadas.
	554.		Cuenta corriente con uniones temporales de empresas y comunidades de bienes.
	555.		Partidas pendientes de aplicación.

	556.		Desembolsos exigidos sobre participaciones en el patrimonio neto.
		5563.	Desembolsos exigidos sobre participaciones, empresas del grupo.
		5564.	Desembolsos exigidos sobre participaciones, empresas asociadas.
		5565.	Desembolsos exigidos sobre participaciones, otras partes vinculadas.
		5566.	Desembolsos exigidos sobre participaciones de otras empresas.
	557.		Dividendo activo a cuenta.
	558.		Socios por desembolsos exigidos.
		5580.	Socios por desembolsos exigidos sobre acciones o participaciones ordinarias.
		5585.	Socios por desembolsos exigidos sobre acciones o participaciones consideradas como pasivos financieros.
	559.		Derivados financieros a corto plazo.
		5590.	Activos por derivados financieros a corto plazo.
		5595.	Pasivos por derivados financieros a corto plazo.
56.	FIANZAS Y DEPÓSITOS RECIBIDOS Y CONSTITUIDOS A CORTO PLAZO Y AJUSTES POR PERIODIFICACIÓN		
	560.		Fianzas recibidas a corto plazo.
	561.		Depósitos recibidos a corto plazo.
	565.		Fianzas constituidas a corto plazo.
	566.		Depósitos constituidos a corto plazo.
	567.		Intereses pagados por anticipado.
	568.		Intereses cobrados por anticipado.
57.	TESORERÍA		
	570.		Caja, euros.
	571.		Caja, moneda extranjera.
	572.		Bancos e instituciones de crédito c/c vista, euros.
	573.		Bancos e instituciones de crédito c/c vista, moneda extranjera.
	574.		Bancos e instituciones de crédito, cuentas de ahorro, euros.
	575.		Bancos e instituciones de crédito, cuentas de ahorro, moneda extranjera.
	576.		Inversiones a corto plazo de gran liquidez.
59.	DETERIORO DEL VALOR DE INVERSIONES FINANCIERAS A CORTO PLAZO		
	593.		Deterioro de valor de participaciones a corto plazo en partes vinculadas.
		5933.	Deterioro de valor de participaciones a corto plazo en empresas del grupo.
		5934.	Deterioro de valor de participaciones a corto plazo en empresas asociadas.
		5935.	Deterioro de valor de participaciones a corto plazo en otras partes vinculadas.

	594.		Deterioro de valor de valores representativos de deuda a corto plazo de partes vinculadas.
		5943.	Deterioro de valor de valores representativos de deuda a corto plazo de empresas del grupo.
		5944.	Deterioro de valor de valores representativos de deuda a corto plazo de empresas asociadas.
		5945.	Deterioro de valor de valores representativos de deuda a corto plazo de otras partes vinculadas.
	595.		Deterioro de valor de créditos a corto plazo a partes vinculadas.
		5953.	Deterioro de valor de créditos a corto plazo a empresas del grupo.
		5954.	Deterioro de valor de créditos a corto plazo a empresas asociadas.
		5955.	Deterioro de valor de créditos a corto plazo a otras partes vinculadas.
	596.		Deterioro de valor de participaciones a corto plazo.
	597.		Deterioro de valor de valores representativos de deuda a corto plazo.
	598.		Deterioro de valor de créditos a corto plazo.

Grupo 6: Compras y gastos

60.	COMPRAS		
	600.	Compras de mercaderías.	
	601.	Compras de materias primas.	
	602.	Compras de otros aprovisionamientos.	
	606.	Proveedores, otras partes vinculadas.	
		6060.	Descuentos sobre compras por pronto pago de mercaderías.
		6061.	Descuentos sobre compras por pronto pago de materias primas.
		6062.	Descuentos sobre compras por pronto pago de otros aprovisionamientos.
	607.	Trabajos realizados por otras empresas.	
	608.	Devoluciones de compras y operaciones similares.	
		6080.	Devoluciones de compras de mercaderías.
		6081.	Devoluciones de compras de materias primas.
		6082.	Devoluciones de compras de otros aprovisionamientos.
	609.	«Rappels» por compras.	
		6090.	«Rappels» por compras de mercaderías.
		6091.	«Rappels» por compras de materias primas.
		6092.	«Rappels» por compras de otros aprovisionamientos.
61.	VARIACIÓN DE EXISTENCIAS		
	610.	Variación de existencias de mercaderías.	
	611.	Variación de existencias de materias primas.	
	612.	Variación de existencias de otros aprovisionamientos.	
62.	SERVICIOS EXTERIORES		
	620.	Gastos en investigación y desarrollo del ejercicio.	
	621.	Arrendamientos y cánones.	
	622.	Reparaciones y conservación.	
	623.	Servicios de profesionales independientes.	
	624.	Transportes.	
	625.	Primas de seguros.	
	626.	Servicios bancarios y similares.	
	627.	Publicidad, propaganda y relaciones públicas.	
	628.	Suministros.	
	629.	Otros servicios.	
63.	TRIBUTOS		
	630.	Impuesto sobre beneficios.	

		6300.	Impuesto corriente.
		6301.	Impuesto diferido.
	631.	Otros tributos.	
	633.	Ajustes negativos en la imposición sobre beneficios.	
	634.	Ajustes negativos en la imposición indirecta.	
		6341.	Ajustes negativos en IVA de activo corriente.
		6342.	Ajustes negativos en IVA de inversiones.
	636.	Devolución de impuestos.	
	638.	Ajustes positivos en la imposición sobre beneficios.	
	639.	Ajustes positivos en la imposición indirecta.	
		6391.	Ajustes positivos en IVA de activo corriente.
		6392.	Ajustes positivos en IVA de inversiones.
64.	GASTOS DE PERSONAL		
	640.	Sueldos y salarios.	
	641.	Indemnizaciones.	
	642.	Seguridad Social a cargo de la empresa.	
	649.	Otros gastos sociales.	
65.	OTROS GASTOS DE GESTIÓN		
	650.	Pérdidas de créditos comerciales incobrables.	
	651.	Resultados de operaciones en común.	
		6510.	Beneficio transferido (gestor).
		6511.	Pérdida soportada (partícipe o asociado no gestor).
	659.	Otras pérdidas en gestión corriente.	
66.	GASTOS FINANCIEROS		
	660.	Gastos financieros por actualización de provisiones.	
	661.	Intereses de obligaciones y bonos.	
		6610.	Intereses de obligaciones y bonos a largo plazo, empresas del grupo.
		6611.	Intereses de obligaciones y bonos a largo plazo, empresas asociadas.
		6612.	Intereses de obligaciones y bonos a largo plazo, otras partes vinculadas.
		6613.	Intereses de obligaciones y bonos a largo plazo, otras empresas.
		6615.	Intereses de obligaciones y bonos a corto plazo, empresas del grupo.
		6616.	Intereses de obligaciones y bonos a corto plazo, empresas asociadas.
		6617.	Intereses de obligaciones y bonos a corto plazo, otras partes vinculadas.
		6618.	Intereses de obligaciones y bonos a corto plazo, otras empresas.
	662.	Intereses de deudas.	
		6620.	Intereses de deudas, empresas del grupo.

		6621.	Intereses de deudas, empresas asociadas.
		6622.	Intereses de deudas, otras partes vinculadas.
		6623.	Intereses de deudas con entidades de crédito.
		6624.	Intereses de deudas, otras empresas.
	663.		Pérdidas por valoración de activos y pasivos financieros por su valor razonable.
	664.		Gastor por dividendos de acciones o participaciones consideradas como pasivos financieros.
		6640.	Dividendos de pasivos, empresas del grupo.
		6641.	Dividendos de pasivos, empresas asociadas.
		6642.	Dividendos de pasivos, otras partes vinculadas.
		6643.	Dividendos de pasivos, otras empresas.
	665.		Intereses por descuento de efectos y operaciones de «factoring».
		6650.	Intereses por descuento de efectos en entidades de crédito del grupo.
		6651.	Intereses por descuento de efectos en entidades de crédito asociadas.
		6652.	Intereses por descuento de efectos en otras entidades de crédito vinculadas.
		6653.	Intereses por descuento de efectos en otras entidades de crédito.
		6654.	Intereses por operaciones de «factoring» con entidades de crédito del grupo.
		6655.	Intereses por operaciones de «factoring» con entidades de crédito asociadas.
		6656.	Intereses por operaciones de «factoring» con otras entidades de crédito vinculadas.
		6657.	Intereses por operaciones de «factoring» con otras entidades de crédito.
	666.		Pérdidas en participaciones y valores representativos de deuda.
		6660.	Pérdidas en valores representativos de deuda a largo plazo, empresas del grupo.
		6661.	Pérdidas en valores representativos de deuda a largo plazo, empresas asociadas.
		6662.	Pérdidas en valores representativos de deuda a largo plazo, otras partes vinculadas.
		6663.	Pérdidas en participaciones y valores representativos de deuda a largo plazo, otras empresas.
		6665.	Pérdidas en participaciones y valores representativos de deuda a corto plazo, empresas del grupo.
		6666.	Pérdidas en participaciones y valores representativos de deuda a corto plazo, empresas asociadas.
		6667.	Pérdidas en valores representativos de deuda a corto plazo, otras partes vinculadas.
		6668.	Pérdidas en valores representativos de deuda a corto plazo, otras empresas.

	667.		Pérdidas de créditos no comerciales.
		6670.	Pérdidas de créditos a largo plazo, empresas del grupo.
		6671.	Pérdidas de créditos a largo plazo, empresas asociadas.
		6672.	Pérdidas de créditos a largo plazo, otras partes vinculadas.
		6673.	Pérdidas de créditos a largo plazo, otras empresas.
		6675.	Pérdidas de créditos a corto plazo, empresas del grupo.
		6676.	Pérdidas de créditos a corto plazo, empresas asociadas.
		6677.	Pérdidas de créditos a corto plazo, otras partes vinculadas.
		6678.	Pérdidas de créditos a corto plazo, otras empresas.
	668.		Diferencias negativas de cambio.
	669.		Otros gastos financieros.
67.	PÉRDIDAS PROCEDENTES DE ACTIVOS NO CORRIENTES Y GASTOS EXCEPCIONALES		
	670.		Pérdidas procedentes del inmovilizado intangible.
	671.		Pérdidas procedentes del inmovilizado material.
	672.		Pérdidas procedentes de las inversiones inmobiliarias.
	673.		Pérdidas procedentes de participaciones a largo plazo en partes vinculadas.
		6733.	Pérdidas procedentes de participaciones a largo plazo, empresas del grupo.
		6734.	Pérdidas procedentes de participaciones a largo plazo, empresas asociadas.
		6735.	Pérdidas procedentes de participaciones a largo plazo, otras partes vinculadas.
	675.		Pérdidas por operaciones con obligaciones propias.
	678.		Gastos excepcionales.
68.	DOTACIONES PARA AMORTIZACIONES		
	680.		Amortización del inmovilizado intangible.
	681.		Amortización del inmovilizado material.
	682.		Amortización de las inversiones inmobiliarias.
69.	PÉRDIDAS POR DETERIORO Y OTRAS DOTACIONES		
	690.		Pérdidas por deterioro del inmovilizado intangible.
	691.		Pérdidas por deterioro del inmovilizado material.
	692.		Pérdidas por deterioro de las inversiones inmobiliarias.
	693.		Pérdidas por deterioro de existencias.
		6930.	Pérdidas por deterioro de productos terminados y en curso de fabricación.
		6931.	Pérdidas por deterioro de mercaderías.
		6932.	Pérdidas por deterioro de materias primas.

		6933.	Pérdidas por deterioro de otros aprovisionamientos.
	694.		Pérdidas por deterioro de créditos por operaciones comerciales.
	695.		Dotación a la provisión por operaciones comerciales.
		6954.	Dotación a la provisión por contratos onerosos.
		6959.	Dotación a la provisión para otras operaciones comerciales.
	696.		Pérdidas por deterioro de participaciones y valores representativos de deuda a largo plazo.
		6960.	Pérdidas por deterioro de participaciones en instrumentos de patrimonio neto a largo plazo, empresas del grupo.
		6961.	Pérdidas por deterioro de participaciones en instrumentos de patrimonio neto a largo plazo, empresas asociadas.
		6962.	Pérdidas por deterioro de participaciones en instrumentos de patrimonio neto a largo plazo, otras partes vinculadas.
		6963.	Pérdidas por deterioro de participaciones en instrumentos de patrimonio neto a largo plazo, otras empresas.
		6965.	Pérdidas por deterioro en valores representativos de deuda a largo plazo, empresas del grupo.
		6966.	Pérdidas por deterioro en valores representativos de deuda a largo plazo, empresas asociadas.
		6967.	Pérdidas por deterioro en valores representativos de deuda a largo plazo, otras partes vinculadas.
		6968.	Pérdidas por deterioro en valores representativos de deuda a largo plazo, de otras empresas.
	697.		Pérdidas por deterioro de créditos a largo plazo.
		6970.	Pérdidas por deterioro de créditos a largo plazo, empresas del grupo.
		6971.	Pérdidas por deterioro de créditos a largo plazo, empresas asociadas.
		6972.	Pérdidas por deterioro de créditos a largo plazo, otras partes vinculadas.
		6973.	Pérdidas por deterioro de créditos a largo plazo, otras empresas.
	698.		Pérdidas por deterioro de participaciones y valores representativos de deuda a corto plazo.
		6980.	Pérdidas por deterioro de participaciones en instrumentos de patrimonio neto a corto plazo, empresas del grupo.
		6981.	Pérdidas por deterioro de participaciones en instrumentos de patrimonio neto a corto plazo, empresas asociadas.
		6985.	Pérdidas por deterioro en valores representativos de deuda a corto plazo, empresas del grupo.
		6986.	Pérdidas por deterioro en valores representativos de deuda a corto plazo, empresas asociadas.
		6987.	Pérdidas por deterioro en valores representativos de deuda a corto plazo, otras partes vinculadas.
		6988.	Pérdidas por deterioro en valores representativos de deuda a corto plazo, de otras empresas.
	699.		Pérdidas por deterioro de créditos a corto plazo.

		6990.	Pérdidas por deterioro de créditos a corto plazo, empresas del grupo.
		6991.	Pérdidas por deterioro de créditos a corto plazo, empresas asociadas.
		6992.	Pérdidas por deterioro de créditos a corto plazo, otras partes vinculadas.
		6993.	Pérdidas por deterioro de créditos a corto plazo, otras empresas.

Grupo 7: Ventas e ingresos

70.		VENTAS DE MERCADERÍAS, DE PRODUCCIÓN PROPIA, DE SERVICIOS, ETC.
	700.	Ventas de mercaderías.
	701.	Ventas de productos terminados.
	702.	Ventas de productos semiterminados.
	703.	Ventas de subproductos y residuos.
	704.	Ventas de envases y embalajes.
	705.	Prestaciones de servicios.
	706.	Descuentos sobre ventas por pronto pago.
	7060.	Descuentos sobre ventas por pronto pago de mercaderías.
	7061.	Descuentos sobre ventas por pronto pago de productos terminados.
	7062.	Descuentos sobre ventas por pronto pago de productos semiterminados.
	7063.	Descuentos sobre ventas por pronto pago de subproductos y residuos.
	708.	Devoluciones de ventas y operaciones similares.
	7080.	Devoluciones de ventas de mercaderías.
	7081.	Devoluciones de ventas de productos terminados.
	7082.	Devoluciones de ventas de productos semiterminados.
	7083.	Devoluciones de ventas de subproductos y residuos.
	7084.	Devoluciones de ventas de envases y embalajes.
	709.	«Rappels» sobre ventas.
	7090.	«Rappels» sobre ventas de mercaderías.
	7091.	«Rappels» sobre ventas de productos terminados.
	7092.	«Rappels» sobre ventas de productos semiterminados.
	7093.	«Rappels» sobre ventas de subproductos y residuos.
	7094.	«Rappels» sobre ventas de envases y embalajes.
71.		VARIACIÓN DE EXISTENCIAS
	710.	Variación de existencias de productos en curso.
	711.	Variación de existencias de productos semiterminados.
	712.	Variación de existencias de productos terminados.
	713.	Variación de existencias de subproductos, residuos y materiales recuperados.
73.		TRABAJOS REALIZADOS PARA LA EMPRESA
	730.	Trabajos realizados para el inmovilizado intangible.
	731.	Trabajos realizados para el inmovilizado material.
	732.	Trabajos realizados en inversiones inmobiliarias.
	733.	Trabajos realizados para el inmovilizado material en curso.

74.	SUBVENCIONES, DONACIONES Y LEGADOS			
	740.	Subvenciones, donaciones y legados a la explotación.		
	746.	Subvenciones, donaciones y legados de capital transferidos al resultado del ejercicio.		
	747.	Otras subvenciones, donaciones y legados transferidos al resultado del ejercicio.		
75.	OTROS INGRESOS DE GESTIÓN			
	751.	Resultados de operaciones en común.		
		7510.	Pérdida transferida (gestor).	
		7511.	Beneficio atribuido (partícipe o asociado no gestor).	
	752.	Ingresos por arrendamientos.		
	753.	Ingresos de propiedad industrial cedida en explotación.		
	754.	Ingresos por comisiones.		
	755.	Ingresos por servicios al personal.		
	759.	Ingresos por servicios diversos.		
76.	INGRESOS FINANCIEROS			
	760.	Ingresos de participaciones en instrumentos de patrimonio.		
		7600.	Ingresos de participaciones en instrumentos de patrimonio, empresas del grupo.	
		7601.	Ingresos de participaciones en instrumentos de patrimonio, empresas asociadas.	
		7602.	Ingresos de participaciones en instrumentos de patrimonio, otras partes vinculadas.	
		7603.	Ingresos de participaciones en instrumentos de patrimonio, otras empresas.	
	761.	Ingresos de valores representativos de deuda.		
		7610.	Ingresos de valores representativos de deuda, empresas del grupo.	
		7611.	Ingresos de valores representativos de deuda, empresas asociadas.	
		7612.	Ingresos de valores representativos de deuda, otras partes vinculadas.	
		7613.	Ingresos de valores representativos de deuda, otras empresas.	
	762.	Ingresos de créditos.		
		7620.	Ingresos de créditos a largo plazo.	
			76200.	Ingresos de créditos a largo plazo, empresas del grupo.
			76201.	Ingresos de créditos a largo plazo, empresas asociadas.
			76202.	Ingresos de créditos a largo plazo, otras partes vinculadas.
			76203.	Ingresos de créditos a largo plazo, otras empresas.
		7621.	Ingresos de créditos a corto plazo.	
			76210.	Ingresos de créditos a corto plazo, empresas del grupo.
			76211.	Ingresos de créditos a corto plazo, empresas asociadas.

			76212.	Ingresos de créditos a corto plazo, otras partes vinculadas.
			76213.	Ingresos de créditos a corto plazo, otras empresas.
	763.	Beneficios por valoración de activos y pasivos financieros por su valor razonable.		
	766.	Beneficios en participaciones y valores representativos de deuda.		
		7660.	Beneficios en valores representativos de deuda a largo plazo, empresas del grupo.	
		7661.	Beneficios en valores representativos de deuda a largo plazo, empresas asociadas.	
		7662.	Beneficios en valores representativos de deuda a largo plazo, otras partes vinculadas.	
		7663.	Beneficios en participaciones y valores representativos de deuda a largo plazo, otras empresas.	
		7665.	Beneficios en participaciones y valores representativos de deuda a corto plazo, empresas del grupo.	
		7666.	Beneficios en participaciones y valores representativos de deuda a corto plazo, empresas asociadas.	
		7667.	Beneficios en valores representativos de deuda a corto plazo, otras partes vinculadas.	
		7668.	Beneficios en valores representativos de deuda a corto plazo, otras empresas.	
	768.	Diferencias positivas de cambio.		
	769.	Otros ingresos financieros.		
77.	BENEFICIOS PROCEDENTES DE ACTIVOS NO CORRIENTES E INGRESOS EXCEPCIONALES			
	770.	Beneficios procedentes del inmovilizado intangible.		
	771.	Beneficios procedentes del inmovilizado material.		
	772.	Beneficios procedentes de las inversiones inmobiliarias.		
	773.	Beneficios procedentes de participaciones a largo plazo en partes vinculadas.		
		7733.	Beneficios procedentes de participaciones a largo plazo, empresas del grupo.	
		7734.	Beneficios procedentes de participaciones a largo plazo, empresas asociadas.	
		7735.	Beneficios procedentes de participaciones a largo plazo, otras partes vinculadas.	
	775.	Beneficios por operaciones con obligaciones propias.		
	778.	Ingresos excepcionales.		
79.	EXCESOS Y APLICACIONES DE PROVISIONES Y DE PÉRDIDAS POR DETERIORO			
	790.	Reversión del deterioro del inmovilizado intangible.		
	791.	Reversión del deterioro del inmovilizado material.		
	792.	Reversión del deterioro de las inversiones inmobiliarias.		

	793.		Reversión del deterioro de existencias.
		7930.	Reversión del deterioro de productos terminados y en curso de fabricación.
		7931.	Reversión del deterioro de mercaderías.
		7932.	Reversión del deterioro de materias primas.
		7933.	Reversión del deterioro de otros aprovisionamientos.
	794.		Reversión del deterioro de créditos por operaciones comerciales.
	795.		Exceso de provisiones.
		7951.	Exceso de provisión para impuestos.
		7952.	Exceso de provisión para otras responsabilidades.
		7954.	Exceso de provisión por operaciones comerciales.
			79544. Exceso de provisión por contratos onerosos.
			79549. Exceso de provisión para otras operaciones comerciales.
		7955.	Exceso de provisión para actuaciones medioambientales.
	796.		Reversión del deterioro de participaciones y valores representativos de deuda a largo plazo.
		7960.	Reversión del deterioro de participaciones en instrumentos de patrimonio neto a largo plazo, empresas del grupo.
		7961.	Reversión del deterioro de participaciones en instrumentos de patrimonio neto a largo plazo, empresas asociadas.
		7962.	Reversión del deterioro de participaciones en instrumentos de patrimonio neto a largo plazo, otras partes vinculadas.
		7963.	Reversión del deterioro de participaciones en instrumentos de patrimonio neto a largo plazo, otras empresas.
		7965.	Reversión del deterioro de valores representativos de deuda a largo plazo, empresas del grupo.
		7966.	Reversión del deterioro de valores representativos de deuda a largo plazo, empresas asociadas.
		7967.	Reversión del deterioro de valores representativos de deuda a largo plazo, otras partes vinculadas.
		7968.	Reversión del deterioro de valores representativos de deuda a largo plazo, otras empresas.
	797.		Reversión del deterioro de créditos a largo plazo.
		7970.	Reversión del deterioro de créditos a largo plazo, empresas del grupo.
		7971.	Reversión del deterioro de créditos a largo plazo, empresas asociadas.
		7972.	Reversión del deterioro de créditos a largo plazo, otras partes vinculadas.
		7973.	Reversión del deterioro de créditos a largo plazo, otras empresas.
	798.		Reversión del deterioro de participaciones y valores representativos de deuda a corto plazo.

		7980.	Reversión del deterioro de participaciones en instrumentos de patrimonio neto a corto plazo, empresas del grupo.
		7981.	Reversión del deterioro de participaciones en instrumentos de patrimonio neto a corto plazo, empresas asociadas.
		7985.	Reversión del deterioro en valores representativos de deuda a corto plazo, empresas del grupo.
		7986.	Reversión del deterioro en valores representativos de deuda a corto plazo, empresas asociadas.
		7987.	Reversión del deterioro en valores representativos de deuda a corto plazo, otras partes vinculadas.
		7988.	Reversión del deterioro en valores representativos de deuda a corto plazo, otras empresas.
	799.	Reversión del deterioro de créditos a corto plazo.	
		7990.	Reversión del deterioro de créditos a corto plazo, empresas del grupo.
		7991.	Reversión del deterioro de créditos a corto plazo, empresas asociadas.
		7992.	Reversión del deterioro de créditos a corto plazo, otras partes vinculadas.
		7993.	Reversión del deterioro de créditos a corto plazo, otras empresas.

Anexo IX. Ratios financieros

Ratios de gestión o actividad

Ratio	Formula	Descripción
Periodo promedio de cobro (días)	Promedio cuentas por cobrar * Días periodo / Ventas	El tiempo medio que se tarda en cobrar de clientes. Una buena gestión de cobros se sitúa en una media < 30 días, siendo entre 30 y 90 días la práctica habitual de la mayoría de empresas
Rotación de inventarios (días)	Inventario promedio * Días periodo / Coste de las Ventas	El tiempo medio que tarda el stock de en convertirse en efectivo. El valor óptimo depende de cada sector, la rotación ideal debería acercare al tiempo mínimo necesario para reemplazar los inventarios vendidos
Periodo medio de pago a proveedor. (días)	Promedio de cuentas por pagar * Días período / Compras	El tiempo medio que se tarda en pagar deudas a proveedores. La práctica habitual se sitúa entre 30 y 90 días. En todo caso, debe tenerse en cuenta la legislación vigente para no incurrir en multas por incumplimiento de plazos
Ciclo de conversión de efectivo (días)	Días de cobro + Días inventario - Días de pago	El plazo que transcurre desde que se paga la compra de materia prima para producir un producto hasta el cobro de su venta. Aunque depende del sector, la práctica habitual se sitúa alrededor de los 60 días
Rotación de caja y bancos (días)	Efectivo y equivalentes * Días periodo / Ventas	El efectivo que hay en caja para cubrir los días de venta. Es recomendable disponer de caja suficiente para financiar los días de ventas e inventarios sin recurrir a financiación de proveedores.
Rotación de activos totales	Ventas (últ. 12 meses) / Activos Totales	La eficiencia con que la empresa utiliza sus activos para generar ingresos. El valor óptimo depende del tipo de actividad y producto (ej. servicios vs fabricación de coches). Podemos considerar una rotación alta > 6 y baja < 1
Rotación de activo fijo	Ventas (últ. 12 meses) / Activo Fijo	Este ratio es casi igual que el anterior, teniendo en cuenta los activos fijos. El nivel óptimo dependerá de cada sector. No obstante, consideraremos una rotación alta > 8 y baja < 1

Ratios de rentabilidad

Ratio	Formula	Descripción
Punto de equilibrio (miles Euros)	Costes fijos / margen bruto (%)	Indica el nivel de ingresos mínimo necesarios para cubrir costes fijos o de estructura (gastos de personal y otros gastos de explotación)
Cobertura del punto de equilibrio	Ventas / punto de equilibrio	Indica la caída de ventas (importe neto cifra de negocios y otros ingresos) que podría soportar el negocio sin que se produjeran pérdidas. Lo óptimo es > 100%
Rentabilidad del capital (ROE)	Beneficio Neto (últ.12 meses) / Patrimonio neto promedio	El rendimiento del capital empleado en la inversión. El objetivo de los accionistas es obtener una rentabilidad > a la que obtendría en otro producto de menor riesgo. Por lo general, consideramos un ROE > 15% como bueno
Rentabilidad de los activos (ROA)	Beneficio Neto (últ.12 meses) / Activo total promedio	El rendimiento de los activos totales de la empresa independientemente de las fuentes de financiación. Suele variar mucho en función del sector, pero, por lo general, un ROA > 5% se considera bueno
Rentabilidad operativa de las ventas	EBITDA (últ. 12 meses) / Ventas (últ. 12 meses)	El margen operativo de una compañía o el resultado antes de intereses, impuestos y amortizaciones. Suele variar mucho en función del sector, pero, por lo general, un margen Ebitda > 15% se considera bueno
Rentabilidad neta de las ventas	Beneficio Neto / Ventas (últ. 12 meses)	El margen neto después de impuestos. Suele variar mucho en función del sector, pero, por lo general, un margen neto > 10% se considera bueno
Tasa impositiva efectiva	Impuesto de Sociedades / Resultado antes de impuestos	Los impuestos efectivos imputados en el ejercicio. Por norma general, se sitúan alrededor del 25%

Ratios de solvencia

Ratio	Formula	Descripción
Deuda financiera neta (miles Euros)	Deuda financiera + Deuda Grupo y características especiales - Caja	Indica el volumen total de deudas de la sociedad (incluyendo tanto deuda bancaria como deudas con empresas del grupo y de características especiales) netas de liquidez en caja
Solvencia	Activo Total / Pasivo Total	Mide la capacidad de una empresa para hacer frente sus obligaciones de pago y uno de los más utilizados por entidades de crédito para analizar operaciones de financiación. Lo ideal es un valor > 150%
Ratio de endeudamiento	Deuda financiera / Activo total	Relación que hay entre fondos ajenos y fondos propios. El valor óptimo se sitúa, entre 40 y 60%. Si el valor está > 60%, la empresa pierde autonomía financiera. Si el valor está < 40%, los accionistas ganarían rentabilidad endeudándose
Coeficiente de solvencia	Activo corriente / acreedores a corto plazo	Mide la capacidad de la empresa para hacer frente a los pagos de sus acreedores a corto plazo con su circulante. El valor óptimo se sitúa entre 1 y 2 veces
Ratio de calidad de la deuda	Deudas a corto Plazo/ Deudas Totales	Cuanto menor sea el ratio, mejor es la calidad de la deuda en lo que se refiere al plazo
Ratio cobertura de intereses	Resultado antes intereses e impuestos (EBIT) / (Gastos financieros * -1)	Indica la capacidad de una empresa para hacer frente al pago de intereses de deudas financieras. El valor debe estar > 100%, de lo contrario la empresa es incapaz de hacer frente a intereses y gastos financieros

Ratios de solvencia

Ratio	Formula	Descripción
Fondo de maniobra (miles Euros)	Activo Corriente – Pasivo Corriente	Indica el disponible después de pagar deudas inmediatas. Debe ser forzosamente > 0, de lo contrario la empresa tendría dificultades para afrontar sus obligaciones a corto plazo
Liquidez general o razón corriente	Activo Corriente / Pasivo Corriente	Ratio similar al anterior. El nivel óptimo se sitúa entre el 150% y el 200%. Por debajo es probable que se produzca una suspensión de pagos hacia acreedores y proveedores. Por encima del 200%, se incurre en activos circulantes ociosos que podría rentabilizarse
Solvencia a corto plazo, ácido o liquidez de primer grado	(Activo Corriente – Inventario) / Pasivo Corriente	Una medida más afinada de la capacidad que tiene para afrontar las deudas a corto con elementos de activo. El óptimo se situaría próximo al 100%. Por debajo, podría encontrarse en situación de suspensión de pagos. Por encima, puede indicar exceso de liquidez
Ratio de disponibilidad	Disponible / Exigible o Pasivo total	Indicador que mide la capacidad que tiene a través de su disponible (tesorería e inversiones financieras a corto plazo) para hacer frente al exigible a corto plazo. El valor óptimo dependerá del sector (ej. en servicios será cercano al 100 % y en manufactureras difícilmente superan el 50%).
Razón de efectivo	Efectivo / Pasivo corriente	Muestra que porcentaje del pasivo circulante está cubierto por saldos de caja y bancos a la vista (o realizable sin penalización en 2 días). Un valor razonable se sitúa alrededor del 30%.
Coeficiente de caja sobre deuda	Flujo de caja Operativo / Deuda financiera	Mide el grado de liquidez de la empresa para hacer frente a los pagos de sus acreedores a corto plazo con su activo circulante

Anexo X. Contratos laborales

Contrato de trabajo indefinido

Uno de los aspectos en los que incide más directamente la nueva reforma laboral es en el carácter que se le otorga a este contrato, con el objetivo de evitar la temporalidad: el contrato fijo indefinido se establece sin límite de tiempo y dentro del mismo encontramos varias tipologías como el contrato para personas con discapacidad, el de Alta dirección o el de Trabajadores en situación de exclusión social por empresas de inserción, entre otros.

La reforma laboral de 2022 también introduce aspectos relevantes en la concreción del contrato laboral indefinido, como son el periodo establecido para encadenar contratos y pasar a ser indefinido, que se limita a 18 meses (en 24 meses). La normativa anterior establecía un límite mucho más amplio: de 24 meses en un marco de 30.

Por otro lado, la reciente reforma laboral también introduce novedades relevantes específicas para el contrato indefinido adscrito a obra y establece la subida del SMI 2022 para los trabajadores.

Contratos de trabajo indefinidos adscritos a obra

En este caso, el contrato está determinado para servicios o tareas cuya finalidad está vinculada a la construcción. Aquí se especifica que al concluir la obra el empresario tendrá la obligación de realizar una propuesta a la persona trabajadora para su recolocación. Dicha propuesta se debe realizar en un plazo de 5 días y por escrito.

Además, las causas de la extinción del contrato deberán producirse bajo los siguientes supuestos:

- Rechazo de recolocación por parte de la persona trabajadora.
- Falta de cualificación para obra en la provincia.

- Inexistencia de obras en la provincia.

Contrato de trabajo temporal

Hasta el momento existían tres tipos de contratos temporales:

- de obra o servicio determinado
- eventual (por circunstancias de la producción)
- y de interinidad.

Con la reforma laboral recientemente aprobada los contratos de duración determinada quedan afectados por varios cambios:

Contrato por circunstancias de la producción

Esta modalidad de contrato de trabajo temporal está establecida para situaciones muy concretas, como oscilaciones de la actividad normal. La duración no podrá superar los 6 meses, ampliable a 1 año por convenio del sector.

La conversión de contrato temporal a indefinido queda muy claramente definida en la reforma laboral 2022: la irregularidad determinará la condición de indefinido del contrato. En caso de irregularidad, se determinará la condición de indefinido del contrato en cuestión, con la consideración de infracción administrativa y sanciones de 1.000 a 10.000 euros por cada persona contratada irregularmente.

Contrato por sustitución de persona trabajadora

Se guía por los mismos criterios que el contrato de interinidad. La nueva reforma laboral introduce un cambio significativo: el sustituto podrá iniciar la prestación de servicios durante 15 días antes de que se produzca la ausencia de la persona sustituida.

Contrato de trabajo fijo discontinuo

Esta modalidad es la utilizada como referencia para una actividad estacional o de temporada, así como por ETT y contratas y subcontratas. También se contempla para periodos a fecha determinada o indeterminada.

Las personas trabajadoras tienen, mediante el contrato fijo-discontinuo, los mismos derechos que en el indefinido, entre ellos, la indemnización por despido.

Contrato de trabajo formativos

Existen dos tipos de contratos formativos:

- Contrato de formación en alternancia
- Contrato para la práctica profesional

Se han fijado una serie de puntos clave sobre los que se sustentan ambos contratos formativos:

- Acción de la Seguridad Social: comprende desde contingencias y prestaciones, hasta el desempleo y Fondo de Garantía Social.
- Adopción, nacimiento, incapacidad temporal o riesgo durante el embarazo: son escenarios que causan la interrupción del cómputo de tiempo de la duración del contrato.
- El convenio colectivo de ámbito sectorial estatal o autonómico: determina aspectos tales como actividades, niveles o grupos profesionales o puestos de trabajo.
- El contrato incluye obligatoriamente el plan formativo individual, especificando el contenido de las prácticas o las actividades de tutoría.
- Se establecen, una serie de bonificaciones en los contratos, de carácter específico para la formación y el aprendizaje.

Contrato de formación en alternancia

El objeto de este tipo de contrato es simultanear el proceso formativo con la actividad laboral retribuida. El ámbito de actuación es la formación profesional, estudios universitarios o catálogo de especialidades en el Sistema Nacional de Empleo. Con la reforma laboral se han introducido novedades relevantes en este tipo de contrato, que afectan a:

- La duración mínima del contrato: de 3 meses, con un máximo de 2 años.
- El tiempo de trabajo efectivo: no puede superar el 65% de la jornada máxima durante el primer año, y el 85% el segundo.
- La posibilidad de indemnización: no genera indemnización a su finalización, y existe una prohibición expresa de realizar horas complementarias y horas extraordinarias salvo fuerza mayor.

Contrato para la práctica profesional

Está dirigido a todas aquellas personas trabajadoras que están en posesión de un título universitario, máster profesional, certificado del sistema de formación profesional o título de grado medio o superior. Los cambios más significativos que han sido incluidos tras la reforma laboral afectan a varios aspectos:

- No puede tener una duración no inferior a 6 meses ni mayor a un año en la misma o distinta empresa.
- El tiempo establecido puede ser completo o parcial.
- No se puede realizar horas extras, si bien sí que son posibles las complementarias.
- La retribución queda contemplada en el convenio. Si no fuera así, la reciente reforma laboral establece que se debe aplicar la del grupo profesional y nivel de retribución correspondiente a las funciones que se desempeña.

FUENTES Y REGULACIÓN NORMATIVA DE REFERENCIA

Fuentes principales

- Agencia Tributaria.

- Seguridad Social.

- Servicio Público de Empleo Estatal (SEPE).

- Instituto Nacional de Estadística (INE).

Regulación normativa

- El Código de Comercio en materia mercantil.

- El Código Civil en materia de derechos y obligaciones.

- Ley 31/1995, de 8 de noviembre, de prevención de Riesgos Laborales.

- Real Decreto Legislativo 5/2000 por el que se aprueba el texto refundido de la Ley de Infracciones y Sanciones en el Orden Social (LISOS).

- Ley 58/2003, de 17 de diciembre, General Tributaria.

- Ley 7/2003, de 1 de abril, por la que se modifica la Ley 2/1995, de 23 de marzo, de Sociedades de Responsabilidad Limitada.

- Ley 2/2007, de 15 de marzo, de sociedades profesionales.

- Ley 20/2007, de 11 de julio, del Estatuto Del Empleado Autónomo, modificada por la Ley 31/ 2015, de 9 de septiembre, por la que se modifica y actualiza la normativa en materia de autoempleo y se adoptan medidas de fomento y promoción del trabajo autónomo y de la economía social.

- Real Decreto 1514/2007, de 16 de noviembre, por el que se aprueba el Plan General de Contabilidad.

Fuentes y regulación normativa de referencia

- Real Decreto 1515/2007, de 16 de noviembre, por el que se aprueba el Plan General de Contabilidad de Pequeñas y Medianas Empresas y los criterios contables específicos para microempresas.

- Real Decreto 197/2009, por el que se desarrolla el Estatuto del Trabajo Autónomo en materia de contrato del trabajador autónomo económicamente dependiente y su registro y se crea el Registro Estatal de asociaciones profesionales de trabajadores autónomos.

- Real Decreto Legislativo 1/2010, de 2 de julio, por el que se aprueba el texto refundido de la Ley de Sociedades de Capital.

- Ley 7/2012 de 29 de octubre sobre la prevención de fraude fiscal.

- Ley 14/2013 de apoyo a los emprendedores y su internacionalización.

- Real Decreto Ley 4/2013 de 22 de febrero de 2013 por parte del Gobierno de España

- Ley 31/2015 por la que se modifica y actualiza la normativa en materia de autoempleo y se adoptan medidas de fomento y promoción del trabajo autónomo y de la Economía Social.

- Ley 6/2017, de 24 de octubre, de Reformas Urgentes del Trabajo Autónomo.

- Ley Orgánica 3/2018, de 5 de diciembre, de Protección de Datos Personales y garantía de los derechos digitales.

- Real Decreto-ley 28/2018, de 28 de diciembre, para la regularización de las pensiones públicas y otras medidas urgentes en materia social, laboral y de empleo, han introducido una serie de medidas dirigidas a flexibilizar las cargas y gravámenes de los trabajadores autónomos, con el fin de mejorar las condiciones en que dicho colectivo desarrolla su actividad.

- Real Decreto-ley 6/2019, de 1 de marzo, de medidas urgentes para garantía de la igualdad de trato y de oportunidades entre mujeres y hombres en el empleo y la ocupación.

- Real Decreto-ley de 1 de marzo de 2019, de medidas urgentes para la garantía de la igualdad de trato y oportunidades en el empleo y la ocupación.

- Real Decreto-ley 32/2021 de 28 de diciembre, de medidas urgentes para la reforma laboral, la garantía de la estabilidad en el empleo y la transformación del mercado de trabajo establece cambios que afectan directamente a la contratación laboral.

Material de referencia

Blog de DAEM: https://daem.es/blog-2 - actualización a enero de 2022.

Ministerio de Trabajo y Seguridad Social: Dirección general del trabajo autónomo, de la economía social y de la responsabilidad social de las empresas. Trabajadores autónomos, personas físicas en alta en la Seguridad Social. Resumen resultados - septiembre de 2020.

Catálogo General de Publicaciones Oficiales de la Dirección General de Industria y de la Pequeña y Mediana Empresa, Colección PYME: Ciclo Vital de la Empresa – marzo de 2019.

www.ingramcontent.com/pod-product-compliance
Lightning Source LLC
Chambersburg PA
CBHW071347210526
45465CB00001B/7